普通高等教育"十三五"规划教材

医学生创新创业基础教程

主　编　汪小平　李禄峰
副主编　朱九九　高　雅
编　委　（按姓氏笔画排序）
　　　　朱九九　刘　月　李壹凡　李禄峰
　　　　邱　婷　汪小平　陈文刚　高　雅
　　　　康　宇　梁　洁

科学出版社

北　京

内容简介

本书从医学生心理特点、学习经历、兴趣爱好、社会经验等现实条件出发，结合丰富的案例包括社会创业名人和医学生身边的创业故事等创新创业实例，以通俗易懂的表现手法对创新创业的意义、起源，国内大学生创新创业鼓励政策，医学生创新创业所需条件，创新创业项目的选择与流程、实施，医学院校在医学生创新创业中的重要作用及医学生创新创业中需要熟悉的法律知识等，逐一细致讲解，使医学生在了解中国创新创业现状、医学生创新创业必经之路、医学生创新创业的收获等的同时，能够更加激发医学生创新创业的积极性，主动参与到创新创业活动中，并从中受到激发，受益终生。

图书在版编目（CIP）数据

医学生创新创业基础教程 / 汪小平，李禄峰主编. —北京：科学出版社，2017.10

普通高等教育"十三五"规划教材
ISBN 978-7-03-053698-3

Ⅰ. ①医⋯ Ⅱ. ①汪⋯ ②李⋯ Ⅲ. ①大学生–创业–医学院校–教材 Ⅳ. ①G647.38

中国版本图书馆 CIP 数据核字（2017）第 146470 号

责任编辑：朱 华 车 艳 / 责任校对：郭瑞芝
责任印制：赵 博 / 封面设计：陈 敬

版权所有，违者必究。未经本社许可，数字图书馆不得使用

科学出版社 出版
北京东黄城根北街16号
邮政编码：100717
http://www.sciencep.com

保定市中画美凯印刷有限公司 印刷
科学出版社发行 各地新华书店经销

*

2017年10月第 一 版　开本：787×1092　1/16
2021年 2 月第 四 次印刷　印张：10
字数：231 000
定价：35.00元
（如有印装质量问题，我社负责调换）

前　言

2014年9月，在夏季达沃斯论坛上，国务院总理李克强首次在公开场合发出"大众创业、万众创新"的号召。他强调大众创业、万众创新是充分激发亿万群众智慧和创造力的重大改革举措，是实现国家强盛、人民富裕的重要途径，提出要在中国广袤大地上掀起"草根创业""大众创业"的新浪潮，形成"万众创新""人人创新"的新态势。随后，"大众创业、万众创新"正式写入2015政府工作报告中，且报告全文一万七千多字，竟然13处谈及创业，接下来的2016、2017的政府工作报告中同样反复、多次谈及创新创业。2016年12月，全国高校实践育人暨创新创业现场推进会成功召开。会议强调，要把深化实践育人和创新创业教育作为贯彻落实全国高校思想政治工作会议精神的重要举措，作为高等教育综合改革的重要内容，不断开创全程、全方位育人的新局面。

2017年7月，国务院办公厅印发《关于深化医教协同进一步推进医学教育改革与发展的意见》中强调，医学教育改革的核心是"提高医学人才培养质量"，强调将"思想政治教育和医德培养贯穿教育教学全过程"。至此，在医学院校教育中创新创业教育与医学生思想政治教育和医德教育紧密融合。

相比较而言，目前医学生的就业形势良好，部分医学生及学生家长对医学生开设创新创业教育不理解，认为学好医学专业，能有好的就业就可以了，不需要创新创业，这是对医学生创新创业的一种浅表理解甚至是误解。

医学生创新创业不只是把握商业机会创造财富并承担风险的活动，而是一门人生哲理课，帮助大学生在创新创业过程中更好地理解社会、挖掘自我潜能，特别是创新创业过程中领会到的勇于担当、团结协作、吃苦耐劳的精神和为对方积极着想，解决对方困难，并跟踪逐一落实的换位思考行为，正是医学生德育培养的重要环节，更是一位合格医生必须具备的卓越品质。所以，创新创业教育是提高医学生医德的一种高效载体。希望通过对本书的学习，广大医学生在掌握一定的创新创业知识的同时，更能够于实践中受益，提升医德素养。

在本书的编写过程中，编者请教了多位创新创业的成功人士，并参阅了多位专家、学者的相关著作和论述，在此对他们表示衷心的感谢。由于编写组理论水平和研究能力所限，编写过程中难免疏漏，希望广大专家、学者、读者指正，以使本书不断完善。

编　者
2017年8月

目　　录

前言
第一章　医学生创新创业的意义和动机 … 1
　　第一节　医学生创新创业的历史意义 … 1
　　第二节　医学生创新创业的现实意义 … 3
　　第三节　医学生创新创业的长远意义 … 5
　　第四节　医学生创新创业科学动机的建立 … 6
第二章　创新创业政策起源 … 13
　　第一节　国外创新创业政策 … 14
　　第二节　国内创新创业政策起源 … 19
　　第三节　国外创新创业的启示 … 24
第三章　国内大学生创新创业鼓励政策 … 28
　　第一节　国家级创新创业鼓励政策 … 28
　　第二节　部分省市创新创业鼓励政策 … 33
　　第三节　部分高校结合自身的创新创业鼓励政策 … 41
第四章　医学生创新创业必备条件 … 70
　　第一节　医学生的创新意识 … 71
　　第二节　医学生创新创业应具备的知识 … 74
　　第三节　医学生的创新创业能力及获得途径 … 82
第五章　医学生创新创业项目的选择与流程 … 90
　　第一节　医学生如何选择正确的创业项目 … 91
　　第二节　医学生创新创业的具体流程 … 97
第六章　医学生创新创业项目的实施 … 106
　　第一节　团队凝聚力的培养和巩固 … 106
　　第二节　新创办企业发展过程中的财务监控 … 111
　　第三节　医学生创新创业风险规避 … 116
　　第四节　新创办企业的长远规划 … 120
第七章　医学院校在医学生创新创业过程中的重要作用 … 127
　　第一节　医学院校在引导医学生开拓创新创业思维中的作用 … 127
　　第二节　医学院校在孵化医学生创新创业项目中的作用 … 135
　　第三节　创新创业思维对提升医学生医德修养的作用 … 137
第八章　医学生创新创业法律知识 … 140
　　第一节　创业的主要形式及法律原则 … 140
　　第二节　创业中常用部门法律知识 … 142
　　第三节　创业中应注意的法律问题 … 145

参考文献 … 151

第一章 医学生创新创业的意义和动机

> **案例导入：解你之困，我之使命**
>
> 在一次暑假三下乡活动中，中南大学湘雅医学院精神与卫生专业博士杨怡，跟着学校支教队第一次自费前往国家级贫困县——湖南湘西土家族苗族自治州保靖县，进行支教活动。支教期间他了解到，生活在保靖县的孩子最高读完初中后就不再接受高中或其他教育了。很多村里的小学教室还是 20 世纪 50 年代初的二层楼木房子，而且一所学校只有一位老师，既要充当全能教学的角色，又要管理学生生活起居。看到这些状况后，杨怡就经常利用寒暑假时间来保靖县各个村支教，并且组织身边的同学朋友开展支教支医、家访助学、教育卫生农业调研活动。从一名普通支教队员到支教活动组织者，从家访收集贫困学生资料到开展各种募捐活动；从儿童心理卫生调研到全县公共卫生与健康教育现状普查。在 2007~2009 年 3 年时间里，杨怡徒步 300 多公里走访了保靖县葫芦镇 16 个村，收集了大量的一手资料。期间共召集高校支教志愿者 200 余人次，募集助学金 3 万余元，资助苗族学生 200 余名。
>
> 杨怡知道，要想增加当地农民的收入就要充分发挥当地农产品的优势，打造当地最独特的品牌。于是，他开始对当地农产品进行调研，然而他却发现村民们只能靠在山上采摘茶叶为生，且他们也不知道这些茶叶有什么不一样。于是，杨怡抱着试一试的心态着手研究当地茶叶是否具有独特性。功夫不负有心人，杨怡惊讶地发现，保靖县的茶叶中含有高氨基酸，这种成分能缓解抑郁症病状。于是，他将这个研究上报给学校科研中心，且获得校团委的大力支持。
>
> 杨怡申请专利成功后想投入生产，但当时的杨怡身无分文，根本无法实现生产。2009 年，在学校的帮助下，杨怡获得湖南团省委"芙蓉学子"优秀大学生创业项目、长沙创业富民专项资金、湖南移动创业计划专项资金，这让他获得了初步启动资金。后来，杨怡又奔波在中南大学、湖南农业大学、中南林业大学、第一师范大学等湖南高校之间，聚集了茶学、市场营销、财务、管理等各专业的有志青年。2010 年 1 月，经过半年的努力，长沙雅逸茶叶有限公司宣布正式成立，杨怡任总经理。
>
> 然而，杨怡接下来的发展并不顺利。当时，因为距离 2010 年春茶上市时间紧迫，杨怡的团队跑遍了长沙几乎所有的茶行和茶楼，但销售依然不容乐观，资金出现缺口，许多成员选择了放弃，团队从一开始的 20 多人到最后只剩下他一人。杨怡调整心态开始改变思路，选择"先做生产再做市场"。通过与湖南君山茶业，湖南潇湘茶业等大公司的合作，公司终于有了起色。
>
> 在与保靖县政府良好的沟通下，加上 4 年来积累的感情基础，杨怡的长沙雅逸茶叶有限公司公司与保靖县葫芦镇 4 个村 200 余户 1000 多名茶农签订了茶青合作协议，与三个合作社建立全方位的合作，建立了"茶农—基地—公司—市场"的完整产业链，也初步实现了杨怡带领保靖苗族人民脱贫致富的承诺。

教学目标　1. 明确医学生创新创业的三重意义。

2. 了解医学生创新创业的动机现状。

3. 协助医学生树立科学的创业动机。

第一节　医学生创新创业的历史意义

一、传承"自强不息""艰苦奋斗"的中华民族精神

"民族精神是一个民族赖以生存和发展的精神支柱。一个民族没有振奋的民族精神和高尚

的品格，不可能自立于世界民族之林"。自强不息、艰苦奋斗的民族精神是中华民族精神的根本体现，是中华民族精神的核心。"自强不息"出自《周易》，"天行健，君子以自强不息"。"自强"是不依赖他人，自尊自爱、自立自信。"不息"是毫不懈怠，勇往直前。"自强不息"寓意中华民族坚韧刚毅，奋发图强的优秀品质。司马迁在《报任安书》中谈到："文王拘而演《周易》；仲尼厄而作《春秋》；屈原放逐乃赋《离骚》；左丘失明，厥有《国语》；孙子膑足，《兵法》修列；不韦迁蜀，世传《吕览》；韩非囚秦，《说难》《孤愤》；《诗》三百篇，大抵圣贤发奋之所为作也。"司马迁深受宫刑，忍辱负重，终以《史记》成史家之绝唱；再到"闻鸡起舞""中流击楫"的祖逖；蒲松龄落第不落志，以"有志者，事竟成，破釜沉舟，百二秦关终属楚，苦心人天不负，卧薪尝胆，三千越甲可吞吴"为自勉，终成《聊斋志异》流芳后世等，都是中华民族自强不息精神的典范。中国近代史应然是一部中华民族"自强不息"的奋斗史。为了中华民族的救亡图存，林则徐虎门销烟，抗英到底；洪秀全为建立"天国"顽强拼搏；康有为、梁启超"公车上书"克服万难，推行变法；孙中山建立中华民国，积极探索救国真理。这些都说明自强不息精神对中华民族排除艰难险阻、战胜内忧外患，起到不可估量的作用。"艰苦奋斗"是一种不怕艰难困苦，励精图治，为国家和人民乐于奉献、英勇顽强的拼搏精神，是对开拓进取的工作作风和勤俭节约的生活作风的高度赞扬。中国共产党走过建党96周年光辉岁月，期间面对每一个强大的敌人，取得的每一个胜利，均是艰苦奋斗的成果。从井冈山时期到万里长征，从抗日战争到解放战争，再到新中国的建立，都是靠着革命者艰苦奋斗的精神闯过一个又一个的难关。在社会主义建设初期，面对国际上的层层封锁，面对国内民生凋敝，党领导人民继续发扬艰苦奋斗精神，涌现出"南泥湾""北大荒""铁人""雷锋""两弹一星"等，都是艰苦奋斗精神的踏实表现。

时至今日，医科大学生多为90后甚至是00后，多为独生子女家庭出身，得到社会和家庭过多的照顾甚至是娇宠，导致这批医学生缺少艰苦奋斗精神，遇到挫折内心脆弱，不堪一击，更谈不自强不息。具体表现为，学习上缺乏刻苦钻研精神，浅尝辄止，不思进取，缺乏独立思考问题的能力，考试作弊现象频出。生活上贪图享乐，讲排场，互相攀比，甚至不计后果，不负责任的出手网络贷款。在就业上，眼高手低，好高骛远，凭借专业优势屡次毁约，置诚信于不顾。处事待人上以自我为中心，未曾付出先问回报，功利性十足等这些弊端在当代医科大学生身上屡见不鲜。

医科大学生通过创新创业教育在学习理论知识的同时，更能深入创新创业的实训乃至实战，从学习理论知识到组织团队设计创新创业项目，到市场调研再到实施，每一步都要靠医科大学生亲力亲为，依靠团队合作，克服万难，反复研讨寻找最佳方案并实践。在中华大地上的创业过程中，医科大学生需要传承中华民族的传统美德，发扬自强不息，艰苦奋斗精神才能克服创新创业过程中出现的各种问题和突发事件。

二、历史车轮滚滚向前，社会进步时不待我的必然要求

秦结束春秋战国混乱局势，开拓格局统一天下，统一文字，统一度量衡，人们有了天下一家的概念。汉代实行休养生息政策，人民恢复生产，蓄积待发，到唐朝中国迎来举世瞩目的繁荣昌盛。"大唐盛世"闻名世界，乃至今天世界各国还称呼中国的文化为"唐文化"。再到宋代的四大发明，张择端描写北宋东京汴梁繁裕市井生活的《清明上河图》明代郑和下西洋开启中国对外交流的步伐，国泰昌隆的清朝前期开拓了比明朝更大的版图，到孙中山推翻帝制建立民

主共和，再到中国社会主义制度的建立，社会主义现代化建设如火如荼，足以证明历史车轮滚滚向前，社会进步从未停止。

医科大学生是当代青年的杰出代表，是历史的创造者，是社会进步的推动者，这是历史与时代赋予的重任！医科大学生需要具备创新创业精神，顺应时代潮流和历史发展的趋势突破前人，与时俱进，用创新思维，解放思想，勇于探索。在社会实践当中获得新发现和新认识，创造新生事物，进而将发明创造应用于实践，经过创业转化为社会生产力，推动社会进步，促进人类完善。中国历史上，将医生划为"士农工商"中的"士"一级，足见历朝历代对医生都是非常尊重的。医科大学生需要秉承这一优秀历史传统，在医学事业上开拓创新思维，不辜负历史和时代对医学人才的高度尊重，为人类健康多做贡献。

三、风起云涌凝结光华，时代英雄呼之欲出

时代需要英雄，时代呼唤英雄，时代给予英雄诞生的力量源泉。中国古代不乏指引时代，改写历史的英雄。从商鞅变法，王安石变法到"先天下之忧而忧，后天下之乐而乐"的范仲淹。到张骞出使西域众国，这些英雄都以天下为己任，用尽毕生心血为国为民拼尽最后一口气息。就是这种敢为天下先的精神，捍卫国家，书写历史，成为后来人的榜样。

创新创业是中国历史发展进程中又一个期待世人施展才华的平台，期待新一代的创新创业者从国家、社会乃至全人类幸福安康的全局大局观念出发，创造出一番为世人敬仰的伟业，成为人类历史上的英雄。从历史长河的角度看，当代的医科大学生具有一定量的专业基础知识，有聪慧的头脑，得到广泛尊重的社会地位，更有时代赋予的承前启后，开拓未来的期待和物质基础，这一切都呼唤了创新创业时代英雄的到来。

第二节 医学生创新创业的现实意义

一、培育和践行社会主义核心价值观的现实需要

党的十八大报告明确提出"倡导富强、民主、文明、和谐，倡导自由、平等、公正、法治，倡导爱国、敬业、诚信、友善，积极培育和践行社会主义核心价值观。""富强、民主、文明、和谐"是国家层面的价值目标，"自由、平等、公正、法治"是社会层面的价值取向，"爱国、敬业、诚信、友善"是个人层面的价值准则。这24字高度概括社会主义核心价值观的基本内容，为培育和践行社会主义核心价值观提供了基本遵循。2013年中共中央办公厅下发《关于培育和践行社会主义核心价值观的意见》，充分肯定了培育和践行社会主义核心价值观在社会主义市场经济建设，促进人的全面发展，引领社会进步中有着强劲的现实指导意义。

育人，是高校实行创新创业教育的本质。我们培养的是服务于社会主义现代化建设，服务于人民物质文化生活需要和全面发展需求的社会主义事业的建设者和接班人。医科大学生创新创业从个人层面讲，"爱国"是医科大学生创新创业的强劲驱动力。将创新创业与国家、民族的命运联系在一起，可以激发医科大学生坚定的理想信念和爱国情怀，进而调动自身积极性、主动性和创造性投身到创新创业当中。"敬业"是医科大学生创新创业的高效保障力。敬业也是对医科大学生医德修养的具体要求，只有全心全意投入到创新创业中才能克服学习、工作中遇到的各种困难，对创新创业持之以恒，坚持到底，才能取得成功。"诚信"是医科大学生创

新创业的长效生命力。诚信是衡量一个人的道德品质的重要指标。在当前市场经济异常发达的条件下，一旦医科大学生被利益和金钱蒙蔽了双眼，昧起良心创新创业就会扭曲创新创业初衷，出现道德滑坡，进一步影响医学生医德修养。"友善"是医科大学生创新创业的坚定持久力。友善包括仁爱之心和宽以待人。在创新创业过程中医科大学生需要团队的凝聚力、合作力、协调力。而这些力量的获得靠的是友善的维系，遇事宽容、包容、化解、真心待人，为对方多着想，获得真正的友谊，实现团队合作力量最大化。当前国际局势风云变化，西方反华势力仍然猖獗，中国综合国力日益强大，西方反共反社会主义势力不敢正面与我国发生冲突，转为和平演变和窥隙渗透，在这种无孔不入的情况下，医科大学生在创新创业中必须加强自身修养坚定为人民服务的思想，坚定社会主义核心价值观，坚定共产主义信念。习近平总书记在同各界优秀青年代表座谈讲话中鼓励当代青年，"大学生坚定理想信念，练就过硬本领，勇于创新创造，矢志艰苦奋斗，锤炼高尚品格"。

二、中国经济新常态发展的必然选择

2008年一场席卷全球的金融危机全面爆发。从华尔街到全世界，从虚拟经济到实体经济，各国政府草木皆兵应对这场生死危机，全球经济增长速度放缓、社会失业率激增、国家经济严重衰退等一系列问题凸显，世界经济由此进入"大调整""大过渡"的新周期。2014年习近平总书记在河南考察时指出："我国发展仍处于重要战略机遇期，我们要增强信心，从当前我国经济发展的阶段性特征出发，适应新常态，保持战略上的平常心态。"新一代中央领导首次以新常态描述新周期中的中国经济。这种新常态表现为经济相对稳定、增长速度适宜、结构优化、社会和谐，经济发展条件和环境发生诸多重大转变，与传统不平衡、不协调、不可持续的粗放增长模式有本质区别。中国经济新常态是一种趋势性、不可逆的发展状态，意味着中国经济已经进入一个与过去30多年高速增长期不同的新阶段。新常态下中国经济的最大特点是速度"下台阶"、效益"上台阶"。

在中国社会经济新常态情况下，经济发展进入深耕细作，集约化发展阶段。李克强总理在2015年政府工作报告中提出，"推动大众创业、万众创新是培育和催生经济社会发展的新动力"。这就要求医科大学生创新创业要以我国社会经济新常态为出发点，以科技创新为引领，提升技术含量。当前中国社会处于转型的关键期，新旧经济发展道路转轨阶段，国家改革处于瓶颈期，行业风险与矛盾聚集，各种社会思潮此起彼伏，应对世界各国对中国的评头论足，在这样的境况下，医科大学生创新创业更要坚定社会主义方向，以新常态经济发展标准要求自己，实现突破以往的创新并作用于创业。

三、医学生拓宽职业发展视野的实战演练

通过创新创业活动可以拓宽职业发展的新视野。自2000年高校扩招以来，大批毕业生涌向就业市场，2013年被称为史上最难就业季，2014年全国高校毕业生人数已突破727万大关，到2017年这一数字更是逼近800万。而相比之下，大学生就业率却远远不及毕业生的增速。大学毕业生人数持续增加，而就业率却不见明显上升的现状表明，当前传统的就业方式已不能适应如此严峻的就业形势，大学生必须转变就业观念，突破传统的以高校主导的供给型向企事业单位主导的需求型转变。增强创新意识和企业家精神，提升利用创新成果创业的能力。同时

医科大学生在创新创业过程中，挖掘自身潜力，看到自身潜在素质，拓宽就业视野，发现比在医学领域非本专业的更适合自身发展的新道路，甚至脱离医学专业，寻找到更能为社会做贡献，更符合自身兴趣爱好，更利于自身才华施展的新道路。

第三节 医学生创新创业的长远意义

一、实现中华民族复兴之梦的助推器

中国梦是中华民族的复兴之梦，更是每一位医科大学生为之奋斗的终身梦想。2013年习近平总书记在同各界优秀青年代表座谈时勉励大家："中国梦是我们的，更是你们青年一代的。"中国梦是全民族的共同理想，深刻地影响着每一位中华儿女，在中国梦的指引下，青年大学生树立个人理想必须服从和服务于国家、民族的共同理想。习近平总书记还指出："一个国家的进步印刻着青年的足迹；一个民族的未来，寄望于青春的力量"，"中华民族伟大复兴终将在广大青年的接力奋斗中变为现实"。广大青年努力在实现中华民族伟大复兴的中国梦的生动实践中放飞青春梦想。

创新创业是实现中国梦的现实动力和具体途径。当前我国经济进入新常态。稳增长、转方式、调结构的任务十分紧迫。我们医科大学生必须开动脑筋，发散思维，通过创新，创造出更多的新技术、新产品和新市场；通过创业实现人生价值，增加社会财富，促进社会繁荣与稳定。医科大学生只有以中国梦为指引，为祖国前途、民族命运、人民利益而奋斗，才能正确定位人生坐标，实现人生理想，创造人生价值，达到人的自由全面发展，获得人生的成功。

二、促进人类医学事业的大步发展

拥有较多的诺贝尔自然科学奖获得者和获奖成果是创新型国家的重要标志之一。可以说，获得诺贝尔生理学或医学奖几乎是每一位医务工作者的终身梦想，但是一项统计表明诺贝尔自然科学奖高度集中于美、英、法、德等主要创新型国家。2015年屠呦呦凭借青蒿素获得诺贝尔生理学或医学奖是中国内地史无前例的第一次，这与中国的综合国力和在世界的影响力比较起来相去甚远。同时，我们必须看到中国是一个人口众多，医疗卫生体系还很不完善的国家，我国医学事业提出的长远发展目标，需要惠及举国民生乃至世界人民的健康。2015年，国务院颁行的《关于深化高等学校创新创业教育改革的实施意见》中明确强调高等学校创新创业教育必须遵循"面向全体、分类施教、结合专业、强化实践"的基本原则，要求医科大学生在进行创新创业时需要结合医学专业特色，全面提高自身创新创业素质，在相对熟悉的医学领域突破前人，以新的视野获得新的发现，以学好专业知识为基础，健全我国医疗卫生体系为目标，向诺贝尔生理学或医学奖冲击为理想。

三、促进医学生高效成长成才

（1）通过创新创业的实践锻炼能够迅速提升医学生的独立意识。独立意识是大学生独立思考的能力即个人在遇到问题或困难时，不对他人或他物轻信、盲从或依赖，而靠自己独立思索解决问题包括独立思考和批判性思维。只有具有独立思考和批判思维能力的医科大学生才能对现有的医疗体系，医学教育，医学知识以审视和批判的态度发现问题，从而解决问题，只有这

样才能使医学获得进步。

（2）受挫承受能力显著增强。当代医科大学生成长在改革开放 30 余年后的今天，享受着丰富的物质成果，又因为医学类专业高考分数相对较高，这些医科大学生都是学习中的佼佼者，在父母和老师眼里都是优秀的代表，在瞩目和关怀中成长，几乎没有遇到挫折，导致现实中遇到困难就无法接受。通过创新创业教育特别是从实训到实战的过程中，医科大学生将遇到误解、碰壁、拆散、质疑、甚至背叛和欺骗的种种困难甚至挫折，这些都需要自己逐一的解决，这一过程锻炼出勇敢的心，受挫能力显著增强，而这将使医科大学生更加勇敢和自信地面对未知的人生，更加懂得珍惜。创新创业的过程是非常考验一个人的耐心和毅力的，在这一过程中，有对友情、爱情的考验，也可能很多的情感在困难面前未经受住考验，但更多的是大浪淘沙后的欣慰，经过创新创业艰苦历程检验的爱情和友情是不是更加纯粹更加值得珍惜呢？

（3）社会责任感增强。社会责任感不是与生俱来的，也不是一个没有独立思维，随波逐流者能够具备的，只有经历艰苦磨砺才能更多体会人生的疾苦，更加懂得社会进步、国家富强、人民幸福需要什么，并进一步为社会、国家、人民付出什么，这些都需要具备强烈的社会责任感。

第四节　医学生创新创业科学动机的建立

一、医学生创新创业动机种类

2016~2017 学年度第一学期川北医学院在 2015 级（大二年级）全校开设创新创业选修课，共有 248 名同学选报该课。通过对选课同学进行创新创业动机调查，以发放问卷的方式在课堂作答，保证了问卷的有效回收率，又因为调查对象是主动选择《医科大学生创新创业前沿》这门选修课，所以同学们对创新创业的主动性和积极性还是比较高的。可以说，来参加选修课的同学们是广大同学中创新创业的积极代表，且很多同学都有创新创业方面的校级科研立项，或者已经入驻我校创新创业孵化园，在切实地创新创业运作当中。对这部分同学的调查，在一定程度上能够在一定程度上代表医科大学生对创新创业的初步界定，对我们探究医科大学生创新创业的真正动机有着积极的参考价值，对创新创业教育的发展、改革、落实有着积极的示范作用。

通过问卷调查发现，影响医学生创新创业动机主要有以下几个方面。

1. 提升综合素质　综合素质是以人的道德品质、学习能力、文化素养、沟通、组织、协调等多种素质为基础的多方面、多维度的能力概括。医学生渴望通过创新创业活动提升自身综合素质，进而提升自身多重能力，以适应职场需求，并应对大学时代学习知识的各种需要及迎接人生可知与未知的多种挑战。

2. 经济利益驱使　医学生意识到创新创业活动能够带来丰富实践经验的同时更能以此获利，于是积极通过自身或以自身组织团队的共同协做努力，付诸实践，获得利润以提高经济收入，追求经济利益为目的的创新创业活动。

3. 创新创业文化氛围的积极影响　医学生受到校园和社会、国家乃至全球创新创业优惠政策、信息交流、文化互动的感染，以蓬勃青春积极响应祖国号召，投身创新创业文化活动。

4. 医德提升的佳径　医学生通过创新创业磨砺自身、艰苦奋斗、勇于探索，体验人生疾苦，学会换位思考，更能体会到需求者、患者对健康和幸福的渴望，更能明确身为医学生的社会与历史的重任，以高度的责任感认真学习医学理论与实践技能，实现品行升华，提升医德。

5. **发挥专业特长** 出于对医学专业的熟悉，医学生选择的创新创业项目很多是与医学领域相关的，这样能够发挥专业特长，降低创业成本，同时能够实践专业知识，提升专业理论，是同学们学有所成的本能展示，在很大程度上更能增加项目的成功概率。

6. **有效利用资源** 医学生拥有来自父母或亲友等已有的创新创业资源，比如一些医学生来自经商家庭，耳濡目染拥有货物来源渠道、知晓市场需求、熟练技术指导、整合社会资源等，在现有资源影响下医学生很自然想到继承与创新。还有一些项目来自中学时代的同学或大学时代的师兄师姐的推荐等，既同窗同门资源，充分的收集资源信息并有效利用。

7. **拓展就业新渠道** 医学生通过创新创业发掘自身在医学之外的多种潜能，探寻更适合自身兴趣爱好与价值取向的新领域和方向，探索到更多就业领域的切入点，开阔视野拓展就业新渠道。

二、医学生创新创业动机成因

1. **提升综合素质的动机** 当前国际间的竞争实质是以经济和科技为基础的综合国力的较量。当代大学生成长在就业、生存等压力急剧增大的环境中，从小就有很强的竞争意识，懂得综合素质是获得有效竞争力的根本保障，同时现代社会和广大高校提倡人的全面发展，强调综合素质的重要性，得到社会各界的广泛认可。而综合素质的获得绝不可能通过突击强化，一蹴而就地获得，必须经过长时间有意识、有目的、有针对性、系统性的全方位培养和锤炼才能获得。因此，对于提升自身综合素质，大学生均是从步入大学校门就寻找机会主动培养。创新创业教育贯穿大学教育，理论与实践紧密相连，激发大学生面对问题、独立思考、解决问题的能力。

2. **经济利益驱动的动机** 大学生因为年龄尚小和经历不多普遍涉世不深，对经济利益没有强烈或特别渴望的现实要求，一部分家庭经济困难或想减轻家庭经济负担的同学，出现以经济利益为目的的创新创业动机。常言道"穷人的孩子早当家"这一类大学生由于家庭贫困等情况与同龄大学生比较经历相对较多，更加懂得珍惜来之不易的金钱、荣誉，更加珍视亲情、友情、爱情，即俗话说的比较懂事，能够充分理解和运用国家创新创业政策和学校对创新创业的鼓励政策等平台实现自身目标。这些大学生通过创新创业获得经济回报交学费、生活费，有的同学还要供养父母和兄弟姐妹读书等，调查中有一位同学家里种地用的化肥都是他做家教的收入邮寄回老家购买的。

3. **创新创业文化氛围的积极影响** 马斯洛的需要理论认为，人的需要是主观需要和外部客观条件共同作用的结果。因此，外部客观条件的刺激会诱发或强化创业动机。优秀的文化具有感召、引领和塑造人的作用，同时，医科大学生文化知识丰富、年纪轻，刚刚结束中学时代高压的学习模式，对新事物和新文化充满了渴望与期待，又离开眷恋多年的家自然盼望回归集体并收获社会认可。奔腾的校园创业文化有利于增进医学生的创业兴趣，并在广大学生群体中形成示范效应，吸引更多志同道合的学生共同协作，形成浓厚的创业氛围，大学生从学习到生活绝大部分活动在校园中进行，在空间上被浓厚的创新创业氛围围绕，在时间上基本与同学们共度集体生活，这样，浓厚的创业氛围在空间和时间上容易对医科大学生产生积极的影响。

4. **医德提升的佳径** 医德是调整医务人员与病人、医务人员之间以及与社会之间关系的行为准则。它是一种职业道德，是一般社会道德在医疗卫生领域中的特殊表现。医德是医疗卫生领域建设精神文明的一个重要部分，也是医院管理中教育医务人员，改善服务态度，提高医疗质量必须抓好的极为根本的一环。认为治病只靠业务技术而忽视医德作用的观点显然是片面的。古今中外许多著名医家，之所以能博得广大病人和社会的欢迎，都是同他们的精湛医术和高尚医德密切相连的。晋代名医葛洪鉴于以往"诸家各作备急，既不能穷诸病状，兼多珍贵之药，岂贫家野居所能立办"的情况，提出"率多易得之药，其不获已，须买之者，亦皆贱价草石，所在皆有"；唐代孙思邈有言："若有疾厄来求救者，不得问其贵贱贫富，长幼妍媸，怨亲善友，华夷愚智，普同一等，皆如至亲之想"；对于医患关系明代名医喻昌认为，"然敬设诚致问，明告以如此则善，如彼则败，谁甘死亡，而不降心以从耶？"医务人员在提高医疗技术水平的同时，还必须具有医德和精神文明，且把它看作是义不容辞的社会责任。

5. 发挥专业特长 医学专业始终是社会的热点专业，很多医学生从进入校园就意识到身上责任的重大，深深懂得"健康所系，性命相托"不是开学典礼上的一句台词，而是需要一生承诺和终身践行才能负担的重任。因此，医学生非常渴望专业知识的实践，积极寻找专业实践的途径，认为学以致用是检验和提升专业水平的重要手段，回馈社会是医学专业最大功效的发挥，也是医学生实现人生价值的最佳途径。很多医学生入校后就在学校的附属医院进行相应专业的临床见习，熟悉临床案例，与病人亲密接触能够了解病情，理解病人的疾苦，更加同情病人，激励解除病痛的理想，同时建立临床思维，在老师的指导下就临床发现的问题在实验室中进一步开展研究，牢固和提升专业知识。医学生将研究结果和专业设想在创新创业中应用，服务大众，实现自身价值。

6. 有效利用资源 部分医科大学生来自于商人家庭，从小耳濡目染对商业有天然的亲和力，更具有较一般同学敏锐的商机观察力，发现商机后迅速与家庭沟通，往往能以最快的速度获得来自家庭的物质和精神支持，发动周围小伙伴共同创新创业，因为得到家庭的大力支持，不论从商机的审查到创业的运营都会得到家庭环环相扣的指导，进而获得成功。此外，也有很多医科大学生来自于医生家庭或亲友、邻居中从事医生这一职业的先例，对于广大老百姓急需的医疗卫生服务有着最前沿的市场信息，入校后能够结合专业知识整合市场信息，找到商机。还有一部分同学能够通过师兄师姐、老乡等创新创业的先例，学习前辈的经验，或在师兄师姐、老乡等毕业时接下前辈在校内外的创新创业基础，继续发扬光大。充分、有效的利用现有创新创业资源是医科大学生创新创业获取商机并最终走向成功的重要保障之一，在没有创新创业经验的前提下，搜寻现有资源显得尤为必要。

7. 拓展就业新渠道 1999年全国高校扩招后，每年全国本科毕业生的人数逐年攀升，到2013年全国本科高校毕业生人数达到699万被称为史上最难就业季，2014年被称为更难就业季，到2017年预计全国本科毕业生人数将达到800万，再加上大专生、中专生等毕业生人数巨大，而以我国每年国内生产总值维持在7%左右，大概能向市场提供700万个左右的就业岗位。换言之，每年就业市场提供的就业岗位远远不能满足求职者的需要，就业市场竞争压力骤增。医科大学生有着明显的专业特色为社会需求的热点专业之一，经久不衰，不论在我国还是世界范围内，不论在经济上行或下行甚至经济危机期间，社会对医学专业的需求量都是有增无减，可以说医学专业的毕业生就业数量及质量一直比较理想，但是未雨绸缪，在保持专业就业态势良好的同时拓展视野探索就业新渠道，挖掘医学专业就业的新形式，更好地发挥医学服务社会，服务人类健康的使命。

三、当前医学生创新创业现状及主要问题

(一) 当前大学生创新创业现状

1. 全员动员，覆盖面广 2015年11月教育部发布《关于做好2016届全国普通高等学校毕业生就业创业工作的通知》规定从2016年起所有高校都要设置创新创业教育课程，对全体学生开发开设创新创业教育必修课和选修课，纳入学分管理。这一规定使高校创新创业教育全面铺开，包括军事、师范、农林、医学、商业、职业院校等在内的全部高校，将创新创业教育上升为大学生通识教育，标志着创新创业知识是大学生必须了解的常识性知识，就此，创新创业教育完成由兴趣爱好的选择学习到全员覆盖的必修学习。

2. 全员参与，发动率高 创新创业教育的全覆盖并不是要求同学们在掌握一定的创新创业基础知识后转而投身创业事业，出现人人当老板的局面，而是通过创新创业知识的学习使同学们获得发现新问题的创新思维，进而研究如何分析问题、解决问题，并进一步跟进问题解决后的发展。因此，创新创业教育是以创业教育为载体的激发创新思维的教育，只有能够发现未曾发现的问题才能获得在激烈的竞争中获得"人无我有，人有我优"的竞争优势。所以，创新创业教育一开设，使广泛宣传获得同学们的理解并积极投身创新创业教育课堂理论与实践中。

3. 收效丰厚，屡创佳绩 创新创业教育从最初的兴趣小组、第二课堂、选修课到必修课，同学们收益面不断扩大，好的创新创业项目不断涌现，各高校在区、市、省、国家各层次均获得较好的成绩。具体表现为，大学生创新创业比例占毕业生总人数、开创企业发展超过三年的比重呈现逐年上升趋（麦可斯公司《2016年中国大学生就业报告》调查数据显示）。

4. 拉动就业，更新观念 创新创业教育在培育大学生开拓思维发现问题、提出解决问题的方法、落实问题的同时，更激发了同学们独立思考、自力更生、艰苦奋斗、团结协作的精神，而这些难能可贵的精神与专业知识的结合抑或突破专业的限制另辟蹊径，都使大学生看到自身潜能和与众不同的一面，甚至部分大学生还认为终于找了真实的自己。至此，一些大学生开创出为自身量身打造的就业方向即创业！用专业所学，用经验积累，突破传统观念，开拓出就业的新天地。

(二) 当前大学生创新创业存在的主要问题

1. 利益当先，不顾后果 创新创业教育的实施开展给予同学们更多的实践平台、机会、策略，但是也为一些"利"字当先的同学提供了可乘之机。比如，一些同学售卖英语四六级、计算机虚假复习资料，这些资料来源不清，或是很多年前资料的翻新，或是各种抄袭、粘贴，用一个好的封面，蒙蔽广大同学耳目；还有的同学以次充好卖假冒伪劣文具，不但不好用，文具材质本身就有剧毒；还有一些同学骗取同学们信任，开餐馆，为降低成品，使用的油品、菜品都是劣质的，导致同学们呕吐、腹泻等等，这些手段使这部分同学在一定程度上"收获"了利润，而最终结果是什么呢？是同学们对这些同学失去信心，进而店铺失去生意、关门，这些同学也被广大同学疏远了。

2. 盲目素拓，疏于防范 大多数创业大学生是想通过创业拓展自己各种素质、才能，特别是医学生将来要从事医疗卫生事业，专业知识外，沟通、组织、协调能力至关重要，还要具备十足的爱心，能够想病人之所想，急病人之所急。于是，很多同学进行幼儿家教、老人陪护工作，认为可以锻炼自己耐心，更可以结合自身专业所学，却疏于自身防范。比如在没有正规

合法手续情况下到幼儿家、老人家进行交流、辅导，在人身安全上是非常危险的；还有一些同学到医院对危重病人进行抚慰，生物安全防护不足等，都很可能引起严重后果。

3. 专业局限，缺少联横 医学专业是系统性极强的一个专业，需要大量的时间和精力的细致入微的经年累月地学习。也因此，医学生没有更多的时间学习医学专业外的知识，长久以往，导致非医专业知识的缺乏，甚至匮乏。而在创新创业过程中，即使是以医学专业为基础的创业项目，也需要大量的文化、心理、经济、管理等学科背景，而这些恰恰是医学生不擅长的。又因为专业局限，汇集的创业团队中，非医专业队员少，导致创业项目源头好，技术基础好，但是后期成长差。比如，有医学生开立养生为主题的餐馆，专门为产妇、大病初愈者、术后者提供餐食，因为专业知识过硬，搭配合理，前期市场调查时很受群众欢迎，结果因为缺少必要的宣传手段，不懂推销，不会包装自己，菜品色香味欠缺，很快被周围小餐馆占领市场，失败告终。

四、创新创业科学动机的含义及主要内容

心理学上认为，动机是激发和维持个体进行活动的内部推动力。创新创业动机是指个体在进行创新创业活动时源于自身内部激发、维持自身进行创新创业活动的推动力。科学的创新创业动机是指推动个体进行创新创业活动的内在推动力，是符合社会发展客观规律的，符合广大人民利益的，符合国家发展方向的，积极向上、奋发图强的推动力。

（一）懂得感恩

感恩父母、老师、亲朋、国家一切自己拥有的。其中，感恩父母是中华民族传统美德之首，素有"百善孝为先"的地位，有"卧冰求鲤"的感人之举；也有"一日为师终身为父"的训诫，更有大家耳熟能详的"曾子避席""程门立雪"的佳话；传诵千古的"知音"，讲述俞伯牙和钟子期的经典故事；《礼记·大学》言："古之欲明明德于天下者，先治其国；欲治其国，先齐其家；欲齐其家者，先修其身……"这就是大家常说的"修身齐家治国平天下"，最终落脚于"国"和"天下"即真正品德高尚的人，是以国家和社会为重的。

（二）社会责任

大学生必须承担的社会责任指在一定的社会和历史条件下，大学生为国家、社会、民族，乃至人类发展和进步而应该承担的责任和义务。当前，大学生的社会责任是用自身知识才能、青春力量为实现中华民族伟大复兴——实现中国梦而努力奋斗！全方位的培养和锻炼自己，使自己不仅成为对社会有用的人，更是成为能够推动时代，改写历史的强人！成为社会需要的全能型人才，即用扎实的专业知识、娴熟的实践技能、开拓进取的奋勇精神、吃苦耐劳的坚韧品质勇担社会责任，完成时代赋予的使命！

（三）人生价值

人生价值是人存在的意义，是人生奋斗的动力，包括个人对社会的责任、贡献和社会对个人的尊重、满足。不同的人对人生价值有不同的解释，如《论语·里仁》中讲到"君子喻于义，小人喻于利"，说的就是两种截然不同的人生价值。当代大学生应该将个人对社会的责任、贡献放于人生价值的第一位，即人的真正价值在于对社会发展和人类进步事业的贡献，而不是将

追逐个人的功名利禄作为人生价值的终极目标。实践证明，只有以为社会进步、人类发展做贡献的人生价值才能成就一番伟业，才能创造为历史铭记，为后世敬仰的人生辉煌！

五、大学生如何培养自身建立科学的创新创业动机

（一）提升医学生人文情怀

《孟子·公孙丑上》有言"无恻隐之心，非人也；无羞恶之心，非人也；无辞让之心，非人也；无是非之心，非人也。"这体现中国传统文化对以文化教养、道德操守等为基础的人的全方位修养的综合要求，实则是对人文情怀的最早描述，是人存于世的基本准则。要求大学生具有一定的以道德知识为核心的人文知识积累，一定的专业知识为核心的多学科，多领域知识的积累、一定的以沟通、组织、协调为核心的社会实践能力。这些需要大学生在日常学习、生活中积累多学科知识，特别是文化、历史、经济、管理等人文知识，重视第二课堂的理论与实践，在校园文化生活中珍惜机会参与其中。

（二）加强对社会主义核心价值观的践行

"富强、民主、文明、和谐、自由、平等、公正、法制、爱国、敬业、诚信、友善"这24个字来高度概括社会主义核心价值观的组成，分为国家、社会、个人三个层面，是对中华民族传统美德、中国共产党人革命道德、社会主义新时期道德的高度凝练。2014年5月4日习总书记与北京大学师生座谈时指出："社会主义核心价值观承载着一个民族，一个国家的精神追求，是最持久，最深层的力量。"大学生肩负社会责任，实现中华民族的伟大复兴，要求学习和践行社会主义核心价值观。大学生要牢记社会主义核心价值观24字方针，了解中华传统文化精髓，结合国家大政方针，重要会议精神，习总书记重要讲话等帮助自己深刻理解其内涵，融入日常生活学习中，体会深层含义。

（三）加强专业知识学习

综合型人才来源于专业知识基础上的多重培养，扎实的专业知识是一切知识和能力获得的基石，只有对专业知识熟练掌握并灵活运用的过程中才能实现对专业知识的活学活用，进而发现专业知识的独到之处，进一步深入学习，挖掘专业知识的潜能，更好地服务于社会大众。同样道理，通过对专业知识的学习，深刻掌握了一门专业知识的理论与实践结合的方式方法。以此类推，系统学习其他知识也会得心应手，甚至无师自通。一些大学生单纯认为，大学是施展个性，放飞自我的舞台，忙于涉猎多学科、多领域，而导致专业知识学习不足，殊不知专业知识学习不好，严重影响对其他知识的学习和掌握，更不要说运用了。

（四）加强对法律法规的学习

法律法规不仅仅是医学生创新创业必须遵守的，更是医学生创新创业过程中的保护伞，必须加强对法律法规的学习，思想上始终有法，尊法、守法，在法律的框架下开展创新创业活动。例如，《劳动法》《劳动合同法》《商标法》《知识产权法》等，还有各种行政规定比如《恶臭污染物排放标准》《城市区域环境噪音标准》《畜禽养殖业污染物排放标准》等，加强对法律法规的学习，更好地保护自己权益、保护生态平衡，为创新创业的可持续发展保驾护航。

本章小结

本章从历史、现实和长远三方面对医学生进行创新创业的意义进行阐述，目的是使同学们充分理解创新创业对国家、社会、个人发展、成长的重要意义和价值，提高同学们对创新创业，特别是学生时代创新创业的重视。本章所以置于本书开篇之章，亦是让同学们懂得创新创业不仅仅是个人的事，更是关系到社会进步、国家发展的大事；请同学们牢记创新创业三大方面的意义并激发自身的创新创业热情，端正创新创业动机，怀揣报效祖国，实现中华民族伟大复兴的中国梦而大步向前。

本章习题

1. 请从历史、现实、未来三个层面说明创新创业的意义。
2. 如何建立科学的创新创业动机。
3. 举一则你身边创新创业成功或者失败的案例并分析其原因。

【拓展阅读】

每一位同学在大学的时候，要做四件事情：第一，就是要学到很必要的知识；第二，要学会交到很好的朋友；第三，如果可能的话，体验一下爱情；第四，要为未来就业做好准备。现在中国的大学生，毕业以后找不到工作的很多，我给大家一个建议，不管怎么样，你都得先工作，哪怕先打扫卫生都可以，毕竟你开始工作了，开始工作了，你就有了开始往前走的基础。

对于你们来说，找工作一次被拒绝了，就不找了，那你能找到第二个工作吗？找不到的。新东方有个学员到美国大使馆去签证，签了三次都被拒绝了。我跟他说，美国人还允不允许你去第四次。他说，允许我去第四次。我说，允许你去第四次，你就去。但你一定要有个心态，就是面对失败，你得风度翩翩，这就是成功者。结果他从第四次开始去的时候，非常有风度有礼貌，可又被拒绝了，被拒绝了以后，他说"Thank you, sir. See you next time."最后到第八次，终于给了他一张签证。这个学生问，你为什么给我这个签证?这个美国签证官说"Because I never never want see you again."

签证官知道这个人太坚忍不拔了，坚持下去的事情，往往成功的可能性要多得多，坚持就是力量。一个人摔倒了十次，就再也不愿爬起来了，他就永远失败。但是他哪怕是摔倒了一万次，他一万零一次继续站起来往前走，实在站不起来了，爬也要爬着往前走，这就叫成功。

——俞敏洪励志演讲：像树一样生活

第二章　创新创业政策起源

案例导入：马云的三次创业

第一次，创办海博翻译社。

马云之所以要办翻译社，主要是基于三个方面的考虑：①当时杭州很多的外贸公司，需要大量专职或兼职的外语翻译人才；②他自己这方面的订单太多，实在忙不过来；③当时杭州还没有一家专业的翻译机构。

很多人光有想法，从来都不会有行动。可是马云一有想法，就马上行动。

为了维持翻译社的生存，马云开始贩卖内衣、礼品等小商品，跟许许多多的业务员一样四处推销，受尽了屈辱和白眼。整整3年，翻译社就靠着马云推销这些杂货来维持生存。1995年，翻译社开始实现赢利。

现在，海博翻译社已经成为杭州最大的专业翻译机构。虽然不能跟如今的阿里巴巴相提并论，但是海博翻译社在马云的创业经历中也划下了重重的一笔。海博翻译社给马云最大的启示就是：永不放弃。没有钱，只要你永不放弃，你就可以取得成功。

第二次，创办中国黄页。中国黄页是中国第一家网站，虽然是极其粗糙的一个网站。

网站的建立缘于马云到美国的一次经历。1995年初，马云参观了西雅图一个朋友的网络公司，亲眼见识了互联网的神奇，他马上意识到互联网在未来的巨大发展前景，马上决定回国做互联网。创业开始，马云仍然没有什么钱，所有的家当也只有6000元。于是又变卖了海博翻译社的办公家具，跟亲戚朋友四处借钱，这才凑够了8万元。再加上两个朋友的投资，一共才10万元。对于一家网络公司来说，区区10万元，实在是太寒酸了。

很多人都说，做网络公司，没个几百万上千万是玩不转的。又有人说，如今的环境跟马云创办中国黄页的时候截然不同了，那时10万可以，现在肯定不行。对于中国黄页来说，创办初期，资金也的确是最大的问题。由于开支大，业务又少，最凄惨的时候，公司银行账户上只有200元现金。但是马云以他不屈不挠的精神，克服了种种困难，把营业额从0做到了几百万。

第三次，创办阿里巴巴。

阿里巴巴无疑是中国互联网史上的一次奇迹。但是阿里巴巴创业开始，钱也不多。50万，是18个人东拼西凑凑起来的；50万，是他们全部的家底；然而，就是这50万，马云却喊出了这样的宣言：我们要建成中国最大的电子商务公司，要进入全球网站排名前十位！

1999年，中国的互联网已经进入了白热化状态，国外风险投资商疯狂给中国网络公司投钱，网络公司也是疯狂地烧钱。50万，只不过是像新浪、搜狐、网易这样大型的门户网站一笔小小的广告费而已。阿里巴巴创业开始是相当艰难，每个人工资只有500元，公司的开支一分钱恨不得掰成两半来用。

2007年11月6日，阿里巴巴在香港联交所上市，市值200亿美金，成为中国市值最大的互联网公司。马云和他的创业团队，由此缔造了中国互联网史上最大的奇迹。

教学目标　1. 了解国外创新创业政策的发展现状和美、英、日三国创新创业教育的特点。
2. 了解我国创新创业教育的发展现状。
3. 了解国外创新创业教育的启示。

第一节　国外创新创业政策

和平发展是当今时代的主题。在这个发展的大时代中，经济活跃是国家综合实力的一个重要指标，而企业经营的活跃程度直接影响国家经济的活跃程度。推动大众创业、万众创新是发展的动力之源，也是富民之道、公平之计、强国之策。创新创业对于推动经济结构调整、打造发展新引擎、增强发展新动力、走创新驱动发展道路具有重要意义，也是稳增长、扩就业、激发亿万群众智慧和创造力，促进社会纵向流动、公平正义的重大举措。

国家通过制定一系列的战略规划和法律法规，鼓励公民投身创新创业事业，帮助企业渡过创业难关，扶持企业发展壮大，营造良好的创新创业政治生态环境，有利于国家抢占未来世界科技和经济的制高点。从这一角度出发，世界主要国家都陆续出台了自己鼓励创新创业的战略部署，以简政放权的改革为市场主体释放出更大的空间。他山之石，可以攻玉。美国、英国、德国、日本等国家在促进创新创业方面的许多做法和经验值得我们学习和参考。

一、世界各国创新创业政策与发展现状

第二次世界大战过后，世界各国进入休战养息、发展经济的新阶段，拉动内需，提高民众的创新意识和创业理念成为促进经济发展的新动力。创新创业活动对国家、社会的发展和经济转型有着不可忽视的作用。创新创业活动的兴起可以促进就业，促进科技创新，提高生产力，实现社会稳定，提高国家整体的市场经济活力和国际竞争力。英、法、德、日等政府在优化创业环境、促进民众参与创新创业方面的政策和做法对我国推动大众创业、万众创新有重要的借鉴价值。

（一）英国

敢于创新是盎格鲁-撒克逊人的优良传统，也是英国文化的重要组成部分。据《欧盟创新记分牌》（EIS）的排名，英国的创新业绩一直维持在欧盟成员国的前五名。2008年，债务危机席卷全球，英国作为老牌资本主义国家深受其累。为了摆脱债务危机对英国的影响，重振经济，英国政府一方面重新评估英国的经济体系，另一方面重新审视自身定位。于2011年底英国政府发布了《促进增长的创新与研究战略》报告，并出台了一系列的具体政策措施。这一报告进一步提升了科技创新在英国国家战略中的地位，通过这一系列推进科技创新的举措，试图引领英国摆脱债务危机，走向经济复兴。

首先，重点加强关键技术领域的投入力度，同时推动创新生态系统的发展。

为了抢占21世纪的科技制高点，英国政府在《促进增长的创新与研究战略》中明确提出将重点加强对生命科学、高附加值制造业（汽车、航天航空、电子等领域）、纳米技术、信息技术，这四个英国有明显优势和发展前景的科技产业的支持力度。此外，还出台了一系列推动创新生态系统发展的政策。第一，鼓励政府、企业、研究机构、高校之间相互合作，共享研究成果。2012年，英国政府发布了《英国产业战略：行业分析报告》，报告中指出要进一步加强产学研的沟通合作，建立长久的战略伙伴关系，促进科研成果的转换。第二，设置奖项激励创新。从2012年开始，英国政府每年投入25万英镑作为创新奖励资金，用于奖励科技水平和研究成果突出，为社会经济做出重大贡献的集体和个人。第三，对政府部门提出新要求，通过政府采购、简化手续等方式成为创新的推动者，尽可能地为企业创新发展服务。第四，积极推

进国际科技合作,英国政府在加强国际合作中发挥积极作用,支持本国企业在海外寻找合作伙伴,鼓励英国企业和技术走向世界。这一系列政策的推出为英国的企业改革、创新和发展创造了良好的社会和政治环境。

其次,提出支持创新型企业发展的重要举措。

在《促进增长的创新与研究战略》中,英国政府明确提出要通过四大举措来推动企业的创新发展,促进英国经济复苏。第一,改革企业研发税收优惠。凡研发资金达到1万英镑以上企业均可享受研发税收减免政策。第二,支持风险投资、改善融资渠道。英国政府一方面支持本国的创新投资基金、天使共投基金等风险投资;另一方面积极与国外政府、国外风险投资机构合作,吸引外来资金扶持英国企业。第三,提升公用事业部门与农业食品等重要经济部门的创新水平。英国政府特别重视重要经济部门的创新,通过创造良好的环境,使企业更容易获得其自身发展所需要的资源。另外积极提升企业的管理和组织水平,提高重要经济部门的创新能力。第四,重启中小企业研究与开发的计划。英国政府在3年内投入7500万英镑,用于支持中小企业的创新与科研活动,鼓励中小企业研发以创新和科技含量为导向的产品。

最后,关注信息化基础设施和开放数据,推动科研数据开放共享。

英国《促进增长的创新与研究战略》报告中提出,英国政府将投资1.58亿英镑用于信息化基础设施的建设和项目推进工作,为大数据时代的来临做足准备并从中获益。英国政府采取诸多举措促进信息数据的公开化,挖掘出巨大的数据构建和数据分析市场,为市场经济注入了新鲜血液。2013年,英国研究理事会宣布了鼓励科研成果公开的新政策,要求在一般情况下在期刊上发表新论文,必须通过网站免费为公众开放,在特殊情况下免费公开时限可以宽限制1年,同时可以让读者随时反复下载,方便读者使用。

(二)德国

德国是世界第四大、欧洲第一大经济体。德国的两大支柱产业,机械制造业和汽车业具有世界性的竞争优势。德国经济能够取得举世瞩目的成就,与德国的创新能力及其《高科技战略》密不可分。

2006年,德国联邦政府提出了《德国高技术战略》,旨在通过提升创新能力,克服德国经济成本竞争力缺乏的劣势,使德国保持全球经济大国的地位。2008年债务危机爆发,2010年德国政府颁布了《德国2020高科技战略》,同时出台了一系列高技术战略创新方案和创新政策,重点关注气候变化与能源、健康与营养、移动、安全和通信五大领域。在这两个战略提出的基础上,德国政府于2013年又提出了"工业4.0"战略,该项目被认为是由信息技术的发明推动的智能化制造为主导的第四次工业革命的来临。其技术基础是网络实体系统和物联网技术,将智能化贯穿制造业的全过程。而"工业4.0"战略也帮助德国实现全方位的系统整合,最大限度地发挥德国的人力资源优势,发掘现有的技术和经济潜能。

德国政府尤其注重创新创业生态体系的建设和营造。首先,政策性金融支持中小企业。创新型企业获得风险投资的渠道多种多样。联邦政府、州政府、政策性银行、各类创业基金都愿意对创新型企业给予支持,且偿还时间相对宽松。政府出台一系列扶持创新企业的政策,对创业初期的企业提供精准服务。其次,产学研人才双向流动。德国有着相对完善的产学研人才双向流动政策,科研人员在科研机构工作一段时间后,进入企业,实现科研成果转化。企业的研发人员也可以到高校任教,其所教的学生又回到企业任职。德国鼓励高校和研究所的科研人员带着研究成果去创业并给予原工资的70%作为创业补贴(连续发放9个月)。

（三）法国

法国是老牌资本主义国家，2008年金融风暴之后，法国同样面临转变经济增长方式和产业结构升级的挑战。针对法国科技实力雄厚，但科研成果却难以转化成生产力的现状，法国政府制定了一系列的关于鼓励科技创新、高等教育和科研人员培养方面的国家战略和计划，如"技术创新与科研法""法国——欧洲2020：研究、技术转移和创新的战略议程""'大型国债'计划""未来工业计划""未来投资计划"等。

在支持科研投入和技术创新方面。首先，使在职科研人员创办企业合法化，并鼓励在职科研人员的企业与原单位进行合作，促进研产结合；其次，鼓励科研人员带着自己的科研成果入股企业，甚至可以参加企业董事会。这样不仅有利于科研成果转化成生产力，还有利于企业吸引外部投资。在发展风险投资机制方面，由以前的研发创新风险由研发人自己承担，变为由政府、科研机构和企业共同承担。这一转变大大鼓励了科研人员的创新热情，受到了普遍欢迎。此外，法国政府从1998年开始，设立风险投资公共资金，出资9亿法郎作为公共风险资本，扶持具有创新精神的中小企业。在税收改革方面，法国是世界上较早利用财政政策鼓励创新的国家之一。早在1983年，法国就推出了鼓励科研创新的税收优惠政策——科研税收信贷（C.I.R）。2008年法国政府对其进行优化改革，以公司的研发和创新活动作为能否享受税收优惠的标准。

（四）日本

日本政府在促进科技创新方面一直处于主导地位。在1980年，日本政府根据全球经济发展趋势，提出了要从"贸易立国"到"技术立国"转变的战略思想。1995年，日本政府公布《科学技术基本法》，明确提出了以技术创新和发明创造来推动科技进步和经济发展，由此，日本"技术立国"战略进入了"科学技术立国"的新阶段。进入新世纪以来，日本政府从促进创新技术开发和培养创新型人才的角度出发，先后制定了一系列的立国战略计划，如2000年的IT立国战略、2002年的知识产权立国战略、2005年的投资立国战略、2007年的创新立国战略等。这一系列的立国战略看似繁杂，实则都是以推动科技创新来发展经济为根本目标，提高日本企业在国际上的竞争力。2014年，日本政府提出了《科学技术创新综合战略2014——为了创造未来的创新之桥》，重点推进信息通信技术、纳米技术和环境技术三大跨领域技术的发展。

政府主导是在市场经济下日本推进经济社会发展的重要特征。日本推行的这一系列战略政策，都离不开以下两个方面：一方面，重视教育，重视人才培养。日本政府一直把人才视为科技立国的根基，在教育投资、教育改革、人才培养模式创新等方面一直排在世界前列。除此之外，日本社会和企业普遍重视人才培训，尤其在在职人员培训方面，有丰富的经验和卓越的品质，整个社会有着浓郁的终身学习氛围，这是其他发达国家所无法比拟的。另一方面，深化创新体制改革，将竞争机制引入科研机构，营造竞争性的科技环境，设立竞争性的科研资金，有利于优秀人才的培养和脱颖而出。推进产政学合作，鼓励大学、科研机构、企业和政府共同推进创新项目，并迅速实现产业化。加强科研经费的投入、管理和监督，提高科研经费的使用效率，将除防卫和警备之外的科研经费的管理部门纳入"e-Rad研发管理系统"，管理所有与研发活动相关的日常管理工作，有效的治理重复研究和经费过渡集中等问题。

二、世界各国创新创业教育

随着创新创业政策的推行，创新创业型人才作为创新创业活动中必不可缺的关键因素受到了政府和社会的普遍重视。对于我国来说，创新创业教育开展较晚，还未形成特有的模式和风格。而英美日等发达国家，创业教育开展较早，整个社会有着浓郁的创新创业文化氛围，学习他国的创新创业教育模式，更利于我们掌握创新创业教育的一般规律，再结合我国的具体国情民情、风俗习惯，开展具有中国特色的创新创业教育，培养21世纪的创新创业型人才。

（一）美国

高等学校创业教育起源于20世纪40年代的美国，1947年，哈佛大学商学院的迈赖斯·迈斯（Myles Mace）开设的《新创企业管理》被认为是创业教育的第一课。但是直到20世纪70年代，创业教育才在美国大范围的推广开来。进入21世纪以来，美国的创业教育逐渐走向成熟，创业教育理念也从最初功利性的"企业家速成"转变为培养以创业精神和创业素质为中心的"素质教育"。

美国的创业教育贯穿孩子成长的全过程，真正做到了"从娃娃抓起"。在幼儿园阶段，就开始培养孩子的自我服务技能和创业基本概念的了解。美国认为，创业教育的前提是自我服务技能的培养，比如，在美国，从孩子1岁半的时候就开始培养孩子自己穿衣服、洗脸、梳头、吃饭、自己保管自己的东西等自理能力，美国的孩子在3、4岁左右基本能够达到日常生活自理。从幼儿园阶段开始，让孩子逐渐接触基本的经济概念，包括经济需求、资源、机会成本与取舍、经济体制与激励、交换、市场和价格等。并通过游戏教学，激发孩子的创业兴趣，塑造孩子的创业理念。

美国高校的创新创业教育不仅仅是教会学生如何创办企业，更是通过创新创业理念的灌输，让学生能识别生活中的机遇、创新创业的勇气、管理企业的能力和富有远见的批判思维。因此，美国的创新创业教育全方位地培养了学生的创新创业素质，学生学到的不仅是创业的专业知识，更是一种敢于变革的创新创业能力。在课程设置方面，美国高校的创新创业教育主要有以下两个特点，一是打破学科壁垒，实现基础课程与专业课程的融会贯通；二是形成了一套比较完善的创业教育课程体系，注重创新创业课程教学的时效性和可操作性。美国高校的创新创业教育主要由创业课程教学和实战训练构成，在创业课堂上，同学们可以通过对社会经济的了解、创新创业相关知识的学习，为实战训练打下坚实的基础。实战训练是指学生组建创业团队，选择创业项目，由导师论证项目的可操作性并跟踪指导，学校给予一定的资金支持，由学生团队进行创业实践，并定期进行评估。在创新创业教师队伍的建设方面，美国的创新创业教师由专门从事创新创业教育研究的专职教师和有学术背景的企业家、企业管理人员组成。在创新创业教育资金资助方面，美国高校的创新创业教育受到了政府和社会各界的大力支持。一方面由政府拨款鼓励大学生创业，并奖励创业优秀的学子；另一方面，企业捐赠也是美国创新创业教育资金的另一重大来源。企业提供经费用于赞助创新创业的课外活动、开发创业教育课程等。无论是政府、企业还是社会机构，都大力支持美国的创业教育，所以美国被誉为"创业者的天堂"。

（二）英国

20世纪80年代，英国政府将创业教育视为能够提升"国家经济发展驱动力"的重要手段，英国的创新创业教育由此兴起。进入21世纪，英国高校逐渐从"研究型大学"向"创业型大学"转变，主要注重培养学生的创新精神、财务能力和战略眼光。英国政府的高等教育质量保证署（QAA）出台的一系列提高创业素质、推动创业实践教育的指导纲领，是世界上最早由政府制定的保障高校创新创业教育的指导纲领。

英国的创业教育目标并不是要学生创立多少企业、创造多少利润价值，而在于揭示创业的一般规律，培养学生的创业素质和创业精神。例如牛津大学 MBA 创业课程，不仅仅局限在教授创业技能的指导等方面，而是要求学生关注影响人类生活的气候变化、能源、教育、失业等全球性问题，要求学生思考怎样通过社会企业来解决各种挑战。再如英国北安普顿大学的创业教育是"以社会为导向，使用市场规律原则来实现社会结果"。北安普顿大学向学生提供创业实践和实习的机会，培养学生的就业创业能力，使学生在自己以后的职业生涯中能够快速的脱颖而出。在课程设置方面，英国的创业课程可以大致分为三类，"关于"创业的课程、"为"创业的课程和在创业中学习的课程，前两者针对的是在校大学生，后者是面向社会人士开设的创业课程。"关于"创业的课程有明确的教学目标和教学大纲，由专职的创业教师讲授。"为"创业的课程主要以实践为主，聘请有管理和创业经验的企业人士指导，主要培养学生的操作技能和实践能力。除此之外，英国的创新创业教育还特别注重学生的机会导向，提高学生对机会的识别和把握能力，强化学生善于把握机会的意识。在师资队伍的建设方面，英国高校的创新创业教育师资主要由创新创业理论研究人员和有商业管理和创业经验教师组成。例如牛津大学赛德商学院的创新创业教育授课教师，主要由学术研究走在世界前沿的专职教授和来自世界各地卓越企业的从业人员组成，呈现出教师来源多样化、学科覆盖面广、研究能力强和声望高的特点。在创新创业教育资金来源方面，与美国社会各界全力支持创业教育不同的是，英国的创新创业教育资金主要来源于政府拨款。英国政府依托企业、网站等组织设立了名目众多的创业基金，为创业大学生提供帮助。

（三）日本

日本高校的创新创业教育发展与英国相似，兴起于 20 世纪 80 年代，进入 21 世纪以后，日本的创新创业教育才走入正规化，普遍化的道路。与美国和英国的创新创业教育相比较，日本的创新创业教育有着鲜明的特点，日本的创新创业教育贯穿日本中小学基础教育和本科、硕士研究生、博士研究生教育至在职教育全过程。在中小学阶段，以培养学生的创新精神为主要目标，例如在课余时间邀请企业家来校讲课等，制造企业家与学生交流的机会，提升孩子们对创新创业的兴趣。校的创新创业教育的开展。在高校创新创业体系方面，日本的创新创业教育课程体系分为基础课程系列、拓展科目系列、实践科目系列，由浅入深、层层递进，其中尤其注重对成果案例的剖析和讨论，通过案例研讨的形式，学习成功企业的创业经验，再将这些经验转化为对实践操作的指导。在创新创业教育模式方面，日本的创业教育模式呈现多样化的特点，面对全体在校学生开展创新创业通识性教育课程，对有创业欲望和创业项目的学生开展专门教育系列课程，对工科和医学专业的学生开展创业技能辅助课程，对管理学和商学专业的学生开展经营技能综合练习。因材施教、各专业各有不同。例如，日本高知工科大学就利用自己的科技优势，以培养学生学习能力为教育目标，建设认识主体之间的桥梁。在师资聘用方面，日本更加注重实践性，专职的创业教师较少，更多是从企业聘任具有丰富管理和创业经验的兼职教师。日本政府无论在政策上还是资金上都大力支持创新创业教育。一方面，从日本政府颁布的《科学技术基本法》和《中小企业新事业活动法》中，都在创新创业教育方面给予了强有力的支持；另一方面，建立了政府和社会各界参与的融资渠道，在创新创业教育中提供帮助和技术支持，呈现出政府主导，整个社会高度重视的创新创业教育局面。同时创业教育与创业扶持相结合，设立指导机构和创业基金，专门为创业学生服务。

我们总结了美英日创新创业教育特点，见表 1-1。从以上介绍中，我们不难看出各国的创新创业教育发展都经历了萌芽、兴起、发展、成熟这样一漫长的过程。随着创新创业教育的发展成熟，各国的创新创业教育都体现出课程体系强、教学内容和教学形式多元化这一特点。从教学内容上均涉及理论学习和实践操作，均强调通过实战训练提升学生的创新创业能力，训练学生的创新创业思维。在师资配置方面，各国主要采取专职教师与具有管理和创业经验的兼职教师组成，专职教师对理论课进行教学，兼职教师主要指导学生的创新创业实践操作，两者进行优势互补。在创新创业教育资金来源方面，各国政府都通过政策法规和财政拨款对创新创业教育和创新创业学生提供大力帮助，促进创新创业教育的开展和实施。

表 1-1　美、英、日三国创新创业教育特点对照表

国家	课程体系	师资队伍	教学模式	资金来源
美国	分为创业意识类、创新素质类、创业知识类、创业实践类等。体系性强，种类繁多，重视实践	专职教师充实处男型创业科研，企业教师进行创业知识的讲授。通过创业师资研习班、创新创业教育研讨会和案例示范教学会进行师资培训。	创业课堂培训和创业项目实训相结合。注重官方指导和宏观把控，以课题、项目的形式开展实践活动。	由联邦政府和社会各界共同支持，形成了政府与社会"双轮驱动"的资金帮扶体系
英国	分为"为"创业课程、"关于"创业课程和在创业中的课程。注重机会导向、理论性强、内容多样	专职教师充实理论导向教学和科研、企业导师充实实践导向教学。通过国际创业者项目进行师资培训。	创业课堂培训和创业模块相结合。注重跨学科交叉培训和实战指导。	主要来源是财政拨款。形成"官方化"的资金支持体系。
日本	分为基础科目系列、拓展科目系列、实践科目系列。体系性强、层次分明、注重实践	少数专职教师从事科研工作，创业教师主要来自企业。通过交流会和座谈会进行师资培训。	创业课堂培训和创业道场相结合。形成系统化、规模化。注重竞争意识的培养	有政府和金融机构两大来源。形成了独具金融特色的资金支持体系。

第二节　国内创新创业政策起源

一、中国创新创业政策提出背景

自改革开放以来，国内出现了第一个创业高峰，各种鼓励创业政策也应运而生。第七届全国人民代表大会以立法的形式确立了私营企业的合法化地位，党的十四大报告允许私营经济与公有制经济共同发展，更是掀起了"下海"经商的浪潮。1998年，清华大学举办了首届"清华创业设计大赛"，将创业引入高校内，大学生创业问题首次受到了教育部的重视。次年，国务院颁布了《面向21世纪教育振兴行动计划》，明确提出"加强教师和学生的创业教育，采取措施鼓励他们自主创办高新技术企业。"同年，共青团中央、全国学联等部门联合举办了首届"挑战杯"大学生创业设计大赛，进一步扩大了创业活动在大学生群体中的影响。

进入21世纪以后，中国政府明确提出要靠科学技术创新经济，建设创新型国家。与此同时，我国高校毕业生人数急剧增加，许多高校毕业生面临着"毕业即失业"的困境，给国家和政府带来了严峻的考验。党的十七大报告明确提出"促进创业以带动就业"，把鼓励创业、支持创业摆在更加重要的位置。2012年，党的十八大召开，明确提出"引导劳动者转变就业观念，鼓励多渠道多形式的就业，促进创业带动就业。""促进高校毕业生就业创业工作，通过运用政府公共资源、动员社会各界资源，激发大学生的创新活力，为大学生创业提供有力的支持。"2014年，人力资源社会保障部下发《人力资源社会保障部等九部门关于实施大学生创业引领

计划的通知》,提出2014～2017年实现引领80万大学生创业的预期目标,通过普及创业教育、加强创业培训、提供工商登记和银行开户便利、提供多渠道资金支持、提供创业经营场所支持、加强创业公共服务等措施为创业大学生提供支持。2014年9月,李克强总理在夏季达沃斯论坛上提出了"大众创业、万众创新"的口号,提出要在中国掀起"草根创业""人人创新"的新浪潮。2015年,全国"两会"召开,确立"大众创业、万众创新"为我国经济转型和稳步增长的引擎之一。由此,便开启了我国创新创业的新时代。

二、中国创新创业发展现状

我国的创新创业政策随着时代背景的改变逐步发展,2013年至今,党和政府陆续推出一系列鼓励创新创业的政策措施,将创业纳入我国经济发展的战略规划之中,无论是从政策涉及的领域还是从政策推行的力度来看,都已达到了历史最好的时期。

2016年5月国家发改委组织编写的《2015年中国大众创业万众创新发展报告》中提出,当下"大众创业、万众创新"的"双创"新浪潮主要表现为:市场主体井喷式增长,创业创新蔚然成风;创客群体不断壮大,创业创新理念深入人心;创业投资大幅增长,成为社会投资的新热点;双创政策体系初步构建,创业创新生态环境不断优化;创业创新加速创造新供给,汇聚经济发展新动能。近年来,我国的创新创业发展迅猛,新的创新创业政策激发了民众的创业热情,推动了我国社会经济的良性发展。青年大学生群体在创新创业的大潮中异军突起,成为创新创业大军中的新生力量。政府、高校对创新创业工作的重视不仅有力地推动了大学生的创新创业活动,还逐渐改变了大学生的就业观念,在一定程度上缓解了大学生的就业压力,成为我国经济发展的又一动力。

(一)创业环境明显改善

在党和政府不断地创新创业政策推动下,根据全球创业观察(GEM)从创业金融支持、政府项目、国内市场开发程度、创业教育和培训、政府相关政策、研究开发和专业、商业环境、基础设施建设、创业文化氛围九个方面考核国家或地区的创业环境评价指标来看,目前,我国的创业环境较2002年、2003年有了明显改善。从全球范围看,我国2002年的创业指数为2.65,生存型创业(指创业行为是出于没有其他更好的选择,不得不通过创业来解决生存危机)大大高于机会型创业(指创业行为是出于想要抓住现有机会,实现更好的发展)。2006年我国的创业指数上升到了3.03,根据2014年的数据调查,我国的创业活动指数达到了15.53,高于美国的13.81、英国的10.66、日本的3.83。机会型创业的比重增加。根据2017年1月发布的《全球创业观察2015/2016中国报告》,中国创业活动的主体是青年,占创业者总体比例的41.67%,创业动机以机会型创业为主,64.29%的创业者为机会型创业者。表明我国创业者的创业贡献预期会大大增加。因为机会型创业相对于生存型创业能带来更多的就业机会、新市场机会、创新机会和企业增长机会。

创业环境的好坏直接影响着创业者的创业热情和创业机会。如今,我国从政策扶持、社会经济发展等方面为大学生创业提供了一个较为良好的外部环境。国家出台了一系列鼓励大学生自主创业的政策,例如减免税收、免费创业培训和创业指导、免息免担保创业贷款等诸多方面;移动互联网、现代物流等行业的发展给市场带来更多的机会;社会观念的改变为大学生创业带来更加自由的活动空间。随着创业环境的明显改善,创业成本降低,创业机会增多,越来越多的草根投身创新创业事业当中,带动创新创业规模不断扩大。

(二)企业数量大幅增加

根据《中国创新创业 2015 年度报告》统计,2015 年全国新登记市场主体 1479.8 万户,比 2014 年增长 14.5%;注册资金 30.6 万亿元,增长 48.2%。截止到 2015 年底,全国实有各类市场主体 7746.9 万户。其中,2015 年全国新登记企业 443.9 万户,比 2014 年增长 21.6%,注册资金 29 万亿元,增长 52.2%,均创历年新登记数量和注册资金总额新高。平均每天新登记企业 1.2 万,比 2014 年日均新登记企业 1 万户有了明显提升。特别是自 10 月 1 日起"三证合一、一照一码"登记制度改革在全国范围内全面实施以来,11 月、12 月新登记企业数量分别达到 46 万户和 51.2 万户,达到历史新高值。

随着创新创业改革的推进,各地逐步重视创业服务基础设施的建设。根据《2016 年中国创新创业报告》,截止到 2015 年底,我国的科技企业孵化器和众创空间共近 5000 家,成为全球创业孵化器最多的国家。与此同时,孵化企业数量和孵化质量也在逐步提升,截止到 2015 年底,经过各地孵化器专业化的服务下,共有 74 838 家企业成功孵化,其中 812 家为上市企业。

(三)大学创业人数逐年增加

在国家创新创业政策的帮助和鼓励下,校内大学生创业活动日渐丰富,创新创业思维逐步改变着大学生的就业观。从以前的单纯希望谋求一份稳定的工作,到现在的创业成为大学生就业的一个重要选择。大学生的创业观也逐渐被社会各界所接纳,这使大学生的创业愿望逐渐强烈,创业激情日渐增长。在这样的愿望和热情的推动下,大学生创业人数也逐渐增加。2016 年 6 月发布的《就业蓝皮书》显示,中国大学毕业生自主创业比例持续上升,从 2008 年的 1% 到 2015 年的 3%,7 年的时间翻了整整 3 倍。

(四)创业带动就业,促进地区经济发展

随着高校招生规模的持续扩大,高校毕业生人数也逐年增加,就业难的问题日益凸显。在国家政府的创新创业优惠政策的推动下,大学生创业热情提升,越来越多的大学毕业生利用自己的专业知识和技能,整合各类资源,捕捉分析市场机会,实现自己的创业梦想,也实现了就业创业倍增效应,以创业带动就业。在解决大学毕业生的就业问题的同时,也为社会创造了更多的就业岗位,减轻了社会的就业压力。同时为区域经济的发展提供创新创业型人才,与地方经济的发展形成良性互动,创造了大量的财富,增加了地区的财政收入,推动地区经济的增长。

(五)创新创业教育得到重视并快速发展

创新创业教育是顺应全球经济发展所提出的转变教育理念,以培养学生的创新创业素质和开创型个人为目标的一种实用教育。2002 年,教育部在清华大学、北京航空航天大学、武汉大学、上海交通大学等九所高校开展创新创业教育试点工作。2012 年,教育部下达《普通本科学校创业教育教学基本要求(实行)》的通知,强调要加强创新创业教育的服务力度,并从课程建设、师资队伍建设、基地建设、资助体系建设等方面进行了全面部署。以此为标志,我国的创新创业教育进入了蓬勃发展的新阶段。2015 年 12 月,国务院办公厅下发《国务院办公厅关于深化高等学校创新创业教育改革的实施意见》(国办发[2015]36 号),文件指出:第一,完善人才培养质量标准,使创新精神、创业意识和创新创业能力成为评价人才培养质量的重要

指标。第二，创新人才培养机制，深入实施系列"卓越计划"、科教结合协同育人行动计划等，多形式举办创新创业教育实验班，探索建立校校、校企、校地、校所及国际合作的协同育人新机制，积极吸引社会资源和国外优质教育资源投入创新创业人才培养。高校要打通一级学科或专业类下相近学科专业的基础课程，开设跨学科专业的交叉课程，探索建立跨院系、跨学科、跨专业交叉培养创新创业人才的新机制，促进人才培养由学科专业单一型向多学科融合型转变。第三，健全创新创业教育课程体系，面向全体学生开发开设研究方法、学科前沿、创业基础、就业创业指导等方面的必修课和选修课，纳入学分管理，建设依次递进、有机衔接、科学合理的创新创业教育专门课程群。第四，改革教学方法和考核方式，广泛开展启发式、讨论式、参与式教学，扩大小班化教学覆盖面，推动教师把国际前沿学术发展、最新研究成果和实践经验融入课堂教学，注重培养学生的批判性和创造性思维，激发创新创业灵感。改革考试考核内容和方式，注重考查学生运用知识分析、解决问题的能力，探索非标准答案考试，破除"高分低能"积弊。第五，强化创新创业实践，加强专业实验室、虚拟仿真实验室、创业实验室和训练中心建设，促进实验教学平台共享。支持高校学生成立创新创业协会、创业俱乐部等社团，举办创新创业讲座论坛，开展创新创业实践。第六，改革教学和学籍管理制度，设置合理的创新创业学分，建立创新创业学分积累与转换制度，探索将学生开展创新实验、发表论文、获得专利和自主创业等情况折算为学分，将学生参与课题研究、项目实验等活动认定为课堂学习。实施弹性学制，放宽学生修业年限，允许调整学业进程、保留学籍休学创新创业。设立创新创业奖学金，并在现有相关评优评先项目中拿出一定比例用于表彰优秀创新创业的学生。第七，加强教师创新创业教育教学能力建设，配齐配强创新创业教育与创业就业指导专职教师队伍，并建立定期考核、淘汰制度。聘请知名科学家、创业成功者、企业家、风险投资人等各行各业优秀人才，担任专业课、创新创业课授课或指导教师，并制定兼职教师管理规范，形成全国万名优秀创新创业导师人才库。第八，改进学生创业指导服务，建立健全学生创业指导服务专门机构，做到"机构、人员、场地、经费"四到位，对自主创业学生实行持续帮扶、全程指导、一站式服务。第九，完善创新创业资金支持和政策保障体系，要求有关部门要整合发展财政和社会资金，支持高校学生创新创业活动。这一份文件更是为我国的创新创业教育指明了方向，提出了具体的要求。

三、我国创新创业教育现状及成果

我国的创新创业教育起步较晚，仅发展了短短20余年，但在党和政府的指导和大力支持下快速发展，取得了初步的成绩。

（一）高校对创新创业教育重视程度大大提高

创新创业教育的本质并不是要把每个同学都培养成企业家，而是要培养学生的社会责任感、创造性思维和实践能力，促进大学生的自由全面的发展，使学生愿意通过自己的努力奋斗实现自己的梦想，从而造福社会。基于这样的教学目标，高校普遍开设了创新创业的通识课程，通过必修课、选修课、创新创业讲堂等多种形式来培养大学生的创新创业意识和创新创业精神。创新创业通识课程打破了传统的专业限制，大学生通过通识课程接触创新创业基本理念，了解创新创业基本政策，学习创新创业精神，强化创新创业意识，培养创新创业能力。大学生在创新创业的大环境中熏陶，使创新创业意识深入人心，创新创业能力逐步发展。

随着高校对创新创业教育的逐步重视,有的高校甚至将创新创业作为学校的特色和亮点工程来开展创新创业教育工作。不但打破学科之间的壁垒,开设单独的创新创业学院,聘请管理学家、经济学家和企业家们进行授课教学,注重交叉学科的教育,形成独具特色的创新创业教育模式,建立大学生创新创业俱乐部、创业实践基地、创业实践实验室等一批创新创业实践基地,为大学生提供创新创业的实践平台。并邀请成功创业的校友、企业家等来校举行讲座和沙龙,分享创业故事和创业经验,对创业学生进行现场指导。针对创业欲望强烈和已经拥有创业项目的同学,提供免费的创业培训和创业项目指导服务,为创业学生保驾护航。在创新创业师资队伍的建设方面,随着创新创业教育在高校中的普及和开展,各高校投入了大量的人力、物力、财力,聘请校外的企业家和创业成功人士来校交流,也鼓励在职教师不断学习充实自己,丰富自己的理论知识,增强自己的专业能力,投入到创新创业教育中来。

(二) 社会对大学生创新创业教育支持力度逐渐加强

十七大以来,党和政府对大学生创新创业教育大力扶持。近年来,陆续出台了一系列鼓励大学生创新创业的优惠政策,从政策、指导、资金方面都给予大力的支持。自"大众创业、万众创新"口号提出之后,在全国掀起了创新创业新浪潮。各地修建了一批创业孵化基地和科技园,随处可见创业标语和创业形象,营造了浓郁的创业文化。创业孵化基地和科技园中引入了大量的项目、先进科技和研究人员,将富有创新思维和创业热情的年轻人聚集在一起,形成了集群效应。无论是舆论导向,还是政策环境,都为大学生创新创业创造了良好的内外环境。

随着创新创业教育的发展,政府主导积聚高校、社会、企业及民间组织多方力量为大学生创新创业提供多渠道的资金来源,如创业补助、创新创业奖学金、创业大赛奖金、创业基金会、天使融资等。国家还出台了政策、法规,为创业大学生提供免息免担保的小额创业贷款、免费创业咨询和创业指导等,为大学生的创新创业活动提供保障。

(三) 大学生对创新创业教育的认识得到进一步深化

近年来,在毕业大学生的巨大压力下,大学生们逐渐意识到大学不再是进入职场的通行证,大学是继续学习,继续提高自身素质,完善自我修养的场所。随着我国创新创业工作的推进和创新创业教育的开展,毕业大学生的就业选择不再仅仅是为了谋求一份稳定的工作,创业已成为不少大学生的就业选择。

在创业的过程中,经验不足、启动资金不够是大学生创业的两大难题,也是大学生创业失败的主要原因。一些觉悟较早的同学,在校期间,就开始有意识的调整心态,通过在校的创新创业课程和培训,积累创新创业知识;积极参与创新创业实践活动,如到企业参观学习,利用国家推进的"筑梦计划"假期深入企业参加工作实习;通过学校和政府建立的创新创业实践平台,实施初步的创业实践等,多方式、多渠道的获得最真实的创业体验,积累创业经验,为创业实践打好基础。

随着越来越多的大学毕业生加入创业大军,从中涌现出一批成功的创业典范。风靡一时的《三国杀》创始人黄恺,他设计《三国杀》时还是一名学习游戏设计的在校大学生,他利用自己的专业,将创新思维和中国历史文化相结合,设计出迎合我国青少年喜好的桌游,也为自己带来了巨大的经济收益。

聚美优品的 CEO 陈欧也是一名标准的大学生创业者,2012 年拍摄的"我为自己代言"系列宣传片引起了广大青年人的共鸣。2014 年,聚美优品在美国纽约证券交易所挂牌上市,市值超过25亿美元，陈欧也成为纽交所220余年历史上最年轻的上市公司CEO。

提到王兴，很多人都认为他是创业界神一样的人物，不仅仅因为他是清华大学、美国特拉华大学的毕业生，更因为他是校内网、饭否网、美团网这三个大名鼎鼎的网站的联合创始人。经历了校内网被收购、饭否网被关闭的失业低潮之后，王兴于2013年创建了美团网，并在千团大战中脱颖而出，目前美团网的单月业务额已经突破10亿人民币。

第三节 国外创新创业的启示

一、中国创新创业教育的存在的问题及原因分析

目前，我国仍为发展中国家，社会经济发展较发达国家还有很大差距。另外，我国的创新创业教育起步较晚，仍处于发展阶段。在这一阶段，国内高校和社会各界对创新创业教育的认同度还未达成共识，创新创业教育还存在许多问题。

（一）对创新创业的教育认识不明，创新创业教育理念不清晰

受中国传统的"学而优则仕"的就业观影响，"铁饭碗"仍是大多数求业者和家长追求的目标。政府机关、事业单位、国有大型企业仍然是毕业大学生的就业首选。现阶段有的高校认为创新创业教育仅是为了解决大学生的就业压力，没有把创新创业纳入人才培养体系的一部分，使创新创业教育失去了其内涵和价值；有的高校将盲目追求各类创新创业大赛成绩，将比赛成绩作为考核创新创业教育开展的标准和要求，使得创新创业教育功利化；有的高校将创新创业教育等同于创业教育，认为创新创业教育就是要培养一批企业家、创业家，盲目鼓励学生创业，导致创新创业教育仅停留在创造利润和财富的功利性层面，没有上升到促进人的全面发展，培养人的创新思维和创新理念的人才培养层面。

（二）创新创业教育理论与实践结合不够

创新创业教育是要通过对学生的创新创业认知提升而引导学生产生创新创业行为的教育，说到底还应重视实践环节。但部分高校与社会实际的接触偏少，对市场经济认识不全面，使得理论教学与现实世界有较大的差距。部分高校由于场地、人员、资金等原因的约束，将创新创业教育停留在传统的书本式教学，或将实践活动局限在对创新创业基地走马观花式的浏览和参观活动，未能让学生真正了解市场，实现创业体验。

（三）创新创业学科界定不明确，适合中国国情的创新创业教育体系不完善

目前，创新创业教育还并不属于普通高校的主流教育体系的组成部分，它包含经济学、管理学、社会学等多门学科，没有明显的专业定位。正因为学科内容复杂，学科地位边缘化，我国普遍高校的大学生创新创业还未能真正达到其教学目标和教学要求。有的高校大学生创新创业教育还没有建立系统的课程体系，仅以开展创业活动和创业讲座等第二课堂的形式开展创新创业教育，或者用职业规划和就业指导代替大学生创新创业教育，没有让创新创业教育自成体系。

（四）创新创业教育师资力量欠缺

师资力量是教育的关键。创新创业教育对教学方法、教学内容、教学目标上较传统的学科都有所不同。首先，创新创业教育以行动导向为主；其次，创新创业教育的教学方式应更多的体验教学为主。这就给教师提出了更高的要求，创新创业教师应有较为全面的理论知识和丰富的企业管理经验。目前，在全国范围来看，大多数的创新创业教师都是体制内的教师，缺乏企业管理和创业经验，在授课时更多地注重理论的分析。有的学校也聘请了一些创业者或企业管理者担任兼职教师，但部分企业家、创业者又缺乏实际的教学经验，因此教学效果难以达到预期要求。

二、中国如何借鉴国外创新创业经验

国外的创新创业发展60余年，积累了大量的实战经验，也为我国创新创业事业的发展提供了大量可借鉴的经验。但无论是国外的创新创业政策还是国外的创新创业教育都是根据他国具体的国情、民情和当时的时代背景所提出的，我们不能不顾国内的现实情况照搬照抄，这也符合借鉴与实际相结合的原则。因此，我们要将国外的创新创业经验和新世纪我国的经济发展和国情民情相结合，具体问题具体分析，制定中国特色社会主义的创新创业战略方案。

（一）根据时代背景，确立具体化的创新创业教育目标

创新创业教育本身就是一场教育改革，21世纪的中国经济面临更多的挑战，需要大量敢于创新、敢于变革的年轻人，传统的教育模式已经不能满足市场对人才的需要。美、英、日各国的创新创业教育没有统一的教育目标，但国外不同高校的创新创业教育却有自己独特的教育目标。例如英国赛德商学院把培养新一代商业领袖和企业家作为其创新创业教育的目标，日本高知工科大学以培养满足新技术市场需求的创新型人才作为其教育目标。教育目标是教育的灯塔，教育目标具体化可以让教学活动更加有导向性，促使创新创业教育的实施走向正轨。

因此，医学类院校的创新创业教育要结合其专业特色，发挥自身专业优势，培养医学类的创新型人才，促进我国医疗卫生事业的发展。以目标为导向，积极开展创新创业通识课程的教学和创新创业实践活动，提高学生的创新创业意识、培养学生的创新创业思维，锻炼学生的创新创业能力，提高学生的综合素质，促进学生全面发展。

（二）优化创新创业教育课程体系，实现创新创业教育与专业教育相融合

在学习国外创新创业教育的过程中，我们不难发现，美、英、日三国的创新创业教育均有系统的、完善的创新创业教育体系，也都有着注重交叉学科的教学和重视在"做中学"的创新创业实践。创新创业教育不单单是一门课程，它应有一个完整的教学体系，有层层递进的教学目标和教学任务，学生通过系统的学习达到思维、认识、素质、能力的提升。因此，创新创业教育应与专业教育相融合，学生在专业学习的过程中，培养其创新思维和创新能力。在创新创业教育的过程中，体现较强的专业优势，力求专业知识和创新创业能力的有机结合。

创新创业教育的教学内容涉及经济学、企业管理、人力资源管理、社会学等多门学科，这就要求我们在设计课程体系时，要从跨学科的视角出发，注重学科的交叉融合。根据中国的实际情况，通过必修课程、选修课程、网络课程等，开展创新创业通识课程的教学。在此基础上，根据不同专业、不同兴趣、不同需求的同学选择不同的创新创业实践平台进行创新创业实践的指导。实现创新创业课程体系的层次性。

(三）采用灵活多变的教育模式，注重实践育人

创新创业教育无论是从人才培养理念上，还是人才培养方式上都是一次革新。美、英、日三国的创新创业教育模式都有理论教学和实践教学相结合，重视实战训练的特点。由此可见，创新创业本身就是一门行为导向的学科。实践在创新创业教育中占着极其重要的地位，学而不做的创新创业教育是失败的。因此，我国的创新创业教育也应该采用灵活多变的教育模式，重视实践育人。

在具体实施创新创业教育的过程中，一方面我们要重视创新创业通识课程和创新创业相关技能课程的学习，另一方面注重创新创业实战平台的建设，如创新创业活动、创新创业基金、创新创业孵化基地等。引导学生积极参加"挑战杯""创青春""互联网+"等创新科研比赛和创业设计大赛等课余活动，培养学生的创新创业兴趣。另外，指导学生开展创新创业项目立项的工作，在"做"中培养学生的创新创业能力。切实做到课堂理论知识的教学和课外创新创业项目的实战训练相结合，把实战训练的成绩作为创新创业教育的重要考核目标，定期开展实训项目的考核和指导，使学生在实践操作的过程中，培养创新精神、创业技能和综合素质，实现学以致用、学有所得。

（四）多方位培养学生的创新精神和创业能力，推进技术创新导向的创业教育

创新创业教育本质是要培养学生敢于开拓、敢于创新的精神和创业的技巧、能力，所以，创新是创新创业教育的灵魂，离开创新谈创业犹如"无本之木、无源之水"。科技创新是在现有的知识和物质基础上，对原有技术、方法和事物进行改造和革新。移动物联网就是在互联网的基础上进行了设备、技术的创新，改变了人们的生活习惯，创造了巨大的经济价值。

问题意识是创新思维的原动力。质疑和困惑可以促进探索和思考，在传统"填鸭式"和"灌输式"的教学方式的引导下，我国学生的问题意识比较薄弱，很多同学不愿意甚至不敢质疑现有经验，提出问题。所以在创新创业教育的过程中，要注重启发式教学，鼓励学生多"问"，关注学生提出的问题并引导学生去寻找答案。另外，技术创新向导的创新创业教育还需培养学生的意志、勇气、独立等非智力因素。人的成才是智力因素和非智力因素相互作用的结果，其中，性格、道德品质等非智力因素起着决定性作用。成就动机、坚毅果敢、明确的价值取向等非智力因素是敢于开拓创新的创新型人才的关键因素。只有重视学生的非智力因素的培养，因材施教，帮助学生找到自身才能和社会的结合点，才能挖掘出学生的创新创业潜能，培养出敢于开拓创新的创新型专业人才。

（五）组建多元化的创新创业师资队伍，加强对创新创业师资队伍的培训

教师乃"传道授业解惑者"，是教育任务和教育目标能否实现的关键因素。因为创新创业教育的特殊性，对师资队伍的建设提出了多元化的要求。从美、英、日三国的创新创业师资队伍建设，我们不难发现创新创业的师资团队需要管理学、经济学、社会学方面的专家学者，也需要拥有丰富管理经验和创业经验的企业家，甚至需要政府经济部门的专家和风险投资的专家等，对教师的教学技能、专业技能和实践经验有着较高的要求。

一支专业技能过硬、实战经验丰富的创新创业师资队伍在整个创新创业教育中所发挥的作用不容小觑。因此，学校应积极聘请拥有丰富管理经验的企业家和对创业有经验有感触的实干家，积极联系政府有关部门与相关领域的专家共同加入到高校的创新创业师资队伍中来。同时，出台相关的激励政策，鼓励本校教师积极投身创新创业教育的研究之中，加强对本校创新创业教师的培训在学习工作，改变传统的填鸭式教育方式，采用启发式、参与式的教育模式，推动

创新创业教育的有效开展。

（六）鼓励多方参与，建设全方位发展的创新创业教育支持体系

创新创业教育的全面有效开展，需要投入大量的人力、物力、财力，这就需要政府、高校、社会各界的多方面支持。从美、英、日三国的创新创业教育中，我们不难看出，创新创业教育的开展需要多渠道、全方位的支持体系。例如，以创新创业教育闻名于世的美国百森商学院，除了学院本身对创新创业教育的大力支持以外，还有来自政府、企业、研究机构、校友的支持。校友资源是高校的瑰宝，毕业学子重回母校会产生一种特别亲切的特殊的情感，愿意回馈母校，为母校的发展做出自己的贡献。一方面，优秀校友们可以通过自己的社会影响力和人际关系为母校的创新创业教育筹集资金提供大力的帮助；另一方面，校友自身成功之后回馈母校这种行为就体现了母校在学生心中的地位和母校创新创业教育的成功。

除了校友资源以外，还可以积极引进社会风险投资，加强与企业的合作和交流，联合开发项目，这样既让大学生创新创业项目有了资金支持，又加强了实际项目的研发，加快研产速度，实现良性循环。此外，还可以积极争取政府的专项资金、社会创新创业基金会和社会捐助等。

本章小结

创新创业教育是我国高校人才教育的一次改革，我国的创新创业教育起步较晚，无论是理论研究，还是实践训练都存在经验不足的现象。在党和政府的积极引导下，各高校积极学习各国创新创业教育的经验，探索适合我国国情的创新创业教育体系和创新创业教育模式，医学院校积极探索将创新创业教育与专业教育相结合的创新创业教育模式，培养创新型的医学人才，促进我国医药卫生事业的创新发展。

本章习题

1. 举例说说国外的创新创业政策。
2. 说说你了解的国内外创新创业教育。
3. 国内创新创业的源起。
4. 国外的创新创业教育给了我们哪些启示？

【拓展阅读】

苹果公司投资人之一的迈克·马库拉把自己的原则写在了一张纸上，标题为"苹果营销哲学"，其中强调了三点。第一点是共鸣（empathy），就是紧密结合顾客感受。"我们要比其他任何公司都更好的理解使用者的需求。"第二点是专注（focus），"为了做好我们决定做的事情，我们必须拒绝所有不重要的机会。"第三点也是同样重要的一点原则，有一个让人困惑的名字：灌输（impute），这涉及人们是如何根据一家公司或一个产品传达的信号，来形成对他的判断。"人们确实会以貌取物，"他写道："我们也许拥有最好的产品，最高的质量，最实用的软件等等，如果我们用一种潦草马虎的方式来展示，顾客就会认为我们的产品也是潦草马虎的；而如果我们以创新的，专业的方式展示产品，那么优质的形象也就被灌输到顾客的思想中了。"

在乔布斯的职业生涯中，他一直十分关注，有时甚至过度关注：营销策略、产品形象乃至包装细节。"当你打开 iPhone 或者 iPad 的包装盒时，我们希望那种美妙的触觉体验可以为你在心中定下产品的基调。"他说："这是迈克教我的。"

——《史蒂夫乔布斯传》

第三章 国内大学生创新创业鼓励政策

> **案例导入：合理、充分运用创新创业政策帮助创业菜鸟顺利过关**
>
> 　　在四川某医学院校同学们通过三下乡的机会看到学校附近农村有土鸡和土鸡蛋，却因为在深山，交通不顺畅导致土鸡和鸡蛋滞销，而学校里的老师因为工作繁忙等原因，没有充足的时间到农村购买土鸡、土鸡蛋，于是，同学们和村民商量由同学们在校园帮助农民宣传土鸡、土鸡蛋，帮助农民销售。经过一段时间的摸索，同学们打开了销路，并从本校教职工发展到学校附近居民，附近的市场。在经营活动中，同学们渐渐发现，农民的土鸡、土鸡蛋的质量也有各种层次，有的质量好些，有的质量差些，还有的时候也会收到以次充好的土鸡、土鸡蛋。
>
> 　　于是，同学们决定利用当地的劳动成本低、地租便宜等优势自己创办养鸡场，养殖放心土鸡，生产放心土鸡蛋。在创业前期筹备中，最大的难题是资金问题，经过向所在学校分管创新创业的机构、老师咨询，获得一连串关于大学生创新创业优惠政策的信息。在老师的指导下对此次创业的策划书进行详细策划和反复修改，做到对创业中的细节能够了然于心，接着，用"一元钱"启动资金在工商局注册公司，然后通过大学生的身份，在学校帮助下获得10万元两年免息的贷款。同时获得学校所在市、区创新创业相关部门的过问，并指派指导老师和已经成功的创业者进行全程指导，让同学们能够自力更生的同时也有主心骨，随时有老师和相关部门的工作人员鼎力相助，即全过程、全要素、全方位的"保姆式"服务。经过同学们的自身努力和学校老师、社会各界的大力支持，同学们创立的公司顺利开张，现正运营中。

教学目标　1. 了解国家、省、市、学校等对创新创业的鼓励政策。
　　　　　　2. 学会如何运用创新创业的鼓励政策。

　　2014年9月，在夏季达沃斯论坛上，国务院总理李克强首次在公开场合发出"大众创业、万众创新"的号召，他强调大众创业、万众创新是充分激发亿万群众智慧和创造力的重大改革举措，是实现国家强盛、人民富裕的重要途径，提出要在我国掀起"草根创业""大众创业"的新浪潮，形成"万众创新""人人创新"的新态势。

　　党的十八大以来，习近平总书记在一系列重要讲话和批示中，多次强调人才在引领科技创新、推动经济社会发展、维护社会稳定等领域的重要性和必要性，指出了要"着力破除束缚人才发展的思想观念，推进体制机制改革和政策创新，充分激发各类人才的创造活力，在全社会大兴识才、爱才、敬才、用才之风，开创人人皆可成才、人人尽其才的生动局面。

　　从"人人皆可成才、人人尽其才"到"大众创业、万众创新"，体现了中央对人才工作的重视和关心，"人人成才"是发展目标和奋斗方向，"万众创新"是对策措施和创新载体。只有不遗余力推进大众创业、万众创新，才能实现"人人成才、人人尽才"的生动局面。

第一节　国家级创新创业鼓励政策

　　2015年，国务院相继出台了一系列鼓励创新创业政策，教育部、卫计委、人力资源和社会保障部等相关部门陆续出台了相关文件政策，在全国范围内掀起了创新创业的新高潮。

国家出台有关高校创新创业政策及配套实施办法等众多，覆盖面极广，本章节仅针对有关国内大学生创新创业的鼓励政策做一定分析。

一、大力发展"众创空间"，为创业创新搭建新平台

2015年3月，国务院办公厅印发《关于发展众创空间推进大众创新创业的指导意见》（国办发〔2015〕9号）文件指出，顺应网络时代大众创业、万众创新的新趋势，加快发展众创空间等新型创业服务平台，营造良好的创新创业生态环境，是加快实施创新驱动发展战略，适应和引领经济发展新常态的重要举措，对于激发亿万群众创造活力，打造经济发展新引擎意义重大。这是第一个具有重要意义的创新创业文件。

国务院总理李克强指出，顺应网络时代推动大众创业、万众创新的形势，构建面向人人的"众创空间"等创业服务平台，对于激发亿万群众创造活力，培育包括大学生在内的各类青年创新人才和创新团队，带动扩大就业，打造经济发展新的"发动机"，具有重要意义。确定支持发展"众创空间"的政策措施，为创业创新搭建新平台。

众创空间是指众人创业的空间平台，是大学生创业孵化器，是大学生创新创业俱乐部，是大学生创客空间，是大学生创新创业中心等。总而言之，众创空间是对通过市场化机制、专业化服务和资本化途径构建的低成本、便利化、全要素、开放式的新型创业服务平台的统称。

文件指出，推进大众创新创业要坚持市场导向、加强政策集成、强化开放共享、创新服务模式。重点抓好8个方面的任务。

1. 构建一批低成本、便利化、全要素、开放式的众创空间 实现创新与创业相结合、线上与线下相结合、孵化与投资相结合，为广大创新创业者提供良好的工作空间、网络空间、社交空间和资源共享空间。

2. 降低创新创业门槛 深化商事制度改革，为创业企业工商注册提供便利。对众创空间等新型孵化机构的房租、宽带接入费用和公共软件等给予适当财政补贴。

3. 鼓励科技人员和大学生创业 加快推进中央级事业单位科技成果使用、处置和收益管理改革试点，完善科技人员创业股权激励机制。推进实施大学生创业引领计划，为大学生创业提供场所、公共服务和资金支持。

4. 支持创新创业公共服务 支持中小企业公共服务平台和服务机构建设，促进科技基础条件平台开放共享，加强电子商务基础建设。完善专利审查快速通道，对小微企业核心专利申请予以优先审查。

5. 加强财政资金引导 发挥财政资金杠杆作用，通过市场机制引导社会资金投入，培育发展天使投资群体，支持初创期科技型中小企业发展。

6. 完善创业投融资机制 开展互联网股权众筹融资试点。规范和发展服务小微企业的区域性股权市场。鼓励银行业金融机构为科技型中小企业提供金融服务。

7. 丰富创新创业活动 继续办好中国创新创业大赛等赛事和创业培训活动。建立健全创业辅导制度。鼓励大企业建立服务大众创业的开放创新平台。

8. 营造创新创业文化氛围 积极倡导敢为人先、宽容失败的创新文化，树立崇尚创新、创业致富的价值导向，大力培育企业家精神和创客文化。

二、深化高等学校创新创业教育改革，培养创新创业人才

2015年5月，国务院办公厅印发《国务院办公厅关于深化高等学校创新创业教育改革的实施意见》(国办发〔2015〕36号)。文件指出，深化高等学校创新创业教育改革，是国家实施创新驱动发展战略、促进经济提质增效升级的迫切需要，是推进高等教育综合改革、促进高校毕业生更高质量创业就业的重要举措。各地区、各高校要落实立德树人根本任务，主动适应经济发展新常态，以推进素质教育为主题，以提高人才培养质量为核心，以完善条件和政策保障为支撑，促进高等教育与科技、经济、社会紧密结合，加快培养规模宏大、富有创新精神、勇于投身实践的创新创业人才队伍。

近年来，我国高校创新创业教育不断加强，取得了积极进展，对提高高等教育质量、促进学生全面发展、推动毕业生创业就业、服务国家现代化建设发挥了重要作用。

党中央、国务院高度重视高校创新创业教育工作，继续努力深化高校创新创业教育改革，是国家实施创新驱动发展战略、促进经济提质增效升级的迫切需要，是推进高等教育综合改革、促进高校毕业生更高质量创业就业的重要举措，对于推动高等教育教学改革创新，促进高等教育与科技、经济、社会紧密结合，加快培养规模宏大、富有创新精神、勇于投身实践的创新创业人才，为建设创新型国家、实现"两个一百年"奋斗目标和中华民族伟大复兴的中国梦提供强大的人才智力支撑，具有现实。

文件指出要重点抓好9个方面的任务。

1. 完善人才培养质量标准 制修订本科专业类教学质量国家标准，高职高专专业教学标准和博士、硕士学位基本要求，明确创新创业教育目标要求。

2. 创新人才培养机制 建立需求导向的学科专业结构和创业就业导向的人才培养类型结构调整新机制，建立校校、校企、校地、校所及国际合作的协同育人新机制，建立跨院系、跨学科、跨专业交叉培养创新创业人才的新机制。

3. 健全创新创业教育课程体系 根据创新创业教育目标要求调整专业课程设置，开发开设创新创业教育必修课选修课。

4. 改革教学方法和考核方式 开展启发式、讨论式、参与式教学，扩大小班化教学覆盖面。改革考试考核内容和方式，注重考查学生分析、解决问题的能力。

5. 强化创新创业实践 促进实验教学平台共享。利用各种资源建设大学科技园、大学生创业园、创业孵化基地和小微企业创业基地。建好一批大学生校外创新创业实践基地，举办全国大学生创新创业大赛。

6. 改革教学和学籍管理制度 设置合理的创新创业学分，为有意愿有潜质的学生制定创新创业能力培养计划。实施弹性学制，允许保留学籍休学创新创业。

7. 加强教师创新创业教育教学能力建设 明确全体教师创新创业教育责任。聘请各行各业优秀人才，担任专业课、创新创业课授课或指导教师，形成全国万名优秀创新创业导师人才库。

8. 改进学生创业指导服务 建立健全学生创业指导服务专门机构。健全持续化信息服务制度。

9. 完善创新创业资金支持和政策保障体系 整合发展财政和社会资金，支持高校学生创新创业活动。落实各项扶持政策和服务措施，重点支持大学生到新兴产业创业。鼓励社会组织、公益团体、企事业单位和个人设立大学生创业风险基金。

三、推进大众创业、万众创新，支持大学生创业

2015年6月，国务院印发《国务院关于大力推进大众创业万众创新若干政策措施的意见》（国发〔2015〕32号）。这是推动大众创业、万众创新的系统性、普惠性政策文件。

我国有13亿多人口、9亿多劳动力，每年高校毕业生、农村转移劳动力、城镇困难人员、退役军人数量较大，人力资源转化为人力资本的潜力巨大，但就业总量压力较大，结构性矛盾凸显。推进大众创业、万众创新，就是要通过转变政府职能、建设服务型政府，营造公平竞争的创业环境，使有梦想、有意愿、有能力的科技人员、高校毕业生、农民工、退役军人、失业人员等各类市场创业主体"如鱼得水"，通过创业增加收入，让更多的人富起来，促进收入分配结构调整，实现创新支持创业、创业带动就业的良性互动发展。

文件要求，按照"四个全面"战略布局，坚持改革推动，加快实施创新驱动发展战略，充分发挥市场在资源配置中的决定性作用和更好发挥政府作用，加大简政放权力度，放宽政策、放开市场、放活主体，形成有利于创业创新的良好氛围，让千千万万创业者活跃起来，汇聚成经济社会发展的巨大动能。不断完善体制机制、健全普惠性政策措施，加强统筹协调，构建有利于大众创业、万众创新蓬勃发展的政策环境、制度环境和公共服务体系，以创业带动就业、创新促进发展。

1. **坚持深化改革，营造创业环境**　通过结构性改革和创新，进一步简政放权、放管结合、优化服务，增强创业创新制度供给，完善相关法律法规、扶持政策和激励措施，营造均等普惠环境，推动社会纵向流动。

2. **坚持需求导向，释放创业活力**　尊重创业创新规律，坚持以人为本，切实解决创业者面临的资金需求、市场信息、政策扶持、技术支撑、公共服务等瓶颈问题，最大限度释放各类市场主体创业创新活力，开辟就业新空间，拓展发展新天地，解放和发展生产力。

3. **坚持政策协同，实现落地生根**　加强创业、创新、就业等各类政策统筹，部门与地方政策联动，确保创业扶持政策可操作、能落地。鼓励有条件的地区先行先试，探索形成可复制、可推广的创业创新经验。

4. **坚持开放共享，推动模式创新**　加强创业创新公共服务资源开放共享，整合利用全球创业创新资源，实现人才等创业创新要素跨地区、跨行业自由流动。依托"互联网+"、大数据等，推动各行业创新商业模式，建立和完善线上与线下、境内与境外、政府与市场开放合作等创业创新机制。

其中，文件中第23条明确规定支持大学生创业。深入实施大学生创业引领计划，整合发展高校毕业生就业创业基金。引导和鼓励高校统筹资源，抓紧落实大学生创业指导服务机构、人员、场地、经费等。引导和鼓励成功创业者、知名企业家、天使和创业投资人、专家学者等担任兼职创业导师，提供包括创业方案、创业渠道等创业辅导。建立健全弹性学制管理办法，支持大学生保留学籍休学创业。

四、逐步推进医疗卫生机构改革，激发医学生创新创业青春活力

2016年9月，国家卫生计生委、科学技术部、国家食品药品监督管理总局、国家中医药管理局、中央军委后勤保障部卫生局联合出台《关于全面推进卫生与健康科技创新的指导意见》（国卫科教发〔2016〕50号）。这是激发我国医疗卫生系统创新创业斗志的重要文件。

2016年8月，全国卫生与健康大会在北京举行。习近平总书记在大会上强调，没有全民健康，就没有全面小康。要着力发挥广大医务人员积极性，从提升薪酬待遇、发展空间、执业环境、社会地位等方面入手，关心爱护医务人员身心健康，通过多种形式增强医务人员职业荣誉感，营造全社会尊医重卫的良好风气。

《指导意见》是以卫生与健康科技创新的根本出发点和落脚点，整个文件内容对于卫生与健康领域科学家、临床医生和在校的医学生们都是极强的激励政策。文件特别强调了医疗卫生机构及其人员在卫生与健康科技创新中的主体地位，并公布了"一揽子"激励措施，激发医务人员创新活力。

1. 政策明确　除了科研机构、高等院校是创新主体外，我国医疗卫生机构成为又一大创新主体。将医疗卫生机构等非科研编制事业单位及人员的科技创新，全面纳入科技创新工作整体布局，科技创新的政策制度安排全面适用于医疗卫生机构等非科研编制事业单位和医疗卫生人员。

2. 改革薪酬和人事分配制度　引导科研院所和医疗卫生机构等非科研编制事业单位建立以增加知识价值为导向、与岗位职责目标相统一的收入分配制度和稳定增长机制，逐步提高科研人员的基本工资保障水平和基础性绩效工资水平；明确提出要健全以增加知识价值为导向的收益分配政策，下放科技成果使用权、处置权和收益权，科技成果转移转化收益全部留归单位，提高科研人员成果转移转化收益比例，明确担任单位领导职务的科技人员成果转化收益分配规定，支持科技人员面向社会提供科技服务等。有关单位要建立科技成果转移转化绩效评价制度，对科技成果转移转化业绩突出的机构和人员给予奖励，支持科研人员以多种形式创业。要建立健全医药卫生领域知识产权保护制度，规范科技成果的知识产权保护。

3. 科研经费管理"放、管、扶"　改革科研项目、科研经费的管理，简化预算编制和调整，增加间接费用、增加人员费用，改进结余资金的留用处理方式。

4. 改进科技人才评价考核方式，实行人才分类评价　人才评价考核方式是个"突出"的问题，原有评价体系在职称评定上偏重论文，"现在明确提出分类评价，在基础医学方面主要是原始创新，论文和专利是非常重要的。对于临床医生的评价，主要是看创新对病人的治疗和防治的效果"，对基础医学研究、临床医学、公共卫生等领域建立分类评价制度。

医学生是未来医疗卫生系统的继承者与开拓者，逐步推进医疗卫生机构改革，提高医疗卫生科研人员基本待遇，提高科研人员成果转移转化收益比例等激励措施的出台，将激发医学生学习动力，创新创业青春活力。

五、提供政策制度保障，进一步挖掘校园创新创业潜力

2017年2月，教育部颁布了新修订的《普通高等学校学生管理规定》。《规定》是指导和规范高校实施学生管理的重要规章，涉及学生的权利与义务、学籍管理、校园秩序与课外活动、奖励与处分、学生申诉等诸多方面，此次修订将对3000多万在校大学生的学习和生活产生重要影响。

修订后的《规定》共分7章68条，围绕一切为了学生发展的理念，其中最为突出的是创新创业部分写入了《规定》，进一步为大学生创新创业提供制度支持，概括为以下几个方面。

1. 鼓励学校设置创新创业学分　《规定》指出，建立更加灵活的学习制度，规定学生可以多种方式学习，包括申请跨校辅修专业或修读课程，对参加学校认可的开放式网络课程学习

明确了学生学分积累和认可制度;参加创新创业等活动及发表论文、获得专利授权等与专业学习、学业要求相关的经历、成果,可以折算为学分,计入学业成绩,鼓励学校建立创新创业档案、设置创新创业学分,加强学生的创新创业教育。

2. 休学创业学生可单独规定最长学习年限　《规定》指出,为学生创新创业提供制度支持。健全休学创业的弹性学制,新生可以申请保留入学资格开展创新创业实践,入学后也可以申请休学开展创业;对休学创业的学生,可单独规定最长学习年限,并简化了休学批准程序,突出对学生创新思维、创业精神和创新创业实践能力的培养。

3. 休学创业的学生可转入其他专业学习　《规定》指出,创新实践、休学创业的学生,经个人申请学校批准可以转入相关专业学习,降低学生创业的机会成本,让学生在自主创业方面有更大的选择空间。

新修订的《普通高等学校学生管理规定》,是对"大众创业,万众创新"政策口号的积极响应。高校建立弹性学制,允许在校学生休学创业,为有志于早日创业的学生免去了后顾之忧。学生休学创业,进可以为事业拼搏奋斗,退可以回校继续学业,日后再择他业。允许在校学生创业,也可以有效缓解就业压力。

第二节　部分省市创新创业鼓励政策

党的十八大提出"实施创新驱动发展战略"后,全国掀起了大众创业万众创新的新浪潮。随着我国经济发展进入新常态,各省(市)就业压力问题更加紧迫,结构性矛盾更加凸显。推动各省(市)大众创业、万众创新不仅对发展生产、活跃市场、方便城乡居民需求及促进消费等方面起着积极的作用,还对激励创业、扩大就业、发展第三产业、增加财政收入及促进社会安定和构建和谐社会等都有着重要的意义和作用。本章节以北京市、上海市、四川省为例,简要介绍和分析各省(市)创新创业鼓励政策。

一、北京市创新创业鼓励政策

(一)《北京市深化高等学校创新创业教育改革实施方案》

2015年11月,北京市教育委员会根据国务院办公厅《关于深化高等学校创新创业教育改革的实施意见》(国办发〔2015〕36号)精神,并结合实施北京市"高水平人才交叉培养计划"及"高质量就业创业计划"的实际,颁发了《北京市深化高等学校创新创业教育改革实施方案》(京教高〔2015〕15号)。

文件指出,各高校要充分认识深化创新创业教育改革在服务国家创新驱动发展战略、服务北京科技创新中心建设中的重要作用,将深化创新创业教育改革作为推动学校综合改革的突破口,加强顶层设计、强化部门协调、加大投入力度,并结合本校办学定位及人才培养实际,制定学校关于深化创新创业教育改革的实施方案,促进北京高等教育与科技、经济、社会紧密结合,加快培养富有创新精神、具有创业能力、勇于投身实践的创新创业人才队伍。

文件中主要从创新创业教育建设内容、强化实践创新能力、完善创业指导服务三大方面展开内容。

1. 建设内容

(1)创新培养机制:以北京高等学校高水平人才交叉培养"双培计划"为依托,推动市属高校与中央高校开展联合培养，加强协同、共享资源，共建专业教学团队及虚拟教研室，重点在互联网+、大数据、新能源、中华文化、食品安全等领域培育一批新的专业增长点，为相关产业发展输送更多专业对口、实践能力突出的创新创业人才。

（2）健全课程体系：支持高校根据办学定位，开发开设研究方法、学科前沿、创业基础、就业创业指导等方面的必修课和选修课，纳入学分管理，建设依次递进、有机衔接、科学合理的创新创业教育专门课程群。促进专业教育与创新创业教育有机融合，调整专业课程设置，挖掘和充实各类专业课程的创新创业教育资源，在传授专业知识过程中加强创新创业教育。

（3）集成创新资源：以北京高等学校高水平人才交叉培养"实培计划"为依托，实施毕业论文（设计）提升计划，推动高校与科研院所合作；通过"大创深化计划"，推动高校与企业行业的深度合作；设立专项，支持高校与众创机构进行密切合作。继续开展示范性创新创业人才培养基地建设，支持高校多形式举办创新创业教育实验班，探索建立校校、校企、校地、校所以及国际合作的协同育人新机制，积极吸引社会资源和国外优质教育资源投入创新创业人才培养。鼓励高校探索建立跨院系、跨学科、跨专业交叉培养创新创业人才的新机制，促进人才培养由学科专业单一型向多学科融合型转变。

（4）加强国际交流：以北京高等学校高水平人才交叉培养"外培计划"为依托，推动市属高校与海（境）外名校之间的交流合作，支持学校通过在校生遴选、投放招生计划两种方式，在各自优势专业选拔优秀学生到国外名校进行1～3年访学，为北京市相关领域发展培养一批视野开阔、国际交往能力突出的创新创业人才。

2. 强化实践创新能力

（1）加强实践创新基地建设：在继续推进示范性校内创新实践基地、工程教育实践基地、虚拟实验教学示范中心、校外人才培养基地等项目建设基础上，依托北京高等学校高水平人才交叉培养"实培计划"实验教学开放共享项目，充分整合、利用现有优质实验教学资源，推动高校建立和完善有利于创新型人才培养的实践教学平台及运行管理机制。

（2）深入实施创新创业计划：加大对大学生创新创业计划支持力度，确保市财政支持项目数覆盖北京市年均招生人数的20%以上。完善国家级、市级、校级三级创新创业计划实施体系，加强项目过程指导与管理，形成创新实践、创业训练、创业实践项目不断深化的持续跟踪支持机制，形成以学生为中心的创新创业项目支持体系。

（3）广泛开展学生学科竞赛：继续开展"互联网+"大学生创新创业大赛等25项大学生学科竞赛，并根据高校及行业间交流合作需要，将学科竞赛拓展到更多领域，力争每年参加各级学科竞赛学生人数达到6万人。在此基础上，推动高校完善相关激励机制，充分调动专业教师参与竞赛指导的积极性和主动性，进一步发挥学科竞赛活动在促进教学改革中的重要作用。

3. 完善创业指导服务

（1）加大创业资金投入：设立"北京高校大学生就业创业专项资金"，支持市级创业园建设、示范性创业中心建设、创业团队及创业实践项目，带动高校加大对学生创业的投入，为大学生创业及创新创意实践提供更多场地和资金支持，力促更多的大学生实现"创业梦"。

（2）加强创业过程指导：提升就业创业指导水平，增强学生创新创业意识和能力。采取设立校内专职教师与聘请社会导师相结合的方式，建立一支能为大学生提供更加科学、个性化的职业发展与创业指导咨询服务的师资队伍。满足大学生就业创业指导课程需要，整合编写一系列适合高职、本科、研究生等不同学历层次学生所需的职业生涯规划和就业创业指导通识教材。

（3）构建创业孵化体系：与中关村管委会、海淀区共同建设"中关村大学生创业一条街"，建立"北京高校大学生创新创业服务中心",为学生创业提供咨询、辅导、培训、融资、交流等全方位服务。在中关村核心区、良乡及中关村软件园等地分别建设三个市级"大学生创业园",同时推动高校加强众创空间、孵化基地建设,形成定位准确、布局合理、功能齐全、市校两级互动互补的创业园孵化体系。

(二)《北京高校大学生就业创业项目管理办法》

2015年7月,北京市教育委员会、北京市财政局结合北京市实际情况,开拓创新,印发了《北京高校大学生就业创业项目管理办法》。

文件要求,对于市教委通过与地方政府、高等学校的合作的高等学校大学生就业创业项目,为大学生就业创业提供场地、经费、服务等多方面支持,其中包括"北京地区高校大学生创业园建设项目""北京高校示范性创业中心建设项目""支持北京高校大学生创新、创意、创业实践项目"三个主项目。但前提是,所申报的项目所在高校需要事先建立本校项目管理制度和办法(含经费使用),并报市教委备案。

1. 支持北京地区高校大学生创业园建设项目 "北京地区高校大学生创业园建设项目"是与区县政府、高校洽谈并租赁用于大学生创业的场地、为创业企业或团队提供培育和孵化服务、给予创业团队水电、网络基础工作条件保障等。对于该项目的经费支持内容,主要用于场地租赁费、办公家具及设备购置、水电物业补贴、云计算资源服务、孵化团队培育与服务以及修缮等。其中租赁费根据双方签订的合同确定租赁内容,考虑毛坯、装修、精装修等因素,不高于同期同类市场租赁价格。

2. 支持北京高校示范性创业中心建设项目 "北京高校示范性创业中心建设项目"是促进各高校加快创业中心建设,全面提高创业工作能力,整体提升北京地区高校大学生创业工作水平。主要工作内容是对于高校创业教育与指导、创业队伍建设、创业工作场地、大学生创业场地、创业服务、创业孵化等提供支持,市教委依据"公平、公正、公开"的原则,制定遴选参与高校的具体办法和评审标准,并推进项目建设。通过2~3年遴选50所左右示范性创业中心建设学校。另外,相关部门将按照每个高校50万元标准给予支持,主要用于示范性创业中心建设校的创业教育与指导、创业教师培训、创业工作场地建设、大学生创业场地建设、专家咨询费、劳务费、会议费、差旅费、出版费等。

3. 支持北京高校大学生创新、创意、创业实践项目 "支持北京高校大学生创新、创意、创业实践项目"是市教委每年面向北京高校全日制在校大学生、应届毕业生开展优秀创业团队评选,采取"学生申请、学校评审、教委复核"的方式进行选拔,选拔过程中将设立公示环节,公示时间不少于5个工作日,为优秀创业团队提供资金支持,并优先推荐入驻北京高校大学生创业园。给出的经费补贴也相当诱人,规定要求按照每个创新创意实践团队支持额度不超过5万元、每个创业企业(团队)支持额度不超过20万元的标准补助,这对于在校大学生和应届毕业生而言,确实是添加了不少底气和动力。

二、上海市创新创业鼓励政策

2009年以来,上海市政府连续出台三轮《鼓励创业带动就业三年行动计划》,分别是2009~2011年、2012~2014年、2015~2017年。上海市的创业环境得到持续优化,创业活动日趋活跃,"政府激励创业、社会支持创业、劳动者勇于创业"的工作机制和良好氛围取得了较好的效果,被誉为中国的"创新之城、创业之都"。

2009年起,在上海市政府连续出台的三轮《鼓励创业带动就业三年行动计划》政策中,对青年大学生创新创业鼓励有很多,大致可以分为下列几部分。

1. 上海市大学生注册公司零首付政策 从2012年2月起,上海市毕业2年内的高校毕业生带上身份证和大学毕业证,就可以到上海市各区县工商部门申请注册登记,以"零首付"的方式创办一家属于自己的公司。"零首付"是指"工商部门取消了所有的收费,包括营业执照的成本费。在市场准入的时候,登记公司需要注册资本,大学生创办公司可以没有注册资本,在2年当中逐步到位。"

2. 上海市大学生自主创业税收政策 对持《就业失业登记证》(注明"自主创业税收政策"或附着《高校毕业生自主创业证》)人员从事个体经营(除建筑业、娱乐业以及销售不动产、转让土地使用权、广告业、房屋中介、桑拿、按摩、网吧、氧吧外)的,在3年内按每户每年8000元为限额依次扣减其当年实际应缴纳的营业税、城市维护建设税、教育费附加和个人所得税。

3. 上海市大学生创业财税补贴 上海市大学生创业在在18个月的初创期内,符合条件的给予有关房租补贴、社会保险费补贴、贷款担保及贴息的扶持。对从事农业创业的高校毕业生,可根据吸纳就业情况,给予专项创业补贴。高校毕业生从事个体经营的,自工商登记之日起3年内可免交登记类、管理类和证照类的各项行政事业性收费。本市高校的非上海生源毕业生在沪创业并吸纳本市劳动者就业的,在申请户籍时予以政策倾斜,有关服务部门免于收取人事代理等服务费用。

4. 上海市大学生创业天使基金 大学生科技创业基金成立于2005年在10余所高校设有分基金,上海大学生创业只要有意向,就可以向基金提出申请,根据大学生各自的不同情况可以获得5万~30万元不等的基金资助。这个基金还有一大优点就是,公司如果成长了,把钱还上即可;万一要是亏损了基金也不会向你再收回投资。

5. 上海市大学生创业免费培训 为鼓励大学生创业,上海市设立了专门针对应届大学毕业生的创业教育培训中心,培训中心的开支由政府提供,免费为大学生提供项目风险评估和指导,帮助大学生更好地把握市场机会。

6. 上海市大学生创业房租补贴 对开业园区房屋补贴,创业者不仅能以较低租金进驻开业园区,而且还可以根据所吸纳本市失业、协保、农村富余劳动力的情况享受年度人均房租最高不超过2000元,补贴期限最长不超过3年的开业园区房租补贴。同时,自主创业者租赁符合条件的固定经营场所开展创业活动,可享受每年最高不超过2000元,补贴期限最长不超过3年的自主创业房屋补贴。

7. 上海市大学生创业小额贷款融资 小额贷款担保政策的扶持范围扩大到创业后3年以内的创业组织,担保金额提高到100万元。其中,10万元以下的项目可免个人担保。并根据创业组织在贷款期间吸纳本市劳动力的情况,给予贷款贴息的扶持。各区县也将通过财政出资设立专项资金,或整合现有各类扶持创业资金,用于小额贷款担保、贷款贴息等给予融资支持。自主创业的大学生,向银行申请开业贷款担保额度最高可为7万元,并享受贷款贴息。科技型中小企业技术创新基金在初创期小企业创新项目内设立大学生创业项目给予引导和支持。创新基金以无偿资助方式支持立项项目,资助额度为每个项目20万~40万元。

8. 上海市大学生创业信用担保 上海市大学生科技创业基金会和上海市杨浦区中小企业信用担保中心共同发起上海市大学生创业信用担保基金。该信用担保基金单笔担保贷款范围是

50万元以内,期限为一年以内的流动资金贷款。

9. 上海市大学生网上创业优惠政策 网上创业的形式很多。可以是网上开店。就是在提供开店的网站,规定注册一个商店,自己在网上门店组织经营;还可以网上结盟,即创业者自己要注册一个商店,然后加盟到提供加盟的电子商务网站上,利用加盟母体的资源组织销售。其次上海市高等院校毕业的学生、在职职工参加中高层次的技能培训,鉴定合格后培训费用补贴50%,参加政府补贴培训人员原则上一年只可享受一次补贴。目前全市共有三家"网上创业"网站,他们一般也会提供免除加盟费、登录费全免、两个月试运行免费等优惠措施。

三、四川省创新创业鼓励政策

(一)《关于全面推进大众创业、万众创新的意见》

2015年5月,四川省人民政府印发《关于全面推进大众创业、万众创新的意见》(川府发〔2015〕27号)。提出了四川打造促进经济增长"新引擎"的总体思路、主要目标、主要任务和支持政策。

四川作为西部创新创业资源最为富集的省份,是如何激发创新创业主体的活力与热情的?为实施创业四川行动,激发全社会创新创业活力,搭建创新创业转化孵化平台,构建创新创业生态体系,形成想创、会创、能创、齐创的生动局面。

27号《意见》围绕激活创新创业主体、夯实创新创业载体、营造创新创业市场环境、强化创新创业公共服务等方面,提出8大任务。其中重点包括,激励高校院所科技人才、青年大学生、海外高层次人才和草根能人迈入创新创业主战场;各市(州)要集中力量重点打造孵化器大平台,在全省逐步形成"创业苗圃(前孵化器)+孵化器+加速器+产业园"阶梯型孵化体系;设立四川省创新创业投资引导基金,通过市场机制引导社会资金和金融资本支持创新创业;举办开展各类创业品牌大赛和活动,为各类创新创业人才搭建创新创业展示和投融资对接平台。

为进一步助推目标实现和任务实施,27号《意见》出台14条利好政策,涵盖科技成果处置、成果转化收益分配、绩效工资总额限制、兼职取酬、大学生创业等方面。比如项目承担单位可自主支配科技成果使用权、处置权和收益权;科技人员可带着科研项目和成果、保留人事关系、保留基本待遇到企业开展创新工作或创办企业;科技人员(包括担任行政领导职务的科技人员)职务科技成果转化的收益,可按不低于70%的比例奖励成果完成人及其团队;放宽科技人员因公临时出国批次限量管理政策,充分体现科研人员的创新价值。

任何创新活动的核心要素,都在于人。27号《意见》明确了我省将着力激活的创新创业主体,即由高校院所科技人才、青年大学生、海外高层次人才和草根能人组成的创业"新四军",27号《意见》还特别针对"新四军"迈入创业主战场提供政策便利,内容如下。

1. 允许在校大学生休学开展创新创业活动 在川高校大学生可休学创业,新生可以申请保留入学资格开展创新创业实践,入学后也可以申请休学开展创业;对休学创业的学生,可单独规定最长学习年限,并简化了休学批准程序,突出对学生创新思维、创业精神和创新创业实践能力的培养。

2. 加大对大学生创新创业的补贴力度 对在校大学生和毕业5年内的高校毕业生,在工商部门注册或民政部门登记,以及其他依法设立、免于注册或登记的创业实体(如开办网店、农业职业经理人等),给予1万元创业补贴。在高校或地方各类创业园区(孵化基地)内孵化的创业项目,每个项目给予 1 万元补贴。同一领创主体有多个创业项目的,最高补贴可达到 10 万元。

3. 加大对青年创新创业的扶持力度　组织实施"四川青年创业促进计划",向符合条件并通过评审的创业青年发放 3 万~10 万元免息、免担保的创业资金贷款,贷款周期为 3 年,并一对一匹配专家导师开展创业帮扶。科技型小微企业招收高校毕业生达到一定比例的,可申请不超过 200 万元的小额贷款,并享受财政贴息。加强银行业机构与团委合作,鼓励银行业机构创新设计"青年创业"贷款。落实小额担保贷款政策,加大对创业青年的金融支持力度。

4. 强化对大学生创新创业载体的支持　经评审符合条件的创新创业俱乐部,可申请 100 万~300 万元左右的资金补助,用于创新创业培训、项目孵化和设备购置等。规模较大、成效突出的创新创业俱乐部,经项目验收合格的,可申请连续资金补助。经评审符合条件的大学生创新创业园,根据其规模和发展情况,可申请 100 万~500 万元的资金补助,主要用于基础设施建设、孵化平台建设、创新创业团队及项目资助、创新创业辅导培训等。

(二)《关于深化高等学校创新创业教育改革的实施意见》

6 月 26 日,四川省人民政府办公厅印发《关于深化高等学校创新创业教育改革的实施意见》(川办发〔2015〕64 号)。

近年来,我省各部门、各高校积极稳步推进创新创业教育改革,虽然积累了一些好经验、好做法,但仍然存在培养机制不全、课程体系陈旧、教学方式单一、师资队伍不足、保障措施不力等问题。

64 号《意见》明确指出,从 2015 年起,我省全面启动高校创新创业教育改革;到 2017 年,广泛开展创新创业教育,探索形成一批可复制、可推广的制度成果和先进经验,建设一批深入推进创新创业教育改革的先进部门(单位)、示范高校和实践基地;到 2020 年,基本普及创新创业教育,建立健全课堂教学、实践教学、自主学习、指导帮扶、文化引领等多位一体的高校创新创业教育体系。

具体改革措施概括为以下几个方面。

1. 鼓励高校多形式举办创新创业教育实验班　预计到 2020 年在全省所有具备条件的高校开设创新创业教育实验班。同时,调整优化课程设置,扩充优质教育资源,开发开设研究方法、学科前沿、创业基础、就业创新指导等方面的必修课和选修课程,纳入学分管理,建设依次递进、有机衔接、科学合理的创新创业教育课程体系,将创新创业教育融入人才培养全过程。

2. 各地、各级、各类及各企业科技创新资源要向在校大学生全面开放　要将开放情况纳入相应建设评估考核标准。到 2017 年,在小企业创业示范基地中加快建设一批大学生创新创业园(孵化基地),开展大学生创业实践和项目孵化,形成"苗圃+孵化器+加速器+产业化基地"的孵化培育体系。

3. 高校将大力推行学分制教学改革　在人才培养方案中设置合理的创新创业学分,建立健全创新创业学分积累与转换制度,探索将学生开展创新实验、发表论文、获得专利和自主创业等情况折算为学分,将学生参与课题研究、项目实验等活动认定为课堂学习。实施弹性学制,放宽学生修业年限,允许调整学业进程、保留学籍休学创新创业,创业学生可根据创业需要与高校协商确定休学年限,办理相关休学手续。

4. 配齐配强创新创业教育与创业就业指导专职教师队伍,在专业技术职务评审中予以倾斜　允许高等学校设立一定比例流动岗位,聘请知名科学家、创业成功者、企业家、风险投资人等各行各业优秀人才担任专业课、创新创业课授课或指导教师。建立相关专业教师、创新创业教育专职教师每2年至少2个月到行业企业挂职锻炼制度。

5. 全面落实国家、省关于大学生创业和小微企业税费减免优惠政策 各高校要多渠道筹资，优化支出结构，统筹安排经费支持创新创业教育，资助学生创新创业项目。鼓励社会组织、公益团体、企事业单位和个人以设立创业风险基金等多种形式为自主创业大学生提供资金支持。

（三）《关于进一步促进大学生就业创业的意见》

2016年11月，四川省人力资源和社会保障厅、四川省人才工作领导小组办公室、四川省教育厅、四川省财政厅、四川省政府国有资产监督管理委员会、四川省住房和城乡建设厅、四川省妇女联合会、共青团四川省委员会、中国人民银行成都分行、四川省征兵办公室共同发文《关于进一步促进大学生就业创业的意见》（川人社发〔2016〕50号）。

50号《意见》就从多渠道促进大学生就业、鼓励大学生创新创业、加强大学生就业创业服务等方面分析介绍如何更好地促进大学生就业创业。

1. 提升大学生职业技能水平 将职业培训和职业技能鉴定补贴对象，从毕业年度大学生扩展到所有在校大学生。大学生在校期间参加职业技能培训和职业技能鉴定，可享受一次职业培训补贴和职业技能鉴定补贴。

2. 调整大学生求职创业补贴发放机制 将部委属高校、省属高校、民办高校和国有企业办高校就业困难大学生求职创业补贴的审批发放权限，下放到市（州）人社部门和财政部门，所需资金按原渠道解决。同一高校有多个校区且分处不同市（州）的，由各校区所在市（州）人社部门和财政部门负责办理。

3. 支持大学生到基层就业和应征入伍 对属于小微企业的新型农业生产经营主体新招用毕业年度高校毕业生，签订1年以上劳动合同并缴纳社会保险费的，给予1年社会保险补贴。适当提高机关定向招录服务基层项目大学生的比例。艰苦边远地区基层机关、事业单位招录（招聘）大学生，要落实降低门槛的政策措施，可放宽开考比例，设置一定数量的岗位面向本地户籍大学生，急需紧缺人才可不受专业或类别限制。应届高校毕业生应征服兵役，退役后1年内可同等享受离校未就业高校毕业生的就业扶持政策。

4. 加强对灵活就业、新就业形态的政策支持 适应"互联网+"时代特征，鼓励支持大学生在发展新经济、新产业、新业态中以灵活方式就业。对申报从事灵活就业的，按规定给予社会保险补贴。经工商登记注册的网络商户从业人员，同等享受各项就业创业扶持政策；未进行工商登记注册的，可认定为灵活就业人员，享受灵活就业人员扶持政策，其中在网络平台实名注册、稳定经营且信誉良好的网络商户创业者，可按规定享受创业担保贷款及贴息政策。

5. 公开国有企业招聘应届高校毕业生信息 国有企业要建立公开招聘应届高校毕业生制度，在企业官方网站和四川公共招聘网、四川省人才网上联合公开发布招聘信息。国有企业招聘应届高校毕业生，除涉密等不适宜公开招聘的特殊岗位外，要坚持公开、平等、竞争、择优的原则，实行公开招聘，扩大选人用人范围，切实做到信息公开、过程公开、结果公开，促进公平就业。加强人力资源市场和用人单位的监督检查，加大对女大学生就业歧视典型案例的查处力度。

6. 做好大学生就业实习和见习工作 通过社会筹集资金，支持在校大学生参加"逐梦计划——大学生社会实践活动"，并为参加实习的大学生购买人身意外伤害保险。全面推行《四川省高校毕业生就业见习基地管理规范》地方标准。鼓励离校未就业的高校毕业生参加就业见习。就业见习补贴标准按当地最低工资标准的 80% 执行。其中，国家级见习基地补贴标准可上浮 20%，省级见习基地补贴标准可上浮 10%。

7. 拓宽创业扶持范围　将服务基层项目的大学生纳入创业扶持范围，同等享受大学生创业培训补贴和创业补贴。大学生村干部可按规定享受创业担保贷款政策，进一步拓宽创新创业扶持范围，以及基层大学生受优惠政策。

8. 加大创业扶持力度　对符合条件的高校毕业生个人发放的创业担保贷款，贷款期限由最长不超过 2 年调整为最长不超过 3 年，由地方设立的担保基金提供担保，并由各级财政予以贴息。对省级及以上相关部门（单位）组织的"创青春"等大学生创业大赛获奖项目给予适当奖励，对进入前期孵化的项目按规定给予 5 万~20 万元资金补助。大学生创办企业吸纳就业并按规定缴纳社会保险费的，按其吸纳就业（签订 1 年以上期限劳动合同）人数给予创业吸纳就业奖励，招用 3 人（含 3 人）以下的按每人 2000 元给予奖励，招用 3 人以上的每增加 1 人给予 3000 元奖励，总额最高不超过 10 万元。大学生创办小微企业招用毕业年度高校毕业生的，按规定给予社保补贴；符合条件的，可申请最高额度不超过 200 万元的创业担保贷款，并按相关规定贴息。省人才办会同人力资源社会保障厅、教育厅、团省委定期开展优秀大学生创业典型评选，并给予创业典型每人 10 万元的奖励性资助，所需资金从"天府英才"工程专项资金中安排。

9. 改进创业培训工作　将创业培训定点机构的认定和管理权限下放到市（州）人力资源社会保障局，支持和鼓励有条件的高校申请创业培训定点机构。完善培训内容，突出企业家精神和素质培养，以及创办和经营管理能力训练。调整培训方式，在校大学生可以利用周末、节假日和晚自习等时间，在 40 天内完成规定的培训内容。大学生参加创业培训并取得培训合格证的，按规定给予培训补贴。

10. 充分发挥高校的主体作用　加大对高校就业创业工作的支持力度，鼓励高校办好双选会，提高毕业生签约率。支持高校完善网上办理毕业手续系统。

在校园内设立"创业园区"，由学校组织开办模拟公司，将学生实践能力和专业技能的培养与创业相结合，其运作程序符合企业行为，为学生提供了体验创业的平台。加强创业实践活动环节，培养学生的创业能力，大学生通过参加各种专业竞赛和科研活动，锻炼和提高观察力、思维力、想象力和动手操作能力。

11. 充分发挥公共就业人才服务机构的服务功能　各级公共就业服务机构要全面推进"互联网+就业创业服务"，开发网上办事大厅及手机客户端，为大学生和用人单位提供"点对点"精准推送服务，实现就业创业服务网上办理、职业指导和创业指导专家在线服务，实现服务数量和质量"双提升"。公共人才服务机构要以标准化、信息化、便利化为目标，全面梳理规范面向大学生的公共服务事项，严格落实取消人事关系及档案保管费的规定，推进人事档案信息化建设，启动流动人员人事档案基础信息库建设，逐步实现流动人员人事档案基础信息异地查询。支持县级以上相关部门开展大学生创新创业服务活动。

各地要将符合当地住房保障条件的稳定就业创业的大学生纳入住房保障范围，支持他们使用住房公积金贷款购房，使其留得下、稳得住、有发展。

12. 充分发挥创新创业平台的服务潜力　各地要加快大学生创新创业俱乐部、创新创业园区（孵化基地）建设，并将其作为健全创业服务体系的重要内容和实施大学生创业引领计划的重要抓手，按照"政府推动、市场导向、布局合理、因地制宜"的原则，加强规划建设和管理监督，不断完善服务功能。对评审认定为省级大学生创新创业俱乐部的，由"天府英才"工程专项资金中给予 100 万～300 万元的补助，各地、各高校按不低于补助总额的 50% 给予配套。对评定为省级大学生创新创业园区（孵化基地）的，由人力资源社会保障厅给予 30 万元补助；对每年复核合格的省级大学生创新创业园区（孵化基地），由人力资源社会保障厅给予 15 万元补助。

加强省大学生创新创业活动中心建设，增加创业培训和项目孵化功能，形成"众创空间+苗圃+孵化器+加速器"的阶梯型创新创业孵化体系，促进日常活动常态化、主题活动品牌化、专项活动特色化、线上活动便利化。各地、各高校要进一步加强与省大学生创新创业活动中心的对接，共同开展项目推介、创业巡诊、创业大赛等活动，实现信息和资源共享，为大学生提供更高端、更优质的创新创业服务。

第三节　部分高校结合自身的创新创业鼓励政策

在高等学校开展创新创业教育，积极鼓励高校学生自主创业，是教育系统深入学习实践科学发展观，服务于创新型国家建设的重大战略举措；是深化高等教育教学改革，培养学生创新精神和实践能力的重要途径；是落实以创业带动就业，促进高校毕业生充分就业的重要措施。

我国高校切实贯彻落实党中央、国务院创新创业政策文件，都结合高校自身特点，制定了相关创新创业鼓励政策，内容包括完善人才培养质量标准，创新人才培养机制，健全创新创业教育课程体系，改革教学方法和考核方式，强化创新创业实践，改革教学和学籍管理制度；实施弹性学制，允许保留学籍休学创新创业，开发开设创新创业教育必修课、选修课等方面。

本章节以北京大学、清华大学、四川大学、中南大学、西南医科大学、长沙医学院、齐齐哈尔医学院、川北医学院 8 所高校为例，简要介绍和分析各高校创新创业鼓励政策。

一、北　京　大　学

作为我国近代以来唯一以国家最高学府和国家最高教育行政机关身份创立的北京大学，一直致力于宣传创新理念，探索创业路径，开展校企、校地和高校间合作，不断增强学生的创新精神、创业意识与创新创业能力，更好地服务于构建全国大学生创新创业生态系统，为高校大学生以及相关人员提供全方位、立体化的创新创业理论指引与实践指导。并于 2015 年 8 月，被国家教育部授予"全国大学生创新创业指导研发基地"荣誉称号。据悉，这是目前全国教育系统唯一一家官方认定的大学生创新创业教育基地。

北京大学的创新创业工作通过整合北大校内外创新创业优势资源，发挥北大综合学科优势和示范引领作用，全面推进创新创业工作深入开展，不断提高人才培养质量，满足服务国家创新驱动发展战略和创新引领型人才的社会需求。

（一）北京大学"三多"创新创业鼓励政策

为响应国家"大众创业，万众创新"政策，北京大学出台一系列政策、校规来促进大学生创新创业，归纳起来大致为"三多"，多举措加强创业教育、多路径搭建创业平台、多渠道提供创业保障。

1. 多举措加强创业教育

（1）健全课程体系。打通一级学科或专业类下相近学科专业的基础课程，开设跨院系、跨

（2）改革教学方法。广泛开展启发式、讨论式、参与式教学，把国际前沿学术发展和实践经验融入课堂教学。举办专家主题论坛，与大师直接对话。开设"创业大讲堂"线上同步课堂，建设"中国创业慕课"平台，辐射全国创业青年。

（3）强化科研支撑。以"国家级创新创业训练计划"为牵引，建设教师科研成果与学生创业项目对接网络平台，为学生创业团队组建、知识产权交易等提供支持。

2. 多路径搭建创业平台

（1）模拟平台。在学生活动中心开辟大学生创客空间、创业模拟沙盘及创业咖啡角，通过虚拟经营企业，熟悉创业流程，提高创业能力。

（2）竞赛平台。举办国际青年科技创业大赛、北大学生创业计划大赛、文化创意设计大赛和院系层面的创新创业大赛等。

（3）实践平台。建设"数据科学协同创新创业基地"等15家学生发展与协同创新创业基地，推进北大创业训练营、孵化基地建设，完善设施功能，扶持优秀学生企业成长壮大。

（4）交流平台。打造"北大清华TMT校友创投联盟""中关村数字健康产业联盟"等资源共享专区。与美国常春藤盟校联合开展"中国梦·创业梦"创业实践京杭行活动。

3. 多渠道提供创业保障

（1）强化组织保障。成立由校长任主任、校内多家单位参加的创新创业工作委员会，每年召开创新创业工作会议，设立创新创业工作专项资金。

（2）推动协同创新。加强与政府、企业、高校及国际组织的合作交流，共建金华信息科技园、包头科技园等。

（3）优化管理制度。探索创新创业学分积累与转换制度，实施弹性学制，放宽学生修业年限，允许调整学业进程、保留学籍休学创业，并简化审批程序。

（4）完善激励机制。设立创新创业奖励基金和奖学金，奖励创新创业工作贡献突出的个人和单位，并增加评奖评优比例用于表彰创新创业优秀学生。

（二）北京大学创新创业工作的实践

1. 北京大学成立全球大学生创新创业中心 2016年10月，全球大学生创新创业中心在北京大学成立。该中心位于北京大学第二教学楼，占地近5000平方米，内部功能包括新青年创客空间、创业大讲堂、创业咖啡、创新创意设计展示中心、北京大学创业训练营等。作为北大创新创业教育实践基地，该中心的落成既是北大服务创新创业国家战略的关键举措，更是探索全方位构建大学生创新创业生态系统、培育学生创新精神、优化校园创业氛围的有益尝试。此外，该中心的建设得到了众多校友的大力支持。

2. 开设北京大学创业训练营 北京大学创业训练营成立于2012年6月，是北京大学校友会发起的全公益开放创业教育平台，依托北京大学的教育资源、研究资源、校友资源，通过实战与行业理论相结合的创业培训、全链条的创业孵化，为创业者提供理论、技术、资金、场所等全方位的服务与支持。

作为"北京大学创新创业扶持计划"的核心项目，至今已通过网络课堂、开放课程、直播课程、路演沙龙等多种形式服务了超过20万名创业青年，其中通过公益特训班、导师1对1、投资基金和公益孵化器等多种形式，深入服务超过10 000名创业者。

北京大学创业训练营启动3年来，已经研发了100余门实战创业课程，累计授课超过700

学时。邀请校内外超过300位导师参与教学、项目路演及投融资指导等创业扶持链条。超过400亿北大系投资基金联盟,从天使投资到pre—IPO,全资本链条综合扶持。全国累计公益孵化器面积超过2万多平方米。

3. 编著《北大十五堂创业课》创业教材 北京大学第一本创业教材《北大十五堂创业课》于2016年10月出版,由北京大学校友工作办公室、北京大学党委政策研究室共同编撰,是北大创业系列丛书的第一本,集结了厉以宁、吴志攀、黄怒波、俞敏洪、张新华、孙陶然等15位学界、业界大咖多年的研究成果及创业实战经验,为创业者亲授秘要,指点迷津。本书的内容精选自北京大学创业训练营的150门课程,契合中国创新创业环境,满足本土读者的需求。

北京大学高度重视大学生创新创业教育工作,为国家和社会培养了一大批创新型人才。北京大学作为综合性研究型大学,具有多学科交叉融合的独特优势,不乏创新的土壤和创业的条件,而事实上,创新创业教育确实要力求覆盖更多学生,结合不同专业需求,着力培养学生的创新思维、创造能力和创业意识。

二、清华大学

(一)深化教育教学改革重在能力培养与人格塑造

把促进学生的全面发展作为创新创业教育的出发点和落脚点,通过持续深化教育教学改革,激发学生独立思考的创新精神,提高解决问题的实践能力,全面提升学生的综合素质。2014年9月,成立"新雅书院",作为通识教育实验区,深入开展素质教育;2014年10月,清华大学综合改革方案正式备案实施,将深化创新创业教育改革作为学校综合改革的一项重要内容;同月完成"关于全面深化教育教学改革的若干意见",实施价值塑造、能力培养、知识传授"三位一体"的教育模式。2015年5月,学校推出学业评价体系改革方案,变百分制为等级制,进一步强化素质教育和创新导向。

(二)加强第二课堂建设在实践中贯彻创新创业精神

鼓励学生积极参与学术训练、科技竞赛和创业实践,强化创新精神、培育创业意识、训练创造能力。先后创立"挑战杯"学生课外科技竞赛,累计有3万多名学生参赛,并被推广为全国性竞赛;推出"大学生研究训练计划",累计立项约15 000项,全校共计27 000多名本科生参加;举办创业计划大赛,并被推广为全国性竞赛;实施"科技创新,星火燎原"学生创新人才培养计划,支持学生自主立项进行前沿学术探索。

近5年来,清华大学共推动组建20余支学生"科技兴趣团队",申请专利10余项,衍生出9支创业团队;2013年起建设"创客空间"和"x—lab",形成比较系统的创意、创新、创业"三创"教育平台,每年有1700多人参加"创客空间",其中90%为本科生;2015年,面向全体学生开设"创新力提升证书项目",着力提升学生创意、创新、创业领导力的思维和技能。

(三)坚持开放融合形成创新创业教育改革的合力

把创新创业教育视为一项系统工程,坚持面向社会、面向世界,在开放环境中培养创新创业人才。

1. 加强与企业合作 清华大学与200多家投资和专业服务机构建立对接关系,聘请企业家、投资人担任创业导师,开设"与创业名家面对面"课程,为大学生创业团队提供多方面支持。

2. 积极扶持大学生"创客" 把每年 11 月的最后一个星期六确定为"清华创客日",一批国际顶级创客受邀成为驻校"创客"。2014 年,与教育部留学服务中心、英特尔公司共同承办首届中美青年创客大赛。

3. 运用现代教育技术开展创业教育 2014 年 3 月,开通"中国创业学院"频道,推出系列创业在线课程,选课人次已突破 5 万,其中校外选课人数占 91%。

4. 发起成立创新创业教育联盟 2015 年 4 月,向国内高校发出倡议,提议成立中国高校创新创业教育联盟,130 多所高校给予热烈响应。通过这一平台,与兄弟高校及企事业单位共同研讨和引领我国的创新创业教育,努力为实施创新驱动发展战略、建设创新型国家培养更多、更好的创新创业人才。

德国人穆勒说:"此刻一切完美的事物,无一不是创新的结果。"创新才有出路,唯创新者进,唯创新者强,唯创新者胜。当下是大众创业、万众创新的时代,作为中国顶尖大学,清华进行创新创业教育改革,加强大学生创新创业实践体验和创新能力培养,为全国大学带了好头,为敢于创新创业者提供了平台和机会。

三、四川大学

近年来,四川大学积极响应国家号召,高度重视学生创新创业工作,按照国家发改委对高校科研院所类"双创"示范基地建设要求和《四川大学"双创"示范基地工作方案》思路,对"双创"示范基地五个平台的建设、"双创"保障的体制机制建设进行了有序推进,同时借助学校对外合作的基础和 120 周年校庆的契机,汇聚国际国内更多动能,为学校的双创工作提供更多更有力的支撑。

（一）核心思路

建立青年学子创新创业教育、实践和服务以及教师（科研人员）科技创新、成果转化及企业孵化服务的全链条支持体系,实现高校师生"双创"支持的全覆盖,同时突出川大学科特色,为国家推进"一带一路"战略规划提供人才支撑和文化服务。为国家实现创新驱动战略提供高质量的人才资源和科技成果资源,催生更强大的"双创"动能。

（二）典型特征

1. 组织机构完善 成立以校长、书记为组长的"四川大学创新创业工作领导小组",下设办公室以主管教学工作的副校长和学生工作的副书记为主任的领导小组办公室;另外专门成立以主管财务科研的常务副校长为组长的"四川大学'双创'示范基地建设领导小组",并明确了各重点建设工程的负责人。形成了整合资源、快速高校的工作模式。

2. 机制创新取得阶段性成果 "创新科技成果转化机制,系统提升学校科学研究和科技成果转化能力;改革考核评价机制,激发创新创业内驱动力;创新双创人才流动机制,释放创新创业活力;构建具有国际竞争力的创新创业人才培养机制,将创新创业教育融入人才培养全过程,覆盖全体学生;完善创新创业服务保障制度,让创新创业成果最终转化为社会经济发展的内驱力"等是学校在双创示范基地建设方案中承诺的政策保障方面的体制机制创新内容。《四川大学专职科研队伍建设和管理办法（试行）》（川大人〔2015〕20 号）和《四川大学专职博士后聘任管理实施办法（试行）》（川大人〔2015〕22 号）,在人事制度上确保双创研发队伍的建设、管理和运行改革。该制度的执行可确保学校通过校地企合作，建立博士后基金制度，各方面筹集资金，招聘专门从事创新创业的博士后研发的高端人才队伍和创新创业领军人才。正在修改《四川大学教职工兼职管理办法》《四川大学教职工奖惩条例》等人事管理办法，以达到鼓励科研人员采用多种形式创新创业的目标要求。另外通过专门设立从事双创、科技成果转化的专职科研队伍和工程技术队伍的专有系列职称晋升通道和新的科研人员奖励办法，对于在成果转化过程中取得重要进展、取得重要工程业绩的科技人员，放宽其在论文、著作、教学工作量等方面的硬性条件；对于双创成绩显著的科研人员，在评优、评奖等过程中设立单独系列进行表彰。拟提出的《四川大学科技成果转化行动计划》，围绕科研项目立项和研发、科技成果转化和交易、科技成果产业化和商品化的全过程，提出积极推动与地方政府协同探索高校科技成果所有权改革的新模式，厘清科技成果等无形资产与实物有形资产的国资属性，充分尊重创造性劳动的价值，最大限度调动科技人员的积极性。以"零首付转让+五年分期付款"方式处置科技成果，促进科技型企业快速成长；对教师在外设研发平台开展人才培养、科学研究和成果转化等工作实行双算制；设立重大成果转化职称系列等一系列措施等。《四川大学创新创业教育改革行动计划》《四川大学激励学生创新创业多元化学籍管理办法》《四川大学学术社团管理办法》《四川大学大学生创新创业训练计划项目管理办法》《四川大学本科课堂教学管理办法》《四川大学校外创新创业导师聘任管理办法》《实验仪器设备开放共享管理办法（试行）》等系列文件已经出台，正在深入贯彻落实的过程中。正在修订《四川大学创新教育学分管理办法》，制订《四川大学大学生创新创业竞赛与学科竞赛管理办法》，将鼓励交叉复合型创新人才培养的有效措施纳入《四川大学"十三五"教育教学改革实施方案》。

（三）特色做法

1. 双创工作紧跟国际化水平

（1）实践与国际课程周结合助力双创人才培养：2012年，川大在全国高校中第一个创办了"实践与国际课程周"，每年一次。2016年的第五届"实践及国际课程周"更是邀请到来自哈佛大学等40多所国际名校的165位专家学者为川大师生开设229门全英文国际课程；开设42个不同主题的"国际交流营"活动。其中"Big Bang Theory（BBT）"让川大学子和哈佛大学、鲁汶大学、根特大学、新加坡国立大学等国际知名大学共14支队伍同台竞技，让学生尽情展现自己创意想法；以色列本古里安大学的 Yossi Dashti 教授《以色列教育体系在"双创"运动中扮演的角色及做出的贡献》和以色列巴伊兰大学的 Eyal Yaniv 教授《如何激发并产生创意》的讲座等更是体现了川大双创教育的国际化程度，真正实现了双创人才培养与国际接轨。

（2）国际转化和交流体系已相对完善：川大广泛引进和开展与国际著名技术转移机构的合作。与牛津大学 ISIS 科技创新公司、以色列威兹曼科学研究院下属的 YEDA（耶达）研发有限公司等国际知名技术转移机构签署战略合作谅解备忘录，在知识产权的运营、项目评估、产业分析、技术转转专业人才培养等方面开展国际交流合作。注重教师（科研人员）的原始创新和源头创新，注重科研合作的国际接轨，建立高水平的国际合作交流平台。例如正在与以色列特拉维夫、巴依兰等大学合作，建设"中以网络安全研究院"，引入以色列的优秀专家和人才培养理念，建成具有国际水平的网络安全人才培养和创新研究基地。

（3）合作共建中德学院：2016年4月10日，川大与克劳斯塔尔工业大学的作为中德两方的高校代表，签署了共建中德"清洁能源"创新平台合作协议及博士生联合培养协议。该创新平台在德国和成都分别建立办学校区，成为第一个在德国办学的中国大学。

2. 汇聚全球校友力量，助力双创事业　成立全球首个校友创业家联谊会，打造川大校友同创基金及系列"双创"公益基金（已达20亿规模）。创业家联谊会和"双创"公益基金动员并汇聚全球校友支持"双创"、参与"双创"、共享"双创"，为川大学子提供强有力的双创服务供给、风险投资供给、企业孵化供给、创意实现供给、成果转化交易供给，促使川大学子"双创"项目的增值、"双创"企业的增值、"双创"人生的增值，支持和吸引川大学子、全球优秀青年到成都创业、到川大创业。在此基础上，四川大学华西医院、华西口腔医院、华西第二医院、华西第四医院、生物治疗国家重点实验室、口腔疾病研究国家重点实验室六方共同发起设立"四川大学医学与健康'双创'基金"，总规模2亿元人民币，引导各学科的川大师生在医学与健康领域创新创业及成果转化，同时吸引全球科学家、著名学者、优秀青年为四川地区的地方病防治、重大疑难疾病治疗开展探索研究攻关。

3. 开创政校企合作新模式

（1）三类示范基地的共建共享：四川大学与区域示范基地郫县菁蓉镇和企业示范基地中国电信集团（成都分公司）在双创人才教育培养、科研成果落地转化、科研设备与人才资源共享等方面达成了合作意向，实现三累示范基地的共建共享，形成可复制可推广的"校、地、企双创合作"的"成都模式"。

（2）多渠道开展校地企合作：川大持续推动双创事业发展与成都市、青岛市、宜宾市、西昌及成都市高新区、双流区、武侯区、郫县菁蓉镇双创示范基地等各级政府签订战略合作协议，在人才培养、科技创新等方面开展深层次的校地合作。例如与成都市人民政府签订战略合作框架协议《深入推进全面创新改革　共建世界一流大学》，实现"共同打造具有国际竞争力的创新人才培养体系和未来全球优秀留学生的留学首选地和汇聚地"等十个共同打造的合作目标。又如与成都天府国际生物城签署《共建成都生物医学材料产业示范园框架协议》，由成都市政府、成都高新区管委会及相关企业共同投资5亿元，建设成都生物医学材料产业技术研究院、四川医疗器械生物材料和制品检验中心，推动成都生物医学材料产业集群发展，在中国西部打造世界级生物医学材料中心。另外，120周年校庆庆典大会也是省市校共建世界一流大学启动大会，将开创省市校共建共享的双创人才培养与科技协同创新合作新模式。

与知名企业签订合作协议，共建"双创"基金，为川大师生创新创业助力。与中国电信、新尚集团的合作已开始实施，校友企业川大智胜公司、东土集团、宏川公司也倾力支持，分别为学生双创提供政策、场地、资金、培训指导等多方位支持。分别与好医生药业集团、四川龙蟒福生科技有限责任公司等企业共建"双创"基金，支持四川大学120周年校庆和"双创"工作。

4. 打造川大特色的"江安双创实战一条街"　为提升学生的创新创业能力，培育创新创业精神，增强创新创业意识，四川大学将江安校区占地面积3600平方米的商业街改造为"学生创新创业实践基地——江安双创实战一条街"。26支学生团队作为第一批入驻项目于2016年4月1日正式开始营业。截至目前，19支盈利状况良好，其中10支团队月平均净利润超过5000元。4支处于平衡发展阶段。单个团队中资本净利率最高达到60.36%。一条街引导学生进行规范有序的自我经营、自我管理，培育提升创新创业能力。中央电视台国际频道、人民网、中青报、四川日报等媒体已陆续对实践基地进行了报道。

5. 强化学术型社团建设助推创新创业教育　依托学科专业资源和"万门课程建设"工程打造1000个"学术型社团"，为每一个学术社团选配指导单位和指导教师，让学术型社团成为课堂教学的延伸、双创精神和能力培养的第二课堂。目前已注册建立了566个学术型社团，参与学生4.3万余人次，实现33个学科型学院全覆盖。2016年8月10日教育部网站进行了专题报道。

（四）实践成效

1. 四川大学科研能力和科研成果大幅提升　2016 年，在全球 100 家科研产出增加最多的科研机构中，有 40 家来自中国，期中四川大学荣登《自然指数》新星榜全球 100 强，成为国家科技源头创新的领跑者之一。"自然指数 2016 新星榜"排序是依据自 2012～2015 年对自然指数绝对贡献值的变化。自然指数追踪的是全球 8000 多家机构在 68 种高质量自然科学期刊上的论文发表情况。

2. 双创活力进一步释放　双创示范基地建设的推进与宣传工作扩大了双创在学生中的影响力，学生参与双创实践的热情进一步提升。截止到 2016 年 5 月，四川大学共有学生创新创业项目团队 1070 个，参与学生人数 5000 人，占全校学生比例 8.4%。"武侯区川大科技园青年（大学生）创业园"累计吸引大学生创业团队 55 家入驻，其中 48 家创业团队已注册公司经营，孵化成功率达到 87%，大学生创业企业累计实现产值 12 886.35 万元，累计缴纳税金额 753 万元，带动大学生就业 540 人，培育出一家产值超过 2000 万元，四家产值超过 500 万元的大学生创业企业。据不完全统计，近年四川大学学生共创立公司 109 家，累计注册资本 7800 万元，获得项目融资 4 亿余元，实现项目产值 6.7 亿元。

3. 川大学子在各类创新创业比赛中佳绩频出　2016 年，第九届全国大学生节能减排大赛中获一等奖 1 项，二等奖 3 项，三等奖 1 项；第十届全国大学生化工设计竞赛总决赛中获全国特等奖，斩获设计文档优秀质量奖、现场答辩优秀奖、现代设计方法应用优秀奖等三个单项奖，并以全国第一名的成绩将金奖奖杯揽入怀中；第十届"中国青少年科技创新奖"由川大 2014 级博士研究生蒲伟同学斩获；第五届中国软件杯大学生软件设计大赛获全国特等奖 1 项，全国三等奖 4 项的优异成绩；第三届全国研究生智慧城市技术与创意设计大赛斩获全国特等奖 1 项、一等奖 1 项。第二届四川省"互联网+"大学生创新创业大赛决赛暨第二届中国"互联网+"大学生创新创业大赛四川赛区选拔赛中，川大获金、银奖数均居全省第一，5 支创业团队晋级 10 月中旬的全国总决赛。

4. 四川大学科技成果转化得到社会认可　近年来，依托四川大学优势学科，学校教师累计创办企业 100 余家，其中高新技术企业 18 家，拥有自主知识产权的企业达 60 余家。2013 年累计年销售收入达 30 亿元以上，缴纳税金 2.5 亿元，带动就业人数 5400 余人。学校先后获国家、教育部和各省授予的产学研合作和技术转移奖励 20 余项。川大近 5 年到校产学研经费约 55 亿元，社会首次公布的 2016 中国高校产学研经费排名中，学校位列全国高校第 5 名；在 2015 英国泰晤士高等教育发布的"全球创业产业合作"排名中，位列全球高校第 8 位。

四、中南大学

中南大学综合国内外高校创新创业教育发展趋势，结合学校综合改革和创新创业教育工作实际，坚持育人为本，培育学生创新创业基因，坚持问题导向，优化创新创业教育机制，坚持协同推进，厚植学校创新创业文化，营造统一领导、齐抓共管、开放合作、全员参与的局面，造就创新创业教育文化育人机制，推进创新创业教育普及和深化发展，形成创新创业教育和支持学生创新创业的良好生态环境。现就中南大学改革方案方法归纳为一下几个方面。

（一）完善人才培养质量标准

1. 修订本科人才培养方案　出台本科人才培养方案修订原则意见，大幅增加创新创业教育内容；坚持以促进学生全面发展和适应社会发展需求为根本标准，强调办学特色与社会需求相融合、创新创业教育与专业教育相融合、实践教育与行业协同相结合、素质教育与核心价值观相融合、个性化培养与质量标准相融合；突出创新创业课程及实践的重要性，创新创业教育完整纳入培养计划。

2. **修订研究生人才培养方案** 出台研究生培养方案修订指导意见，建构不同层次、不同类别研究生培养目标体系，明确创新创业教育相关知识结构和能力素质要求；加大学术研讨、学术交流和创新实践环节学分比重，建立评价考核体系，把更多时间还给研究生和导师；创新创业教育纳入培养方案课程体系建设。

3. **修订研究生学位标准** 出台学位标准修订指导意见；各二级培养单位负责制订所辖学科专业的学位标准；根据学科发展定位和人才培养特色，制订学术型与专业型区分鲜明、体现创新创业教育目标要求的学位标准。

4. **完善专业教学质量标准** 依托国家教育体制改革试点项目"构建大学生创新创业教育培养新模式"和教育部创业教育人才培养模式创新实验区建设，结合办学定位、服务面向和创新创业教育目标要求，完善专业教学质量标准。

（二）创新人才培养机制

1. **建立结构调整新机制** 实施毕业生就业和重点产业人才供需年度报告制度，以社会需求为导向、以创业就业导向设置专业、制订培养方案、确定人才培养目标。

2. **建立协同育人新机制** 深入实施系列"卓越计划"，与相关企事业单位（实务部门）联合成立卓越人才教育培养联盟，形成"双参三联合"培养机制；建立国家工程实践教育中心和大学生校外实践教育基地；利用国外优质教育资源，共建工程教育联合体，建立国际化交流和人才培养基地；实施医学生到国外一流医学院校学习的长短期国际交流项目；构建与国际接轨的课程体系；支持学生海外访学、参加国际学术会议等交流。

3. **建立交叉培养新机制** 开设分层次、多学科交叉的创新创业课程，从新生课、专题研讨到专题创新创业选修课程，为学生提供创新创业必需的知识和技能培训。构建"三跨交叉"的创业课程教学，即跨学科、跨专业、跨年级的经济管理知识普及教育；面向全校非经济管理学科的本科学生开设"经济管理类"的全校性选修课程；面向全校非工商管理专业的本科学生开设"工商管理"专业辅修的九门专业课程；增加各专业辅修和双学位模块。

（三）健全创新创业教育课程体系

1. **建设创新创业基础必修课程** 《创新创业导论》作为公共必修课纳入本科人才培养方案，32个学时，2个学分；成立创新创业教育课题研究组，编写具有中南大学特色的创新创业教育教材，并完善教学资源库建设；组建创新创业教育教研室，选拔一批理论知识和实践经验丰富的教授、副教授和企业高管等担任课程主讲教师。

2. **建设大学科类创新创业教育课程** 积极推进专业教育与创新创业教育有机融合，以创新创业教育理念为指导，紧密结合学科专业教育实践，挖掘各学科专业课程中蕴涵的特色教育资源，融入已有专业课程之中。在已有专业课程体系的基础上，进一步调整课程设置，增设创新创业课程。

3. **建设全校性创新创业素质拓展课程** 根据学校办学定位和人才培养目标，紧密结合大学生素质教育，并与大学生理想信念教育、实践教育、校园文化活动、就业指导服务等有机衔接、开发、开设相应的创新创业类全校性选修课程。

(四) 改革教学方法和考核方式

1. **推进教学方法示范改革** 实施"开放式精品示范课堂计划",构建开放、互动、灵活多样、学生感兴趣的课堂,2016年起逐步在全校推广应用。

2. **建设精品课程和优秀教材** 全面启动创新创业教育课程建设项目,开发开设优质课程,建设创新创业课程群。在"精品课程"和"优秀教材"建设中充分体现创业教育内容。加快创新创业教育优质课程信息化建设,编写创新创业教育教材。

3. **推进课程考核模式改革** 推进课程考试改革试点,注重过程考核,提高平时成绩的比重,形成多样化、科学化、合理化、可操作性强的考核形式。

(五) 强化创新创业实践

1. **构建新型创新创业实践平台** 实施实验教学平台共享和科技创新资源全开放,促进研究性学习和创新训练;扶持学生组建创业工作室,支持其进行创新基础上的创业训练和实践;依托学校科技园、大学生创业园,促进学生自主创业实践。面向全校的工程训练中心、实验室、科研平台、基地等,进行"创客空间"建设,为学生把奇思妙想转化为现实产品,提供场所及多元化指导和服务。

2. **建设校外创新创业教育基地** 完善校校、校企、校地、校所及国际合作的创新创业教育实践育人机制和模式,积极吸引社会资源和国外优质教育资源投入创新创业人才实践能力培养,实施产学合作,继续加强创新创业教育依托、模拟和实践基地建设,推进学生走出校园、走进企业、接触社会,提高实践创新能力。

3. **强化学生创新创业实践训练** 继续实施创业教育和创业素质提升工程,开展新生"苗圃行动"系列教育,开展寒假创新创业教育实践调研,举办大学生创新创业年会,组织学生参加各级各类竞赛。抓好国家及省级大学生创新创业训练计划,持续推进自由探索计划项目、创新创业教育计划项目、校外捐助创新创业项目,增加立项资助数量。举办高层次论坛、高水平成果展、专题化竞赛、大众化沙龙、主题化训练营和专业化项目路演等,支持学生成立创新创业社团。每年70%以上的学生参加创新创业实践活动、学科竞赛和参与创新创业项目。

(六) 改革教学和学籍管理制度

1. **完善学分认定管理制度** 将创新创业教育纳入人才培养体系,创新创业教育内容有效纳入培养方案,在2016版本科人才培养方案中增加2个必修学分的创新创业课程。课外研学学分规定必选2个学分的创新创业实践,学生开展创新实验、发表论文、获得专利和自主创业等情况经过主管部门认定后,可以折算为课外研学学分。

2. **探索个性化人才培养方式** 为有意愿有潜质的学生制定创新创业能力培养计划,建立创新创业档案和成绩单,客观记录并量化评价学生开展创新创业活动情况。出台政策,优先支持参与创新创业且条件成熟的学生转入相关专业学习。

3. **完善本科生弹性学制实施** 四年制的修业年限为3~6年,允许学生调整学业进程,在修业年限内保留学籍休学开展创新创业。进一步细化和制定休学创业标准,规范休学和复学手续流程。

（七）加强教师创新创业教育教学能力建设

1. 打造高水平创新创业教育人才师资队伍　创新人才工作机制，加强人才的培养开发、评价发现、选拔任用和激励保障。重引强培，好中选优，组建创新创业教育高水平师资团队。以提高学生创新创业能力为导向，完善人才考评体系，健全人才支持体系。打造人才讲授创新创业课程和指导创新创业实践示范性平台；引导人才依托重点学科、重点实验室、创新平台等建立创新创业教育示范基地；刚性要求和柔性激励相结合，引导人才手把手指导学生创新创业；鼓励人才走进创业教育基地和创业孵化平台，提供精准帮扶。

2. 完善创新创业专兼职师资队伍制度建设　完善岗前培训制度，加强青年教师队伍的创新创业教育意识。完善专职导师队伍制度，加强学校"创新创业教育指导专家库"建设。建立岗位轮换机制，定期对指导教师进行培训和考核，建立激励机制。完善校外创业导师队伍制度，建立导师人才库，建立和完善相关的管理和激励机制，鼓励导师带项目育人才。完善课程轮训和骨干研修制度，创新创业教师优先，鼓励和支持专业教师申报国家和省地的创新创业项目研究和实践。完善出国进修和挂职锻炼制度，鼓励教师将国际前沿的学术发展、最新研究成果和实践经验融入课堂教学，鼓励教师学习和借鉴其他单位的创新创业教育先进做法。

3. 完善学校科技成果处置和收益分配机制　修订学校知识产权管理办法，完善科技成果处置和收益分配机制。鼓励科技人员在职和离岗创业，经学校同意，可在5年内保留人事关系，与在岗人员同等享有职称评聘、岗位等级晋升等方面权利。科技人员创办科技型企业所缴纳的税收和企业所得捐赠给学校的金额，等同于纵向科研经费。将研究质量、原创价值和实际贡献等作为重要指标纳入学校职称评聘；明确参与科技成果转化、创新创业教育的科技人员在高级技术职称评聘中比例；对技术转移、科技成果转化和创新创业中贡献突出的，可破格晋升相关专业技术职称。

（八）改进学生创业指导服务

1. 打造大学生创新创业良好生态环境　完善学校创新创业教育实践基地、中国大学生创业网、大学生创业园、大学科技园等物理空间和设施设备建设，建设成果展示中心与项目路演街区，构建学校人才培养、科技成果转化、孵化和产业化一体化发展的快速通道和综合平台。构建全方位的大学生创业综合服务平台，组建专业化的大学生创业服务团队，形成良好创业环境，为学生提供高效、快捷的一站式创业服务。

2. 推进创业指导服务与社会有效衔接　加强国家大学生创业就业服务体系建设规划项目、人力资源与社会保障部大学生创业教育与培训示范基地、模拟公司创业实训项目试点单位和省级创业培训基地建设，依托学校国家、省、市级创业孵化示范基地和科技部科技型中小企业创新基金大学生项目试点、湖南省"众创空间"试点，构建创业咖啡等新型孵化模式，提供创业培训、项目孵化等服务，落实大学生自主创业各项优惠政策。

3. 实施创业"百千万"帮扶指导工程　续实施"百千万"帮扶指导工程，每年接受创新创业训练学生2万人以上，接受创业培训和实训学生2千人以上，扶持2百个以上学生团队进行自主创业实践。顺应互联网与各领域深入融合与创新发展的时代潮流，组织建设"互联网+"大学生创新创业平台，多渠道推进大数据、云计算、"互联网+"和文化创意等新理念、新产业、新业态、新商业模式的推广，创新服务模式，激发学生创新创业活力。

（九）完善创新创业资金支持和政策保障体系

1. 优化学校经费支出结构　多渠道统筹安排资金，支持创新创业教育教学，资助学生创新创业项目。按规定使用中央高校基本科研业务费，积极支持品学兼优且具有较强科研潜质的在校学生开展创新科研和科技创业等工作。

2. 设立创新创业专项基金　设立创新创业教育基金和校友创业基金，开展创新创业教育工作评优，表彰先进单位、优秀教师和专干，设立优秀学生创新创业奖，奖励优秀学生团队、个人和项目。广开渠道，吸引社会组织、公益团体、企事业单位和个人设立大学生创业风险基金，以多种形式向自主创业大学生提供资金支持，提高扶持资金使用效益。

3. 落实学生创业引领计划　落实新一轮大学生创业引领计划，落实各项扶持政策和服务措施，鼓励和引导学生积极参与"互联网+"创新创业实践，重点指导和支持学生到新兴产业或行业创业就业。

（十）建立健全创新创业教育体制机制

1. 进一步完善创新创业教育组织体制　创新创业教育纳入学校改革发展规划，完善学校大学生创新创业教育领导小组议事协调机制，统筹工作规划和重大事项安排。建立本科生院牵头，学工、团委等部门齐抓共管的工作机制，完善职能，统筹探索创新创业人才培养新机制。

2. 进一步完善创新创业教育评估机制　创新创业教育纳入教育教学评估指标，在学校教育教学评估指标体系和学科评估指标体系中增加创新创业教育权重，落实主体责任。在二级单位目标责任书中进一步增加指标，强化对创新创业教育评估。在教师考核和学生综合评价中增加创新创业内容和权重。

3. 进一步完善创新创业教育监督机制　在本科生、研究生教学质量年度报告和毕业生就业质量年度报告中定期向社会发布创新创业教育内容，接受社会的监督。

4. 推进学校创新创业教育的辐射示范　营造浓厚的"创新成才、创业报国"环境氛围，厚植"鼓励探索、支持创新、允许失误、宽容失败"创新创业教育文化。依托教育部高等学校创业教育指导委员会主任委员单位、中国高等教育学会创新创业教育分会会长单位和国家级大学生创新创业训练项目专家工作组组长单位等平台，发挥学校创新创业教育的辐射示范作用。

五、西南医科大学

为贯彻落实国家实施创新驱动发展的战略部署，进一步推动"大众创业、万众创新"，西南医科大学特制订了《深化大学生创新创业教育改革》，文件从培养机制改革、课程体系设置、师资队伍建设等方面介绍。

西南医科大学具有开展大学生创新创业教育、培养大学生创新实践能力和创业精神的优良传统。深化高校创新创业教育改革是全面贯彻党的教育方针、落实立德树人根本任务的必然要求，是推进素质教育、提高教育质量的重要举措。积极探索创新人才的培养模式与运行机制，加强大学生创新创业实践平台和创新创业教育师资队伍建设，开展了多种形式的创新创业教育活动，在探索大学生创新创业教育过程中主要有以下举措。

（一）加大创新创业宣传，营造大众创新、万众创业的良好氛围

充分利用报刊、网络等媒体，积极探索使用微博、微信、手机客户端等新媒体，大力宣传

加强创新创业教育的必要性、紧迫性、重要性，使创新创业成为管理者办学、教师教学、学生求学的理性认知与行动自觉。及时总结推广各地、各高校的好经验、好做法，树立学生创新创业成功的典型，丰富宣传形式，培育创客文化，努力营造敢为人先、敢冒风险、宽容失败的良好社会氛围和学生创新创业的良好生态环境。

（二）修订人才培养方案，健全创新创业教育课程体系

西南医科大学将创新创业教育有效纳入本科人才培养学分体系，将创新创业教育理念和内容融入专业教学主渠道，贯穿人才培养全过程。改革教学管理，探索在教师指导下，学生自主开展创新研究及创业实践。创新教育教学方法，倡导启发式、探究式、讨论式、参与式教学。通过开展教育教学改革课题的组织实施促进科研与教学互动，及时把科研成果转化为教学内容。改革实验实践教学，增加实践课程学分与学时，加强综合性实践科目设计和应用。改革考试方法，深入开展形成性评价等多种考核方式，注重学习过程考查和学生能力评价，激发学生对创新创业的兴趣、爱好。

1. 健全创新创业教育课程体系　学校探索将创新创业教育纳入到课程建设，与专业课程体系有机融合，创新创业实践活动要与专业实践教学有效衔接。构建由通识教育、学科教育、专业教育、个性培养四个课程模块组成的人才培养方案课程体系。通识教育模块旨在培养学生正确的人生观、世界观和价值观；学科教育模块旨在培养学生科学的思维能力和坚实的理论基础；专业教育模块旨在培养学生在该学科专业领域内所应具备的主干知识和某一方向综合分析、解决问题（研究、设计）的技能；个性培养模块旨在强化课内外的实践创新，拓宽学生的学习空间，激发学生的学习兴趣，将创新创业训练项目作为课程开设，组织建设与创新教育有关的创新思维与创新方法等课程，以及与创业教育有关的营销策略、项目管理、企业管理等课程。加强创新创业教育教材建设，借鉴国内外成功经验，发动学校教师编写适用和有特色的高质量教材。

2. 鼓励学生个性发展，改革评价方法　以实施选课制为基础，实行公共课程和部分大类课程分层次、分类型教学，适当扩大专业课程中选修课的比例，允许学生跨学科专业、跨年级选修一定数量的课程，增加学生选课自由度；实行弹性学制，拓宽学生自主学习的空间；积极组织实施双学位、辅修专业等多种培养形式，拓宽创新人才的培养渠道；深入改革考试考核内容和方法，探索非标准答案考试，实施形成性评价考核改革，促进结果考核向过程考核、知识考核向能力考核、单一考核方式向多种考核方式的转变。注重考查学生运用知识分析、解决问题的能力，努力实现考核结果与学生能力相匹配。

3. 优化整合教学内容，创新改革教学方法　西南医科大学注重教学内容的优化整合与学科知识的逻辑性，改革教学方法。包括一是精简"课内"，强化"课外"；二是根据人才培养目标和课程的连贯及学时的平衡统筹确定了每学期的修读学分数，确保专业教育课程的修读；三是吸纳近期教学改革所取得的最新成果，吸收学科专业的最新知识，不断更新和合理安排各个环节的教学内容，形成了内容前后衔接、知识结构科学合理的课程体系；四是鼓励学科交叉，各专业课程资源向全校学生开放，鼓励学生跨专业或跨院系选修课程、参加科研训练、完成学位论文。

4. 以实践为重点，重视实践和创新能力培养　进一步扩大了实践教学的学分比例，尝试开设选修性质的实践教学项目，鼓励单独开设实践教学课程，进一步丰富实践教学的内容、方式，提高实验、生产实习（临床实习）、社会调查等教学环节的质量和效率。大学生创新教育

学分首次纳入培养方案，以鼓励学生参加科学研究、社会实践、学科竞赛、技能训练等研学活动，在实践中切实提高学生的动手能力和创新能力。

5. 改进学生创业指导服务，提倡校际合作与交流 积极借鉴国内外高水平大学的成功经验，吸收融合国内外人才培养的先进理念，重视校际合作与交流。逐步推进与兄弟高校的学分互认，创造条件鼓励学生参与国际交流。加强精品资源共享课程建设，扩大优质教学资源的受众面。进一步加强双语教学，促使学生具备国际化视野。为学生积极搭建大学生创新创业学术交流平台，通过举办各类竞赛、讲座、论坛、俱乐部、模拟等方式，丰富学生的创新创业知识和体验，提升学生的创新精神和创业能力。支持学生参加校内外学术会议，为学生创新创业提供交流经验、展示成果、共享资源的机会。将创新创业教育和实践活动成果有机结合，积极创造条件对创新创业活动中涌现的优秀创业项目进行孵化，切实扶持一批大学生实现自主创业。定期组织创新创业教育经验交流会、座谈会、调研活动，总结交流创新创业教育经验，推广创新创业教育优秀成果等。

6. 科学统筹，全方位塑造大学生创新创业精神 大学生创新创业教育是一项系统工程，需要社会、家庭和学校的共同努力。学校结合思想政治教育和专业教育，积极构建系统的课程体系。学校开设了《大学生就业指导》《科研方法导论》，通过基本理论、案例分析、实践实训等环节，充分利用课程资源，把创新创业相关的管理知识、经济政策、法律知识融入其中。任课教师有意识地将蕴藏在学科专业知识中的创新创业教育素材挖掘出来，最大限度的发挥一线课堂在大学生创新创业教育中的作用。通过"渗透式"教育方式培养大学生创新创业精神。

（三）依托大学科技园，培养学生创业意识，增强创业宣传和指导

为了鼓励大学生创新实践活动，倡导创业意识，培养创业精神，提高创业能力和素质，学校以多元投资机制的模式创建了大学生创业孵化园（以下简称孵化园）。

1. 举办"创业宣传周"活动 通过咨询窗口、公告栏、宣传册、网站、微信、微博、广播台等多种方式大力宣传大学生创新创业政策，宣传大学生创业孵化园和大学生创新创业俱乐部的性质、基本情况等，扩大政策知晓面，确保每一位大学生都熟悉并用好政策，鼓励更多的大学生参与创新创业。同时通过集中摆点宣传的方式，给大学生创业孵化园所有入驻企业提供一个充分展示的平台，由各入园企业宣传介绍公司的建设发展情况和具体业务范围等，让更多的大学生了解各入园企业的经营情况，不断开拓业务，同时起到鼓励和引导更多学生参与创新创业的作用。

2. 举办创业讲座 针对不同群体，定期开展不同性质、内容的创业培训讲座：①邀请泸州当地知名企业为已入园企业主要负责人做创业指导。②邀请已入园企业为有创业意愿的同学介绍他们的创业风雨路、各自公司的情况，同时可利用此机会在校内引进人才共同创业。③邀请创业导师为拟入驻企业、拥有创业项目的同学做创业培训，鼓动优秀项目入园。

3. 举办创业沙龙 定期举办创业沙龙，将已入园企业相关工作人员、有创业意愿的大学生、创业导师、孵化园管委会工作人员等聚集到一起，共同探讨、学习、答疑解惑，积极鼓励更多学生加入到创业大军。

（四）加强大学生创新创业俱乐部建设，做好各项品牌和特色活动

1. 举办校级创业大赛 大学生创新创业俱乐部将于每年10月中旬启动校级创业大赛，参赛形式以创业策划为主，评选出优秀的创业策划予以表彰，同时鼓励和帮助优秀创业策划转化

为创业项目，入驻创业孵化园。优秀创业项目推荐参加各类全国、省市创业大赛。

2. 做好企业入驻指导和入园相关工作　大学生创新创业俱乐部制定了《西南医科大学大学生企业（项目）申请入驻大学生创业孵化园具体流程》规范和指导学生企业入驻孵化园进行创业。同时将对拟入园企业和有创业意愿的优秀项目提供指导和服务，帮助其尽快入园开展创业。积极在校园内挖掘有创业潜质的策划和项目，鼓励和帮助其尽快转化为创业企业入驻创业孵化园。

3. 继续开展好"创业一条街"活动　按照学校大学生创新创业工作"育人为本，协同推进，创新发展"的工作思路和"创业意识培养，创新能力提升，创业实践锻炼"的主要工作方向，为入驻孵化园的学生企业提供创业实践的机会和平台，大学生创新创业俱乐部每隔一周在学校城北校区青年广场开展"创业一条街"活动。

（五）完善教学和学籍制度，保障大学生创新创业教育工作顺利进行

学校制订并出台了《西南医科大学大学生创新学分实施办法》《西南医科大学"大学生创新创业训练计划"管理办法》《泸州医学院大学生创业孵化园管理办法（试行）》《泸州医学院关于鼓励学生到大学生创业园创新创业的暂行规定》《泸州医学院科研成果孵化基金（大学生创业基金）管理办法（试行）》《泸州医学院大学生创业园项目评估管理办法（试行）》《关于成立泸州医学院大学生创新创业俱乐部的通知》《泸州医学院大学生创新创业俱乐部首批导师名单》《泸州医学院大学生创新创业俱乐部章程（试行）》等。为激励和管理大学生创新创业实践活动提供了制度保障。

改革现有教学和学籍管理制度。大力推行学分制教学改革，在人才培养方案中设置合理的创新创业学分，建立健全创新创业学分积累与转换制度，探索将学生开展创新实验、发表论文、获得专利和自主创业等情况折算为创新教育学分，建立学生个人创新创业档案和成绩单，客观记录并量化评价学生开展的创新创业活动情况。实施弹性学制，放宽学生修业年限，允许调整学业进程、保留学籍休学创新创业，创业学生可根据创业需要与高校协商确定休学年限，办理相关休学手续。设立创新创业奖学金，并在现有相关评优评先项目中安排一定比例用于表彰优秀创新创业学生。

（六）整合资源，构建多层次创新创业实践平台

学校高度重视实践教学平台建设，坚持教学与科研、实验教学与理论教学相结合。围绕提高学生创新精神与实践能力的目标，学校出台了多项措施，要求和鼓励全校所有的教学实验室、科研实验室、研究中心等对学生课外科技活动免费开放。鼓励教师，特别是高水平教师吸纳大学生加入科研团队，参加所承担项目的科研工作。学校现有国家级博士后科研工作站1个，省部共建教育部重点实验室1个，四川省重点实验室1个，四川省科技条件平台1个，四川省肿瘤医学国际科技合作基地1个，四川省医学重点实验室2个，四川省高校重点实验室（人文社科基地）5个，国家中医药科研三级实验室1个、二级实验室3个，四川省哲学社会科学重点研究基地1个。医学基础实验中心搭建了6个设备先进的实验教学平台（机能学实验、医学形态学实验、病原免疫实验、化学实验、生化与分子生物学实验、解剖实验），形成了形态学实验中心实验室数字化互动平台，为学生开展创新活动提供了良好的实践教学平台。各院系成立了学生课外学习兴趣小组、吸纳学生科研助手是学校在创新教育方面的又一特色。

（七）以人为本，坚持科技创新活动与科学研究相结合

设立大学生科研资助项目及大学生创新创业训练计划项目。

为深化人才培养机制改革，激发学生的创新意识，提高创新实践能力，培养适应经济和社会发展需要的创新人才，学校于2008年起实施了"大学生科研资助项目"，出台了《泸州医学院大学生科研资助项目管理办法（试行）》（泸医院教[2008]5号）。2013年，又出台《泸州医学院"大学生创新创业训练计划"管理办法（试行）》（泸医院教[2013]27号），为本科生进行科研活动提供经费、条件、时间、空间及激励机制等保障，极大地调动了学生的积极性和主动性。

自实施以来，已批准立项资助校级大学生科研资助项目达近600项，资助经费60万余元，校级大学生创新创业训练计划项目近300项，资助经费近65万元，共计参与学生总人数近2000人。学生通过科研资助项目的研究，在教师的指导下开展文献检索、问卷设计、科学研究、社会调查、论文撰写等方面的工作，科研思维和创新实践能力得到培养，科研能力得到锻炼和提高。

（八）建立"创新创业指导教师"聘任制度，加强教师创新创业能力建设

建立健全兼职教师管理制度，建立优秀创新创业导师人才库。支持教师以对外转让、合作转化、作价入股、自主创业等形式将科技成果产业化，鼓励高校教师带领学生创新创业。明确全体教师的创新创业教育责任，加强教师创新创业教育考核评价，以"西南医科大学教师发展中心"为依托，加强教师创新创业培训，以专业化建设带动创新创业能力建设，健全制度保障，建立"创新创业指导教师"聘任制度，有计划地支持教师到部分单位挂职锻炼，鼓励教师参与社会行业的创新创业实践。积极从社会各界聘请企业家、创业成功人士、专家学者等作为兼职教师，建立一支专兼结合的高素质创新创业教育教师队伍。定期组织教师培训、实训和交流，不断提高教师教学研究与指导学生创新创业实践的水平。

（九）加强信息化建设，改进创业指导服务

加强国家、省各项创新创业优惠扶持政策的宣传和落实工作，扩大政策知晓面，引导大学生熟悉并用好政策，营造创业良好氛围。对自主创业学生实行持续帮扶、全程指导、一站式服务。提供必要条件和支持，建立大学生创业信息化公共服务体系，建立地方、高校两级信息服务平台，为学生实时提供国家政策、市场动向等信息，并做好创业项目对接、知识产权交易等服务，建立省级创新创业信息化公共服务平台，开展网络创新创业指导和服务工作。

积极落实高校学生创业培训政策，研发适合学生特点的创业培训课程，建设网络培训平台。鼓励高校结合年度教学计划，合理安排时间，自主编制覆盖全体学生的创新创业能力专项培训提升计划，或与有条件的教育培训机构、行业协会、群团组织、企业联合开发创业培训项目，通过学校创新创业实践训练、社会专业培训机构专题培训、用人单位现场实践等多种方式，培养大学生创新创业意识、能力和综合素质。各地和具备条件的行业协会要针对区域需求、行业发展，发布创业项目指南，引导高校学生识别创业机会、捕捉创业商机。建好省大学生创新创业活动中心，充分发挥示范、引领和聚集作用，积极为大学生创新创业提供交流、服务和活动的平台。

（十）加大资金投入，积极引导多层次项目深入开展

在资金投入方面，学校将每年投入数十万元用于大学生创新创业活动，鼓励学生参加创新

研究、创新训练、学科竞赛、科技竞赛、学术讲座等。为贯彻落实省政府办公厅《关于加大力度促进高校毕业生就业创业的意见》（川办发[2014]26号）文件精神，进一步做好高校在校大学生及毕业生创业促进工作，学校将于每年3月和9月组织开展创新创业学生统一申报四川省大学生创业活动。通过多渠道筹资，优化支出结构，统筹安排经费支持创新创业教育，资助学生创新创业项目，对于通过国家和省级"创新创业计划"项目资助进行研究后又得到其他科研经费支持的项目，学校将按照科研项目政策进行管理。"大学生创新创业训练计划"项目成果的转让费，将比照学校科研成果转让奖励办法予以奖励。

六、长沙医学院

长沙医学院为全面推进就业创业工作"一把手"工程建设，不断增强学生的创新意识、创新思维、创业能力，加强大学生创新创业工作，培养创新创业型人才，制定了《关于进一步加强大学生创新创业工作的实施意见》。

（一）健全创新创业教育课程体系

在课程建设方面，学校主要开设以"必修+选修"的创新创业课程体系。必修课程主要开设《大学生职业生涯规划与就业指导》（36学时）、《大学生创新创业基础教程》（32学时）、《大学生职业生涯规划》（36学时）等课程。选修课程主要开设《职业发展和就业指导》（32学时）和《创新创业教育》（32学时），同时为满足学生个性化的创业学习需求，学校还可利用拓展课程模块中的选修课程开设创新创业类、实用服务类、企业管理类、社会实践类等多门课程，主要可采取线上线下相结合的方式面向学生授课。

（二）改革创新创业教学方法和考核方式

在改革创新创业教学方法和考核方式上，一是将专业特点与创新教育相结合，在专业教学中积极探索具有专业特色、适应创新创业教育的培养模式、教学方法。二是创新教育教学改革方式，学校坚持以提高教学教育质量、提升学生创新创业竞争力为目标，深入开展教育教学改革，将创新创业能力培养与专业素养、就业竞争力提升相融合。三是在教学方法上广泛运用启发式、讨论式教学方法与研究性学习方法。四是改革考核内容和方式，部分课程探索实施非标准答案考试，注重考查学生运用知识分析、解决问题的能力。

（三）改革创新创业教学和学籍管理制度

1. **设置创新创业学分** 教务处要设置科学合理的创新创业学分，鼓励学生参与创新创业训练、各类创新创业大赛，吸引大学生参与教师的科研工作，激发学生创新创业热情。

2. **设立创新创业奖学金** 拟设立大学生创新创业奖学金，用于奖励扶持在各类创新创业竞赛、研究性学习和创新性实验计划项目及大学生创业基地中遴选出优秀项目。

3. **政策鼓励大学生参与创新创业大赛** 对在创新创业大赛中取得佳绩、有突出创新科研成果等创新创业典型学生代表在各类评优评先中给予加分政策。

（四）创新实践教学

在实践教学中，在综合性、设计性实验的基础上，开设创新创业性实验项目。校内所有基础实验室、实训基地，在完成正常教学、科研任务的前提下，对学生全面开放，鼓励学生利用第二课堂和业余时间从事创新创业实践，支持和鼓励学生积极开展发明创造等科技创新活动与科研课题研究。

（五）创新创业师资建设

首先，学校应采取内外联动、专兼职相结合的方法，以校内教师为主，校外专家、企业家、知名学者和优秀校友为辅，打造一支结构合理、团结向上、开拓进取的30人的"创新创业教师团队"。其中"创新创业教师团队"成员主要应包括专职教师15人，兼职教师9人，外聘教师6人。其次，学校还应不定期的邀请国内知名专家、学者、企业家、投资人和创业成功的知名校友为"大学生创新创业孵化基地"的项目团队开展专业培训、技术指导和专题讲座。

（六）创新创业场地建设

学校拟建创新创业孵化基地占地3000平方米，其中集中部分场地为1562.54平方米，其中主要包括团队工作室，会议室、洽谈室、路演厅、展示厅等功能场地。另外再建1.3万平方米的临床技能实验示范中心，拥有先进的仪器设备，可供大学生在创新创业实际中具体操作和使用。

（七）创新创业经费建设

1. 学校拟每年划拨创新创业专项基金115万元，用于大学生创新创业孵化基地的统一建设。
2. 学校拟成立校级大学生创新创业奖学金，用于奖励扶持在各类创新创业竞赛、研究性学习和创新性实验计划中遴选出来的优秀项目。
3. 学校拟设立100万元的"大学生创新创业孵化基金"，用于大学生创新创业课题立项、创新创业实践课程开发、创新创业竞赛和创新创业模拟与实践等活动的开展。
4. 学校积极争取政府、企业和社会各界创新创业扶持资金，为大学生创新创业提供有效的资金保障。

（八）创新创业功能建设

在创新创业功能体系建设上，学校应采取的主要措施包括：①学校应无偿为学生项目团队提供信息服务、创业辅导、人员培训市场营销、投融资服务、管理咨询、项目论证和法律论证等"一站式"服务。②学校应定期举办创新创业项目展示、创新创业沙龙、创新创业项目路演等活动来促进创业投资、风险投资等社会资本与创业项目对接。③学校应及时帮助学生开展创新创业项目对接、知识产权交易、项目成果转化和项目产业化等服务。④学校应利用"互联网+"、电子商务、QQ平台、微信平台、大数据分析等现代信息技术，构建大学生创新创业孵化基地平台。同时还应建立创新创业信息网、手机客户端等，应派专人负责学校网络平台创新创业内容的及时更新，发布最新创新创业政策及交流资讯。

（九）实施大学生创业引领计划

积极资助学生创新创业活动，每年设立一定数量的创新创业班（组），组织开展一批创新创业能力提升项目，设立若干项创新创业课题项目（活动），确保更多学生接受创新创业实践锻炼。扶持打造重点创新创业项目（活动），积极参加大学生创新创业项目（活动）竞赛。设立大学生创新创业活动周，定期举办大学生创新创业活动交流和成果展示，营造良好的学生创新创业氛围。同时，不断创新大学生科技文化艺术节、大学生社团文化节等活动，进一步强化学生的创新创业实践训练。

（十）保障机制

1. **加强组织领导** 为加强大学生创新创业工作的统一领导，学校成立由校长任组长，分管学生、教学、科研的校领导任副组长，教务处、学生处、校团委、宣传统战部、科研处、财务处、资产处、基建处、后勤处及各院（系）负责人为成员的大学生创新创业工作领导小组，定期研究部署创新创业工作，审定工作制度，统筹教育资源，决定重大事项。领导小组下设创新创业指导服务中心，挂靠学生处或教务处。

2. **成立创新创业指导服务中心** 创新创业指导服务中心作为组织和管理学校大学生创新创业工作的重要平台，面向全体在校学生，主要负责创新创业活动指导和承担创新创业实践训练。充分利用第二课堂和第三课堂，注重探究式、分享式、启发式、模拟式和体验式的教学活动，重在激发学生主动性，启迪他们的创造性思维。

3. **完善创新创业工作制度** 出台和完善《长沙医学院大学生创新创业基地管理办法（试行）》《长沙医学院大学生创新创业基地工作管理制度（试行）》《长沙医学院创新创业教育改革实施方案（试行）》《长沙医学院大学生科技创新管理办法》等一系列创新创业管理办法和制度，确保学校大学生创新创业各项工作的正常、有序和高效开展。

4. **营造大学生创新创业文化氛围** 组织从事创新创业教育的导师带领学生建立研究团队，及时对创新创业工作的关键问题、前沿问题、热点和难点问题进行研究，鼓励学生参与申报各类各级创新创业课题。搭建创新创业活动学生交流平台，支持参与创新创业的优秀学生参加校内外学术活动，为学生创新创业工作提供经验交流、成果展示、共享资源的机会。积极邀请社会知名企业家、创业成功人士、专家学者，来校举办辅导讲座、事迹报告等课外创新创业教育活动，开阔学生的视野，完善学生的知识结构，进一步推进大学生创新创业工作。通过报刊、广播、电视、网络等媒体，积极宣传创新创业教育的新举措和创新创业工作的新成效，积极营造浓厚的大学生创新创业文化氛围。

（十一）创新创业工作任务及要求

1. **创新创业项目设置** 在创新创业项目设置上，学校要组织相关专家、学者、优秀企业家代表、创新创业导师和优秀大学生创新创业代表进行座谈和商讨，并对可选取的创新创业项目进行科学合理论证。①创新创业项目要符合国家建设发展和科技创新的要求。②创新创业项目要符合学校医学类院校的办学特色。③创新创业项目主要应包括个体类项目、服务类项目和科技类项目等几个大类。④创新创业项目还要符合市场发展需求，具有市场发展前景（具体参考项目：医学类创新创业项目、"互联网+"创新创业项目、电子类创新创业项目等）。

2. **创新创业项目指导要求** 全体教师应高度重视大学生创新创业工作。在创新创业项目指导上要求全校教职工参与，要做到每一位教职工至少指导学生完成一项创新创业项目。校领导每人至少完成3项大学生创新创业项目指导，处级领导（含副处级）和各院（系）院长、主任和书记（含副院长、副主任和副书记）每人至少完成2项大学生创新创业项目指导。学生人数在500人以下的院（系）至少完成3项创新创业立项项目，学生人数在500人以上的院（系）

至少完成10项创新创业立项项目，学生人数在1000人以上的院（系）至少完成20项以上的创新创业立项项目，各行政处室至少完成2项创新创业立项项目。

七、齐齐哈尔医学院

为贯彻落实国家"大众创业、万众创新"方针与政策，齐齐哈尔医学院制定了《鼓励和支持大学生创新创业办法实施细则》。细则适用于齐齐哈尔医学院全日制普通本科在校生和毕业五年内的毕业生。分别通过学籍管理、学分认定、课程构建与师资培训、实践活动训练与支持、奖励办法、运行保障等方面做出相关政策规定。

（一）学籍管理

1. 学生在校期间，可随时休学创业，学生一次休学期限为一年。本科学生在校期间原则上休学累计不得超过3次，专升本学生休学不得超过一次；经学院创新创业服务办公室组织专家评估需延长休学创业期限的，不得超过8次。

2. 在院级以上（不含院级）创新创业竞赛中取得名次的学生，根据其创业计划作品，依据《齐齐哈尔医学院学籍异动实施细则》可申请转入药学、药物制剂、临床药学、中药学、应用心理学、社会工作、生物医学工程、公共事业管理等有创业空间的相关专业（以上专业之间不允许相互调整）。

（二）学分认定

1. 将创新创业类课程纳入培养方案，并按照16学时为1学分的标准制定学分。参照课外实践环节的学分设置对创新创业各种竞赛和实践给予相应的学分认定，创新创业各种竞赛和实践获得学分可认定为课外实践环节学分。

2. 在各类大学生创新创业竞赛中获奖学分，其中国家级竞赛获奖获得2学分，省级竞赛获奖获得1学分，院级竞赛获奖获得0.5学分。

3. 参加黑龙江省大学生创新创业训练计划项目并结题验收的学分奖励，验收成绩为"优"，项目组所有成员可获得3学分；验收成绩为"良"，项目组所有成员可获得2学分；验收成绩为"中"，项目组所有成员可获得1.5学分；验收成绩为"合格"，项目组所有成员可获得1学分。

4. 参加学院教学计划外的各类实验项目研究并取得一定研究成果的学生，提交实验报告，并得到指导教师推荐，经"齐齐哈尔医学院大学生创新创业训练计划项目评审组"专家认定，获得1学分。

5. 取得具有一定创新价值、实用价值的制作或设计成果的学生，由学院两名（含两名）以上专家（副教授以上）签字推荐，经"学校大学生创新创业训练计划项目评审组"专家认定，可获得1学分。取得国家发明专利可获得3学分。

6. 学生以齐齐哈尔医学院为署名单位、以第一作者身份在省级刊物上发表创新创业论文，可获得1学分；国家级刊物上发表创新创业论文可获得2学分；在中文核心以上刊物上发表创新创业论文可获得3学分。

7. 参加各种创新创业外文资料、书籍等编译并以齐齐哈尔医学院为署名单位公开发表或出版的，可获得3学分。

8. 参加学院或所在二级学院举办的"学思行"创业大讲堂、"创客周"等各类学术报告，累计 8 次，选 2 次写心得体会，获得 0.5 学分。

9. 在学院登记注册并参加一个学期创新创业实践的学生可获得 1 学分；利用假期等课余时间到企业进行创新创业实践累计 2 周以上的学生，提交企业出具的证明材料，可获得 1 学分；经学院创新创业服务办公室组织专家评估保留学籍休学创业的学生，可获得 4 学分。

10. 不在上述范围内的其他创造、创新、创业学习与实践成果，经大学生创新创业训练计划项目评审组专家审核认定后，可参照上述标准获得相应学分。

（三）课程构建与师资培训

1. 开设《创业基础》课程，围绕启发意愿、提升能力和创造条件 3 个关键环节搭建创新创业课程框架。《创业基础》课程设定为 18 学时，其中药学类专业、应用心理学专业、社会工作专业、生物医学工程专业、公共事业管理专业为公共必修课，其他专业为公共选修课。

2. 开设三门任选课程，分别是《创新思维训练》《创业精神与实践》和《创业管理实战》。通过课程调整和与职业生涯规划教研室的配合，构建《职业生涯规划》《创业课程》和《就业指导》一贯式课程体系。

3. 成立创新创业教研室。该教研室隶属于就业处，同时配备专职教师 2 名，兼职教师 5 名。每年选派 2~3 名教师参加国家和省市组织的教学技能培训；学校每年组织一次全体创新创业任课教师和指导教师专项培训；将《创业基础》课程列入教学督导团的督导计划，定期进行督导。

4. 推进以"学生为中心"的参与式教学方法改革，提倡将游戏法、角色扮演法、头脑风暴法等 SIYB 的教学方法融入创新创业课堂教学中。培养学生发现问题和解决问题的能力，并在传授专业知识的过程中强化创新思维和创业意识。

（四）实践活动训练与支持

1. 组织每年大学生创新创业训练计划项目申报和运行工作，将其作为引领学生认识创新、参与创新、最终敢于创业的突破口。该项目的申报、中期检查、结题验收和经费使用均须按照《齐齐哈尔医学院大学生创新创业训练计划项目管理办法》严格执行。

2. 组织开展大学生课外科研课题结题以及立项评审工作，每年设立专项基金 20 万元，鼓励学生在教师的指导下立项并进行科研活动，并且依托科研成果申报专利、发表文章。

3. 提供科研平台，培养和锻炼学生的动手能力。利用学院 13 个科研平台，支持学生从事科学研究活动，在仪器使用、药品试剂、技术指导等方面给予帮助。

4. 每年举办一次"互联网+"大学生创新创业大赛，打造"互联网+"创新创业大赛品牌。制定《齐齐哈尔医学院大学生"开拓杯"科技创新竞赛活动方案》，在校内隔年交替组织开展大学生课外学术科技作品竞赛及创业计划大赛，使之与省级、国家级大赛接轨。

5. 学院将每年 9 月第 3 周设为"齐齐哈尔医学院创客周"，大力开展第二课堂活动，启动"学思行"创业大讲堂，邀请省内外知名企业家和优秀毕业生来校开讲。

6. 整合校内有限空间资源，为学生开辟创业园区，鼓励学生创业实践。依托药学院已有的创业园，引导其他二级学院积极参与，逐步建立功能更加完善的大学生创新创业园。

7. 对在各类创新实验、创新创业大赛中得到启发，有意愿成立个体工商户或公司的学生，学院积极支持和帮助学生项目落地。创新创业服务办公室承担咨询服务、协助办理工商执照等相关工作，帮助学生开启创业之门。

8. 鼓励和支持学生利用假期等课余时间到企业进行创新创业实践。学生参与企业的项目研发、技术创新、产品生产、成果转化、经营管理等创新创业实践并获得较大成绩，可获得学院相应学分认定。

（五）奖励办法

1. 设立大学生创新创业奖学金，每年按照《齐齐哈尔医学院普通本科学生奖学金评定办法》执行。

2. 在学院组织的各类创新创业比赛中，对积极参与的单位和获奖学生将发放奖品、奖牌和荣誉证书。其中入围省级比赛并获奖的，荣获三等奖的创业团队，发放奖金500元；荣获二等奖的创业团队，发放奖金1000元；荣获一等奖的创业团队，发放奖金2000元。入围国家级比赛并获奖的，荣获三等奖的创业团队，发放奖金2000元；荣获二等奖的创业团队，发放奖金3000元；荣获一等奖的创业团队，发放奖金5000元。参加省级、国家级比赛的学生创业团队中的指导教师团队将根据以上相应获奖奖项发放相同奖金。

（六）运行保障

1. 完善和制定《齐齐哈尔医学院学籍管理规定》《齐齐哈尔医学院大学生创新创业训练计划项目管理办法》《齐齐哈尔医学院普通本科学生奖学金评定办法》《齐齐哈尔医学院大学生科技创新协会管理办法》《齐齐哈尔医学院学生社团管理办法》等相关规章制度，为大学生创新创业提供制度保障。

2. 学院每年从教学经费中安排一定比例的经费，作为创新创业教育运行专项经费，为大学生创新创业提供经费保障。

3. 成立创新创业服务办公室，设专职人员负责创新创业管理和日常行政工作，提供一站式服务，为大学生创新创业提供人力保障。

八、川北医学院

我校积极主动响应国家号召，高度重视大学生创新创业工作，现已将创新创业纳入人才培养体系，加强学生创新精神及创业能力的培养，积极探索大学生创新创业教育的有效举措。现已形成了校领导牵头，教务处、招生就业处、学生处、科技处、校团委等相关部门共同参与实施创新创业工作的格局。

2015年10月，我校制定了《川北医学院创新创业教育改革方案》，明确创新创业教育目标要求，完善创新创业教育课程体系，建立健全课堂教学、实践教学、自主学习、指导帮扶、文化引领等多位一体的创新创业教育体系，力争把川北医学院建设成为区域性创新创业人才培养基地。

《方案》概括为以下几个方面。

（一）更新创新创业教育理念

1. 充分认识创新创业教育的重要性、必要性和紧迫性，科学把握创新创业教育与学科教育、素质教育、就业教育的内在联系。

2. 广泛开展多种形式、全员参与的创新创业教育专题学习和研讨活动，努力转变教师队伍对创新精神和创业意识的理解认识，积极倡导"全员参与"的创新创业文化氛围，转变教学管理、教学理念和教学方法等，不断提高管理者和教师指导学生创新创业教育实践的水平，在全体人员中牢固树立正确的创新创业教育思想观念和"面向全体、人人参与"的改革意识，把深化高校创新创业教育改革作为学校教育工作的重中之重，大力推进创新创业教育与专业教育的深度融合，切实将创新创业教育贯穿人才培养全过程。

（二）完善人才培养质量标准

根据国家《本科医学教育标准——临床医学专业》《本科医学教育标准——护理学专业》《本科医学教育标准——口腔医学专业》及其他各专业国家教学标准，融合相关部门和行业的专业人才评价标准，立足学校办学定位、服务面向，进一步明确创新创业教育的目标要求，制订学校总体人才培养标准和各专业教学质量标准，修订人才培养方案，突出大学生创新精神、创业意识和创新创业能力培养。

（三）创新人才培养机制

1. 建立学科专业预警、退出管理办法，探索建立需求导向的学科专业结构和创业就业导向的人才培养类型结构调整新机制。
2. 深入实施卓越医师教育试点班项目、农村订单定向生培养计划等教学改革项目，落实中外合作办学项目，进一步强化创新创业教育。
3. 探索建立跨学院、跨学科、跨专业交叉培养创新创业人才的新机制，促进人才培养由学科专业单一型向多学科融合型转变。推进学校双学位教育工作。

（四）健全创新创业教育课程建设

根据人才培养定位和创新创业教育目标要求，促进专业教育与创新创业教育有机融合。按照"面向全体、突出重点、分类推进"原则，调整优化课程设置，扩充优质教育资源，继续开好医学科研方法、医学统计学、医学论文写作等课程，鼓励教师开展学科前沿、创业基础、就业创新指导等方面的讲座；鼓励教师开设面向全体学生的通识性创新创业公共课程，纳入学分管理，着重培养学生创新创业意识，激发学生创新创业动力；开设具有行业特点、与创新创业和就业密切相关的专业课程，着重提升学生创业知识和专业技术技能；开设提升学生综合实践能力的各类创新课程和实践活动课程，着重培养学生创新创业实际运用能力。建设依次递进、有机衔接、科学合理的创新创业教育课程体系，将创新创业教育融入人才培养全过程。

充分发挥第一课堂主渠道的作用，鼓励教师和教学团队进行教学改革，在传统课堂中融进有利于创新创业素质能力培养的一切有利因素。

充分运用线上和线下资源，举办形式多样、内容丰富的讲座、报告、交流、参观等各种有针对性的培训，为学生扩大视野、提升创新创业动力和能力。

以学生为主体，积极开展 PBL、CBL 教学，注重培养学生的批判性和创造性思维，鼓励教师把学术前沿发展、最新研究成果和创新实践经验融入课堂教学，激发学生创新创业灵感。

（五）改革教学方法和评价方式

1. 完善本科教学质量年度报告制度和大学生就业质量报告制度，依据创新创业教育人才培养校本标准，在现有培养质量年度报告制度基础上，建立创新创业教育培养基本状态数据库，以数据分析为基础，完善创新创业人才培养质量的年度报告制度，及时研究、分析和解决创新创业人才的供需情况、培养状态、就业情况等，为调整专业设置、课程设置，开展改革提供支撑。

2. 建立培养质量的第三方评价制度，完善校、院、专业三级本科教学工作责任制度、自我评估模式和质量监控体系；积极参与国家和具有公信力的社会机构组织的相关评估工作。

3. 深入改革考试考核内容和方法，推进形成性评价在学生学业评定中的应用。注重考查学生运用知识分析、解决问题的能力，努力实现考核结果与学生能力相匹配。

（六）强化创新创业实践

实践性是创新创业教育的基本特点。创新创业教育教学过程应以实践活动为载体，学校将创新创业教育与实验教学、实习见习、毕业设计及多种形式的创新创业大赛等第二课堂活动相结合。同时，积极发挥校外创新创业实践平台和基地连接学校与社会的桥梁纽带作用。

1. 加强学生实践教学体系建设。系统设计和安排学生课程实验、临床见习、毕业实习、第二课堂等实践教学活动，完善的实践教学体系；做实做强开放性实验项目，推进实验室开放，加强综合性实践活动建设，打造专业品牌实践活动；推进综合设计型、研究创新型实验项目建设，提升实验课程教学质量。

2. 加强毕业论文（设计）过程管理和质量保障，严把学生毕业论文（设计）质量关；支持学生广泛开展社会调查、志愿服务、公益活动、科技发明、勤工助学和挂职锻炼等社会实践活动；完善学生第二课堂学分，形成研究型课堂学习、创新性自主探究、服务性基层实践的教学合力，加强学生实践能力培养。

3. 继续开展大学生创新创业训练计划，支持学生开展创新训练和创新实践活动，重点开展大学生创新创业重点难题、问题研究和实例教学。

4. 开展校内创新创业大赛，积极参加国家和四川省大学生创新创业大赛，重点开展"创青春"大学生创业大赛、"挑战杯"大学生课外学术科技作品竞赛等。积极开展各种技能大赛。

5. 建立川北医学院大学生创新教育与实训基地，完善创新创业俱乐部，营造校园创新创业的良好环境。

6. 加强专业实验室、虚拟仿真实验室、创业实验室和训练中心建设，促进各类资源共享。加强各类校外实践教学基地建设。加强学校实践临床实践教学基地建设，开展临床教学基地评估，淘汰不合格基地，推进四川省临床技能综合培训中心（达州中心医院、华美牙科集团）和四川省理科实践教育基地（四川省宝岛光学有限公司）建设。

（七）改革教学和学籍管理制度

1. 设置创新创业奖励学分，探索建立创新创业学分积累与转换制度，将学生开展创新实验、发表论文、获得专利和自主创业等情况折算为学分，可转换为"创新创业选修课学分""素质拓展课程学分""文化素质教育选修课学分"或专业选修课学分。

2. 探索个性化培养教学管理制度，推行休学创新创业，建立创新创业学分积累与转换制度，改革学生学业考核评价办法。

3. 实施弹性学制，放宽学生修业年限，允许调整学业进程、保留学籍休学创新创业。

(八)加强教师创新创业教育教学能力建设

明确全体教师的创新创业教育责任,将创新创业教育融入教师教育教学全过程,加强对教师创新创业教育的考核评价,将创新创业教育业绩纳入教师专业技术职务评聘和绩效考核内容。加强对专职教师的培养培训,切实提升专业化水平。建立健全兼职教师管理制度,聘请知名科学家、创业成功者、企业家、风险投资人等各行各业优秀人才,担任专业课、创新创业课授课或指导教师,建立优秀创新创业导师人才库。支持符合条件的兼职教师申报高校特色岗位教师职称。加强教师创新创业教育培养培训,将提高高校教师创新创业教育的意识和能力作为岗前培训、课程轮训、骨干研修的重要内容。有计划地分批遴选创新创业工作相关干部教师参加创新创业培训课程学习。通过选送外出或邀请创新创业教育专家进校开设创新创业教育师资培训班,对负责创新创业教育的党政干部、辅导员和指导教师进行创新创业教育方面的业务培训,不断提升创新创业教育师资队伍的专业素质和业务能力。

(九)改进学生创业指导服务

加强国家、省各项创新创业优惠扶持政策的宣传和落实工作,扩大政策知晓面,引导大学生熟悉并用好政策,营造创业良好氛围。

积极创造条件开设学生创业指导课程。面向大一学生开设"创业理论"、"大学生职业生涯规划与发展"等重点在增强创新创业意识的通识教育选修课;面向大二、大三学生开设"创新创业指导系列讲座""创业成功学""人际交往与沟通技巧"等培养学生创新创业兴趣与素质能力的通识教育选修课和系列实训课;面向大三、大四学生开设"创新创业实践""就业指导"等重点在培养学生创新创业能力和创业魄力的创新创业通识教育必修课和系列实训课程。

积极落实学校学生创业培训政策。通过学校创新创业实践训练、社会专业培训机构专题培训、用人单位现场实践等多种方式,培养大学生创新创业意识、能力和综合素质。建好川北医学院大学生创新创业俱乐部,充分发挥示范、引领和聚集作用,积极为大学生创新创业提供交流、服务和活动的平台。

(十)加大资金支持

设立川北医学院学生科研训练计划基金和川北医学院大学生创业基金等,给大学生提供科研训练机会,对大学生创业团队进行帮扶,使大学生尽早进入科研、实践、创业、创新等领域。鼓励社会组织、公益团体、企事业单位和个人以设立创业风险基金等多种形式为自主创业大学生提供资金支持。

(十一)健全创新创业教育改革运行管理机制

成立"川北医学院创新创业教育工作领导小组",由校长担任组长,分管校领导(教学、科研、团委、学工、毕业生就业指导)担任副组长,教务处、计财处、国资管理处、研究生处、科研处、校团委、学生工作处、学生就业处等主要部门负责人为成员,负责全面指导创新创业教育的建设工作。制定配套政策、研究解决有关问题;同时,完善创新创业教育体系校内管理办法,建立创新创业教育问题诊断发现和解决机制,不断推进创新创业教育工作的深入推进。领导小组下设办公室,挂靠教务处,负责相关日常事务。

各二级院系成立创新创业教育工作小组,为本院系学生提供创业项目咨询、策划、指导,开展创业活动跟踪服务。

（十二）建立创新创业教育激励机制

1. 完善创新创业奖励制度　将学生创新创业教育绩效纳入各学院、各单位考核指标体系，加强创新创业教育效果评估。对在创新创业教育中表现突出的教师和学生予以奖励，发挥优秀典型的示范引领工作，营造良好氛围。

2. 完善教师参与创新创业教育工作的激励机制　鼓励教师指导学生开发新产品、举办创新创业报告会、指导扶持大学生创业实践等活动。鼓励教师兼职担任创新创业教育指导教师，并给予相应待遇。

3. 争取各级政府有关创新创业的优惠政策　充分利用创新创业教育的现有资源，积极申报其他科研项目，争取更多的经费支持；与地方有关单位开展紧密合作，积极推进学校创新创业教育的成果转化和社会资源配置的有机结合，对学校创新创业教育工作提供有力的政策与外部支持，并逐步形成学校与地方互动的创新创业人才培养体系。

（十三）加强宣传引导

充分利用报刊、广播、电视、网络等媒体，积极探索使用学校官方微博、微信等新媒体，大力宣传加强创新创业教育的必要性、紧迫性、重要性，使创新创业成为管理者办学、教师教学、学生求学的理性认知与行动自觉。及时总结推广经验，树立学生创新创业成功的典型，丰富宣传形式，培育创客文化，努力营造敢为人先、敢冒风险、宽容失败的良好社会氛围和学生创新创业的良好生态环境。

此外，学校经过探索与实践，学校划拨专项经费和场地建设，大力打造和建设我校学生创新创业俱乐部，并成立了以"创业政策的宣传窗口，创业能力的培训基地，创业项目的实践平台"为理念的创新创业中心。并积极与地方政府联系，大力加强校地合作，共同开展学生创新创业工作，建设了"南充市大学生创业孵化基地"，大力鼓励和支持青年学生创新创业，为青年学生搭建创新创业教育与实践平台。

近年来，我校学生掀起了一片创新创业的热潮，2012～2016年，学生共申报研究项目近2000项，近1000项获得立项，共有549项结题，公开发表学术论文396篇；20余个创业实践项目成功入驻孵化创业园区落地孵化，并通过园区内的"工商和质监局创业园服务站"实现工商注册登记。自2005～2016年，学生参加"挑战杯"中国大学生课外科技学术作品竞赛和创业计划竞赛以来，获得全国奖项13项，省级奖项103项，省级优秀组织奖1项。其中，2016年学生参加"创青春"大学生创新创业竞赛和第二届"互联网+"大学生创新创业大赛取得了骄人的成绩，"创青春"大学生创新创业竞赛获得省级金奖1项，银奖2项，铜奖15项。2016年参加第二届"互联网+"大学生创新创业大赛获得全国铜奖2项，四川省金奖2项、铜奖2项、银奖2项，在省内医学院校中名列前茅。

本章小结

本章立足于我国当代大学生思维与角度，分别从国家级、省市级和高校3个不同的层次和方向来介绍我国大学生创新创业鼓励政策，国家级包括国务院印发的创新创业鼓励政策，省市级包括北京市、上海市、四川省的创新创业鼓励政策，高校包括北京大学、清华大学、四川大学、西南医科大学、长沙医学院、齐齐哈尔医学院、川北医学院7所高校结合自身学校发展制定的创新创业鼓励政策。本章组织结构紧密，层次清晰，针对当代大学生，特别是当代医学院校学生在创新创业认识上，有一定的帮助与借鉴。因创新创业发展程度不同，国家相应鼓励政策会不同程度进行调整，故本章我国鼓励政策仅作为了解和参考，最新鼓励政策请关注国家、省市、高校等官方平台。

本章习题

1. 请列举国家对于大学生创新创业的优惠政策。
2. 请说出你所在的省、市、学校对大学生创新创业提供的优惠政策。
3. 请将医学生创新创业优惠政策运用到创新创业案例中。

【拓展阅读】
（一）一个成功人士的创业故事：刘强东

在《年轻就是要活出你自己：刘强东的商业新逻辑》一书里，刘强东自述他大学室友的爱情伤痛史，如何刺激了他，令他走上后来的创业之路，从而改变自己命运的。以下是节选书中刘强东自述创业史和创业传记。

第一次创业亏 20 万，一度对人性产生怀疑

因为在上学期间看到了社会上的许多不平之事，也读了一些报纸杂志，所以我早早就对一些事情有了自己的思考。还在上初中的时候，我就发誓"上大学我只会带一笔学费，一定要自己养活自己，绝对不再跟父母要钱"。

我的事业起点应该是从我背着蚊帐、被子、脸盆，到中国人民大学上大学的时候就开始了。我一个人坐上火车，把所有的东西都背到了学校，当时身上还有家里所有的亲戚朋友凑的 500 元钱。为了实现我再也不向父母要钱的誓言，大一我就开始做家教、抄信封，那时候抄一个信封 2 分钱到 5 分钱。晚上 10 点宿舍熄灯，但走廊的灯会亮着，有时候我就坐在走廊边或者厕所门口抄信封。最多的时候，一个周末抄过四万多个信封，一下就赚了几百元钱。这期间发生了一件事。同宿舍年龄最大的一个同学，喜欢上了一个外语系的女孩，终于有一天，他把那个女孩约出去，到人大东门的小花园里走了一圈。回来之后，那个同学就一直抽烟，抽到第二天 6 点。第二天早上，我们问"老大你怎么了？"他说"没戏了，那女孩一听我是社会学系的，就说你们工作实在太难找了，嫁给你们，什么时候才能在北京买到房子啊？"从此再也不理他了，连见面的机会都不给，拒绝和他谈话。

我们一想，这下惨了，读了社会系，连女朋友都找不到了，找媳妇都困难了。所以一定要学一样别的技术。后来我想，什么技术能吸引女孩子喜欢呢？一定是最高深的技术，于是决定学计算机。我买了很多编程的书，课余时间学习编程。大三的时候还推销过图书，什么《新财务手册》《中国百物》《世界名著一百篇》等，总之做这些还是很幸运的，没有再跟家里要一分钱。

之前说过，我本来想从政的，为什么又要去创业呢？那是大二的时候，我的预备党员因种种原因没当上，让我对从政这条路不再热心。我觉得以我这种较真的性格，真去了政府，是没有能力去保护好一个县的，既然不能够从政，那就去创业。

到了大三下学期，我利用休息的 15 天时间，去沈阳帮一家公司编程。没日没夜地工作，几乎每天只睡几小时，一日三顿吃快餐，大年三十的晚上，终于和几个同事出去喝了一顿酒。那时候的程序员特别值钱，我非常辛苦地写了很多的程序，收入还不错。

大四的时候，课程很少，我开始创业，开了一家餐厅。因为没有太多时间管理，每周我就去一次，我给员工改善了伙食和住宿条件，提高了工资待遇。我觉得对员工这么好，他们一定能帮我把餐厅做得更好。之前的老板经营的时候，餐厅的生意非常好，天天晚上排队。结果过了两个月之后，就不对了，大厨和前台、买菜的都变着法儿贪钱，餐厅变成了一个只进不出的无底洞。最后，我向小姨借了两三万元钱，结清了所有的账，再也没回那个餐厅。那是我第一次创业，亏了近20万元，有借小姨家里的钱，还有我爸妈攒了一辈子的钱。我第一次创业失败了，之后，我开始对人性产生了怀疑。我不认为自己有错，我认为自己一点错都没有，我对员工这么好，为什么他们这样对待我呢？他们也是从农村出来的，为什么要骗我的钱呢？想了很长时间。

然后，我去了一家日本企业，开始管理公司的信息系统。日本人那一套管理系统非常清晰，怎么前后一一对应，怎么保证数量精准，都给了我很大的触动。在日本人眼里，正确就是正确，错误就是错误，不像我们中国人说的有什么误差，误差就是错误。

我在那家日企陆续做过信息、库房、销售岗位，把管理核心摸得很熟之后，我才知道，我第一次创业失败，全是我的错。因为我没有对员工进行任何管理，没有系统流程，防范漏洞。第一次创业失败的原因我找到了，我一定要再去创业，要证明自己有能力做成一番事业，不能抱着遗憾老去。还有就是，因为受到齐老师等人对我的培养，我一直坚定一个信念，做一家不违法、没有贪污的企业，去承担我们的社会责任。所以，我就离开了日本公司，建立了自己的公司。

所有的青春都倾注在这家公司上，我不愿意它走上邪路

从1998年走到今天，创业15年。2004年1月1日正式做电子商务，到2013年是第10年。每年我都把工资的2/3捐出去，虽然公司一直在亏损，但我们坚持每年捐出一笔钱来，保证1000多个大学生的学业。我们还在其他慈善项目上捐款。2008年"5·12"汶川大地震的时候，我也带着员工到四川战斗了14天，这都不算什么，我们没有宣传过，我不觉得这算得上公司的社会责任。这应该是我们最基本的义务，那么什么才是我们京东的社会责任？我认为：我们一定要做合法的企业。

从1998年创业，我们在中关村开一家小店卖光盘、卖刻录机开始，我们就不卖假货，就开正规发票。如果卖假的光盘、碟片，我们可能赚10倍的利润，但我们从没有这样做过。也因为如此，2003年"非典"期间我们将店转移到网上时，有版主帮我们说话。

"非典"期间，我把所有的店都关了，急得跟热锅上的蚂蚁一样。后来我们想试试网上销售，那时候没有货到付款，都是通过邮局汇款。所以很多人并不放心这种交易方式。我们不停地到各个论坛上发帖，在一家专业测评网站上发帖时，总版主回帖说，京东多媒体是我三年来认识的，中关村唯一一家不卖假碟片的公司。这样，才有人开始买我们的商品，这都是我们过去5年诚信积累的结果。

现在，我们退到仓库的货物有几个亿，这些货物很多是拆了封但从没用过的。但我们规定，只要拆过封，绝对不允许二次销售。传统的连锁店里，不会有人把这些商品当成二手货处理，而京东从来不这样做。京东也从不逃税。如果我睁一只眼闭一只眼，京东一年的利润会有很多。但是我一直有一个梦想，就是希望一切都在遵守法律的情况下，做成功一家公司，这才是我创业的目的。我不希望京东失败，我一定要公司的行为都符合国家的法律规定。所以我不能容忍内部人的贪污腐败，在这方面，我有绝对的洁癖，我也不能容忍京东人贪污公司一分钱。

所以，什么是社会责任？让企业合法的、干干净净的成功，就是社会责任。我管不了这个社会，但是我一定要管好这一家公司。我希望这个社会上，这样干净的公司越来越多。如果这家公司有任何违法犯罪行为,不管赚多少钱,对我来讲,都不会有成就感。我把所有的青春倾注在这家公司上,我不愿意它走上邪路。

我花了这么多时间、精力在管培生身上,不仅希望培养出京东的优秀人才,让我们取得更大的成功。还希望他们把我的价值观带到他们的生活中去,教育好他们的子女,教育好他们未来的下属、员工、部门或一家公司。这就是我们的社会责任。我们目前有2万名配送的兄弟,将来会有3万名、4万名,甚至10万名。他们在公司工作满5年就能在县城买一栋房子。有一个仓储的老员工告诉我,现在我们仓库的停车场停满了小车,他在京东工作6年半了,跟我一样从农村出来的。我们有很多这样的员工,能够在老家县城买房子了,能够让爸妈不再去种地了,能够让孩子去城里上学了。他们的后代和家庭会逐渐地摆脱贫穷落后,逐渐地享受到社会更公平的各种资源。能够改变他们的命运,不就是社会责任吗?他们需要稳定的工作,他们经不起折腾。

所以,京东一定不能失败。不然我们这么多配送的兄弟们,再找一份这么踏踏实实的工作可能就不是那么容易了。给我们配送员一份有尊严的工作,改变他们家庭的命运,让他们活得像个人样,让他们相信社会有温暖,让他们的孩子可以更快乐。跟这样的员工一起,跟这样正直善良的一帮人,互相关爱、尊重的一帮人一起合法干净的成功,过有尊严、有信心的生活,就是我们最实在的社会责任。

(二)第十届中国大学生年度人物候选人陈航创业事迹

在"大众创业,万众创新"风潮下,我们当代的大学生,不仅在大学中认真学习专业知识和组织或参与各种学生活动,还在创新创业的新平台上一展身手。医学生学科较局限,且学习任务重、空余时间少,对创新创业似乎难以下手。其实不然,在温州医科大学的创新创业教育学院中,活跃着这样一批具有创新意识,拥有创业梦想的创业大学生团队。

陈航,男,汉族,温州医科大学眼视光七年制专业08级硕士生。

2008年,陈航以全校前十的成绩考入温州医科大学眼视光七年制专业。同大多数医学生一样,在浓厚的医学氛围中,"生命所系,性命相托"的崇高使命在他心底开花。正当他满怀激情地憧憬未来医学生涯的时候,却被诊断为"双手先天性震颤",意味着他无法成为一名眼科手术医生,这无异于对他的医学生涯宣判了"死刑"。追求光明事业的强烈梦想并没有因此消退,却引领他走上了另外一条光明传播之路,并促使他在这条路上怀揣梦想,振翅高飞。

没有灵巧的双手,不能成为梦寐以求的手术医生,可是陈航的心却没有沉寂太久,2009年的春天,他再次张开了渴望飞翔的翅膀,带着追求光明的梦想,涉足科研领域,开始组建属于他自己的科研团队。万事开头难,历经两年磨难,在克服人才、资金的困难后,他的团队由单一专业的4人发展到一支由12人组成的跨学科、跨年级、跨专业的综合性队伍。在导师的指导下,成功攻克了国内弱视治疗领域的重大难题——偏心注视性弱视的治疗。几番拼搏之后,他的项目也迎来了自己的"春天":2次获批国家级创新创业计划训练项目,4次获得浙江省"新苗"人才计划,6次获得校级课题立项,累计获得科研经费十余万元,并获得国家级发明专利、外观设计专利等。这一切对于他来说绝非偶然,正是基于他对团队投入的心血以及肩负的责任感,才使得他在科研的路上披荆斩棘,收获颇丰。

科研的成功,打破他内心的怯懦和自我设定的障碍。特别是随着创业政策和氛围的影响,他心中实现梦想的路径也逐步明晰,心底的创业种子生根发芽。他义无反顾地踏上了跨学科的学习之路,光电、机械自动化控制、经济学、管理学等专业——涉足。除此之外,他还积极参与社会性质的讲座学习,如"人本教育"成长心连心课程,"从历史的眼光看中国发展"等社会性课程。大量课外知识的学习和社会经验的积累让陈航的价值观不断修正、完善和提升。2010年，获得浙江省大学生创业计划竞赛三等奖；2012年，获评全国大学生课外学术作品竞赛三等奖；2013年，他创立了上海柯来视生物科技有限公司，并吸引风投110万，同年进入全球社会企业创业大赛中国赛区14强。

2014年对于他来说，是里程碑的一年。这一年，他连续两次夺得了国家级的顶尖奖项：这一年，他夺得由科技部、教育部等主办的全国"创青春"挑战杯创业计划竞赛金奖；在由美国伯克利大学哈斯商学院等全球顶尖级商学院共同合作举办的GSVC全球社会企业创业大赛上，他一举拿下中国赛区唯一的一等奖，该项目的社会反响与日俱增。2015年，他代表中国大陆参加在美国旧金山举办的全球决赛。他的社会企业梦想才刚刚振翅，但已足够坚定铿锵。

无论何时，陈航都将"光明梦"视为初心，视为力量，视为使命，他不愿安于一室，渴望将光明带给更多的人，带给更远的人。在校期间，他多次参与温州盲校的志愿者活动，用自己微薄的力量帮助盲童，给他们带去温暖和关爱；2014年4月，他设计眼科工具包，参与基层眼科技能培训，让更多的基层医护人员掌握眼科技能；2014年9月，他参与组织并参加了藏区的公益项目"理塘光明行"，在4000多米海拔的理塘，为当地藏民行医疗检查，辅助医疗队伍完成医疗项目。光明的种子已在他心里埋下，未来，或许他是一个应届的眼科硕士，或许是一个科研团队的带头人，又或是创业公司的CEO，公司的总经理，但却也是一名在眼科公益事业上默默潜行的志愿者，他关于光明的梦想将会一直被延续。

在看似"造化弄人"的开头，勤勤恳恳的科研过程，再到转折性的创业故事中，他从未停止飞翔；从一个人到一个团队，他有自己的精神食粮。医学生，也有属于自己的天堂，因为那里有他关于"光明"的梦想。

第四章　医学生创新创业必备条件

> **案例导入：陈鸥（聚美优品CEO、创始人）**
>
> 聚美优品的创始人兼CEO陈鸥曾经是一名标准的大学生创业者，他的大学生创业经历要追溯到他的上一个创业项目GG游戏平台。GG游戏平台是一种新型的游戏互动平台。GG平台把整个互联网转变成一个超巨型的网吧，让世界各地的每个玩家都能用局域网的方式进行游戏。"由玩家做主，为玩家服务"就是其宗旨。1999年，16岁的陈鸥考上了新加坡南阳理工大学，作为一个资深的游戏爱好者，在大四的时候陈欧决定在游戏领域创业，凭着有限的资源做出了后来影响力巨大的GG游戏平台。作为一名初出茅庐的大学生创业者，创业过程的艰难难以想象，资金、团队等方面的困境一度让他放弃，但是凭着对初次创业的必胜决心最终让他创造的GG游戏平台在全球拥有了超过2400万的用户，也让他获得了上千万的收益，也为他的第二次创业道路做好了铺垫——聚美优品的诞生，这也是陈鸥第二次创业实践的成就。聚美优品是一家化妆品限时特卖商城，其前身为团美网，创立于2010年，其首创"化妆品团购"模式：每天在网站推荐十几款热门化妆品，现已成为了时下最火热的化妆品网购平台。

教学目标
1. 了解创新意识的基本内涵及科学的创新方法。
2. 建构丰富的创业知识体系，提升创业能力。
3. 创业能力的实质内容及如何获得。

随着高等教育从"精英教育"向"大众教育"迈进，高校毕业生就业形势日益严峻。整个社会对大学生创新创业能力的要求越来越高，培养青年的创新创业能力已成为现代国家创新体系的基础性、源头性、战略性的组成部分。2015年，李克强总理在G20峰会上提出了"大众创业、万众创新"的口号，医学院校也积极响应国家政策的号召，纷纷成立大学生创新创业俱乐部、大学生创新创业孵化园，并开设相应创新创业指导课程，积极引导大学生紧跟社会发展趋势，支持和培养医学生理解创新创业内涵，认识创新创业意义，树立创新创业理想，掌握创新创业知识，培养创新创业能力，投身创新创业事业。

本章主要围绕医学生创新创业应具备的知识与能力进行论述。英国诗人马修·阿诺德（Matthew Arnold）曾说过具有创造性活动的意识是巨大的幸福，也是人活着的伟大证明。意识在前，行动在后，即思想是第一性的，行为才是第二性的。思想走在行动之前，就像闪电走在雷鸣之前。思想是行动的指南，思路决定出路。在探讨医学生创业应具备怎样的知识和能力之前，最重要的是要首先具有创新意识，树立创新精神。

在市场竞争日益激烈的今天，热情、勇气、经验或结构单一的专业知识，想要争取创业的成功是很难的，创业者必须学习和掌握与创业相关的各方面的全方位知识才能获得成功。面对当前医学生创新创业的现状，一方面，由于医学生极强的专业特色及理科生文化背景，其在校期间的课程设置绝大多数都是医学相关知识，师范和文科类专业学生所涉及的管理、财经、市场调研及创新创业方面的相关课程同比之下极少；另一方面，医学生的就业率一直居高不下，就业前景良好，且在医院工作稳定、收入乐观，使得多数的医学生不愿意选择充满风险和未知的创业方向去发展。但是，纵观历史，时代发展总是充满未知，任何人都无法预料未来如何变换，唯有忧患意识，才能永远长存。医学生应该具有强烈的危机意识，主动了解国情、紧跟国家发展步调、把握和提前预判就业形势能力。在知识经济社会快速发展的潮流中，医学生如何把握住机遇，为将来职业或者事业发展开辟新的道路呢？创新创业成功的大学生越来越多地涌现出来，创业者自身需要怎样的知识结构与能力素养才能成功呢？本章将就医学生创新创业应具备三大必要条件：创新意识、创业知识和创业能力及其如何培养和提升进行详细阐述。

第一节 医学生的创新意识

一、创新意识的重要性

创新是推动科技、经济进步，促进社会发展的重要因素。创新意识是创造型人才所必须具备的条件之一，是任何一个创业者获得成功的关键因素，创新意识的培养和开发是培养创造型人才的起点。只有注意从小培养创新意识才能为成就创造型人才打下良好的基础。创新意识在整个育人体系中重要性，尤其在当代青年创新创业活动中的重要性主要体现在以下几个方面。

第一，创新意识是决定一个国家、民族创新能力最直接的精神力量。创造力决定着一个国家的竞争力，决定着一个国家的命运。创新意识是决定一个国家、民族创新能力最直接的精神力量。科学的本质就是创新，科学技术的每一次进步都是通过创新实现的，可以说创新意识推动社会生产力的发展。

第二，创新意识是激起创造活动和产生创造成果原动力，为人类进步和社会发展服务。创新意识进一步推动人的思想解放，有利于人们形成开拓意识、领先意识等先进观念，创新的目的性、新颖性、价值性、先进性、变革性、发展性、在创新和层次性等特性也决定了创新意识能够促成社会多种因素的变化，推动社会的全面进步。

第三，创新意识能促成人才素质结构的变化，提升人的本质力量。创新本身象征着一种新的人才标准：充满生机与活力的人、有开拓精神的人、有新思想道德素质和现代科学文化素质的人。创新能够激发人的主体性、能动性、创造性的进一步发挥，从而丰富和拓展人的内涵。

第四，树立创新意识是大学生创业成功的前提条件，更是医学生专业创新、学术创新及创业活动成功的关键因素。21世纪的医学生人才必须是有开拓进取精神，必须具有创新意识，必须具有立足于本职工作基础上的创造思维与创造力。高等医学教育作为知识创新和技术创新体系的基础，其责任就是培养具有创新精神和实践能力的高级专门医疗人才，将创新意识和创新能力的培养融入医学院校教育的全过程，这是时代和社会发展的需要。

二、树立创新意识

创新意识是人们对创新与创新价值性的一种认识水平认识程度及由此形成的对待创新的态度并以这种态度来规范和调整自己活动方向的一种稳定的精神态势。它是人的意识活动中的一种积极的富有新成果的表现形式，是人们进行创造活动的出发点和内在动力，是创造性思维和创造力的前提。可以说，创新意识是当代人必备的素质，是创新活动的起点是求新求异的意识，是求真求实的意识，是求变的意识，是一种发现问题的意识。

创新意识包括创造动机、创造兴趣、创造情感和创造意志。创造动机是创造活动的动力因素，他能推动和激励人们发动和维持进行创造性活动；创造兴趣能促进创造活动的成功，是促使人们积极探求新奇事物的一种心理倾向；创造情感是引起推进乃至完成创造的心理因素，只有具有正确的创造情感才能使创造成功；创造意志是在创造中克服困难冲破阻碍的心理因素，创造意志具有目的性、顽强性和自制性。

那么，创新意识和创新精神之间有什么样的区别与联系？创新精神是指要具有能够综合运用已有的知识、信息、技能和方法提出新方法、新观点的思维能力和进行发明创造改革创新的意志、信心、勇气和智慧；它是一种不安于现状、精益求精的精神，是创新创业活动的前提和内在动力，包括自信、进取、好奇、冒险、求真、务实、坚韧、合作、缜密。

长期以来，意识和精神是两个最容易纠缠不清、最容易互相混淆的概念。很多人认为精神就是意识，意识也是精神，所以经常把两个概念当作同一概念使用。但简单的来说，意识是大脑在认识过程中所达到的一种高级境界，意识是主体对自我以及非我的反思与觉悟，是一种高级思维或认识活动。而创新精神就是这种高级思维和认识活动所产生出来的产物，一个是过程，而另一个是产物，这就是意识和精神的区别。创新思维是指能够敢于打破常规，具有敏锐的洞察力、丰富的想象力和捕捉机会的能力。

三、形成创新思维模式

创新意识与创新性思维不同，创新意识是引起创造性思维的前提和条件，创造性思维是创新意识的必然结果，两者之间具有密不可分的联系。创新思维是指发现前人和同代人所不曾设立的理论、知识、技术方法、实物、模型等的思维活动和思维结果。创新思维是综合运用直觉、灵感、类比、想象、联想、形象思维、逻辑思维和模糊思维等多种思维方式于思维过程的一种思维活动。创造性思维不是照搬书本知识和过去的经验去解决问题，而是根据实际情况，突破理论权威及已有的规律、方法和思维定式的束缚，以新颖方式和多维角度独立思考、首创性的解决问题。其具有敏感性、流畅性、灵活性、独特性、综合性等特征。

创新思维模式的总过程从对问题情境分析开始，提出问题是创新思维的第二步，也是主要的一步，在问题情景分析中，被确定为困难因素的就是问题，看出问题的所在即识破问题的实质，并用语言概述出问题。最后一步，运用发散思维多角度、不同思维方向，突破现有知识范围，打破传统固定方法，从而产生出大量的、变化的、独特的新信息。

形成创新的思维模式，养成创新思维的良好习惯，学会运用发散性思维，敢于提出问题，发起挑战，对寻找创业灵感，突破创业瓶颈，获得创业优势起着关键性作用。

四、掌握创新方法

树立了创新意识，养成了创新思维模式,最后当然还要掌握科学的创新方法才能具体实施。目前，国际国内已经提出的创新方法有300多种，广为流传和较为常用的有"头脑风暴法""综摄法""形态分析法""信息交合法""5W2H法""奥斯本检核表法""发明问题解决理论—TRIZ""六顶思考帽法"这八种创新方法。这里我们重点介绍以下几种创新方法。

1. 头脑风暴法 是指以小组的形式，无限制的自由联想和讨论，产生新观念和激发创新设想。其流程分为两个阶段：会前准备阶段和会议执行阶段。该方法是由美国创造学家奥斯本于1939年首次提出的一种加法型思维的创新方法。要求必须遵守三个原则：推迟判断，禁止批评；提倡自由发言、畅所欲言、任意思考、任意想象、尽量发挥，注意越新、越怪越好，因为它能启发人们产生新的想法；综合改善。这种创新方法几乎适用于创新创业活动的全过程，在进行项目设计、项目推进、项目整改等活动时，创业团队成员自主、自由式的发言可以为项目的顺利进展提供更全面综合的定位和思考。

2. 综摄法 是由美国麻省理工教授威廉·戈登于1944年提出，是指以外部事物或已有的发明成果为媒介，并将他们分为若干要素，对其中的要素进行讨论研究，综合利用激发出来的灵感，来发明新事物或解决问题的方法，其基本原则为异质同化、同质异化。较常采用拟人类比、直接类比、象征类比等方法，同样采用会议的方式进行，但是需选取具有不同背景的人员组成创新小组。这种创新方法更适用于产品设计、产品推广过程中举行的各类会议。

3. 形态分析法 由瑞士天文学家弗里茨·兹维基于1942年提出，是一种系统化构思和程式化解题的创新方法，通过将对象分解为若干相互独立的基本要素，找出实现每个要素功能的所有可能的技术方式，然后加以排列组合，从中寻求创新性设想来进行创新。通常步骤为：确定研究课题、要素提取、形态分析、编制形态表、形态组合、优选。在整个过程中，发散思维和收敛思维起着重要的作用。

4. 信息交合法 又称为"魔球法"，是我国学者许国泰于1983年提出。该方法主张主体对大脑中贮存的信息和新接受的信息进行巧妙的系统综合，然后产生新的信息的过程，其实质就是利用物体的信息来构造其信息场，通过信息场寻求创新性的设想。

5. "5W2H"法 创新者用5个以W开头的英语单词和2个以H开头的英语单词进行设问。发现解决问题的线索，寻找发明思路，进行设计构思，实现新的发明创造，这就叫作"5W2H"法，也被称作七何分析法。

（1）Why 为什么？为什么要这么做？理由何在？原因是什么？

（2）What 做什么？目的是什么？做什么工作？

（3）Where 哪里？在哪里做？从哪里入手？

（4）Who 谁？由谁来承担？谁来完成？谁负责？

（5）When 何时？何时开始？何时完成？

（6）How 怎么样做？如何提高效率？如何实施？方法怎样？

（7）How Much 多少？做到什么程度？数量如何？质量水平如何？费用产出如何？

这种"5W2H"法更适用于创新创业项目早期形成的阶段，通过对项目能全方位的分析、对项目的可行性、项目面临的问题、项目团队的组件等进行全面清晰的梳理，从而做到更充分的思想和实际准备。

6. 奥斯本检核表法 是专门针对某种特定要求检核表，主要用于新产品的研制开发。通过引导主体在创造过程中"能否他用、能否借用、能否改变、能否扩大、能否缩小、能否代替、能否调整、能否颠倒、能否组合"这九个方面的问题进行对照，以便启迪思路、开拓思维想象空间，促进人们产生新设想、新方案的方法。

7. 发明问题解决理论 该方法是由苏联发明家根里奇·阿奇舒勒提出的。该理论主要包括产品进化理论、冲突解决理论、物-场模型分析方法、发明问题解决算法四个方面。

8. 六顶思考帽法 这一创新方法是由爱德华·德·博诺1985年提出。它提供了平行思维的工具，避免将时间浪费在互相争执上。所谓六顶思考帽是指使用六种不同颜色的帽子代表六种不同的思维模式，白、绿、红、黑、黄、蓝六种颜色的帽子与之相应的六个思考阶段：戴上白色中立帽子，人们从陈述问题的角度出发，将现有的信息尽可能详尽地列举出来，平静地描述问题事实；戴上绿色活动的帽子，从积极的角度出发，充分发挥主管的创造性，尽可能多的提出解决问题的设想方案；戴上黄色的正面帽子，从乐观的角度出发，将目标事物的优点列举出来；戴上黑色的负面帽子，从批判的角度出发，将目标事物的缺点列举出来；戴珊红色的评判帽子，从评价的角度出发，对所提出的设想进行评价和判断；戴上蓝色的纸灰帽子，从整体的角度出发，对所提出的设想进行筛选，选择最适宜的方案。

以上介绍的八种创新方法，最适用于大学生创新创业的创新方法是：头脑风暴法、综摄法及"5W2H"法，熟练掌握这几种方法对创业活动过程中起着指导性的重要作用，学习和熟知较为有效的创新方法对取得创业的成功具有实际意义。

第二节　医学生创新创业应具备的知识

创新创业是一项非常复杂的社会活动，不仅需要创业者具有超前的创新精神和敏锐的商业头脑，更需要创业者具有丰富的知识结构和全面综合的素质能力作为支撑而完成的，丰富的知识是医学生取得创业成功的坚固基础。大学生进行创新创业活动较之历练相对丰富的社会人存在更多的挑战和局限性，一方面是知识储备的不足，另一方面是社会实践和人生经验的不足。大学生进行创业的常见模式有网络创业、兼职创业、团队创业、大赛创业和概念创业这五大类，虽然医学生创业有自身比较明显的局限性，但进行对创业项目所需知识有针对性的阶段性和临时性的补充和学习也是很有必要的。知识是可以直接学习获得的，大学生创业者必须具备大量的知识储备是创业成功的基础条件。本节内容即本章的重点内容，下文将医学生创业应具备的知识分为专业知识、行业知识、商业知识及综合知识四类分别阐述。

一、专业知识

医学生的本分就是要在校学好自己的专业知识，无论哪种医学方向的专业，扎实学好医学专业基础理论知识对将来就业及创业都具有决定性的重要作用。掌握临床、影像、护理、麻醉等专业知识和临床实践技能是医学生在校学医、将来从医的最重要的任务。扎实的专业知识一方面能够使得医学生获得就业的平等机会；另一方面，牢固的专业知识能够为医学生创新创业带来更多的医学领域的创业灵感。比如：某校护理学院一群毕业生在几家医院实习期间发现了商机，医院缺少很多较为专业和具有系统化护理知识的护工来照顾病患，而稍有掌握护理知识的护工多是个体，没有形成一定的公司管理体系。护理学院的几名学生就创立了"护工之家"的小型护工公司，专门进行护工的专业培训、护工与客户联系及照顾病患家属的一些基本护理技能的培训等业务。这只是医学生通过自身专业发现创业潜力，把握创业机遇的一个案例，在全国众多家医学院校中，医学生通过自身专业背景进行创业诸多案例都说明了专业知识背景对医学生创业成功的重要性。近些年来，在生物医学领域的创业项目越来越多，健康保健及护肤产品的研发，医药公司的创办都需要一批具有专业医学背景的研发和创业人员。所以，专业知识的学习相当重要。

二、行业知识

行业知识是选择创业机会的基础，也是大学生创业成功的最重要的知识。大学生创业者必须对所要进入的行业进行相当深入的了解，这是寻找和把握创业机会的关键。一方面，在创业前期，了解行业的发展历程、现状、前沿趋势与竞争格局，透彻理解市场需求的情况，尤其要从客户的角度来理解行业知识，进而了解和分析行业内的成功案例，熟悉和掌握相关产品服务及技术知识。

目前，众多高校采用与当地的就业局或者成功企业合作的方式成立了大学生创业孵化园，为了扶持在校大学生创业，专门开通多种绿色通道，缩减了创业者必须履行的相关程序，如为申请入驻创项目在创业孵化基地划分区域，少租金或免租金的方式为大学生创业提供场地的便利，省去了租赁场地的开支；免费帮助大学生创业团队进行广告宣传；又或者通过带领创业团队参加高校或者地区创业大赛募集创业资金或者招募创业伙伴，帮助创新创业项目实现落地等。但是，另一方面，大学生创业还必须了解和学习工商注册、银行开户、税务登记流程知识等等。掌握行业知识对大学生创新创业项目的成功具有非常重要的实践指导意义，一方面能够快速找准创业方向，不至于盲目选择，能够避免走很多弯路。另一方面，掌握行业知识能够为创业项目的可持续发展打下良好的基础，更从容的应对创业项目在孵化落地以及实际的运转中所出现的问题。

（一）工商注册

第一步，申请工商注册登记，是设立企业的法定程序。通过填写一些表格涉及登记的主要内容，如企业名称、经营地址、企业负责人、公司种类、经营方式、经营范围、注册资本、从业人员和雇工人数等。第二步，企业名称预先核准。要在注册公司或企业名称前，去当地的工商局注册分局进行查询，确定自己拟定的名称没有和别的公司或商家重复，且一般都会多拟有几个备用名称。第三步，股东按规定缴纳出资。第四步，经依法设立的会计师律师、事务所验资并出具报告。最后，由工商行政管理机关完成审核和核准颁发《营业执照》。

（二）银行开户

银行账户是客户在银行开立的各种存款、贷款、结算等账户的总称，是办理信贷、结算、汇兑和现金收付业务的工具。创业指出，创业者需要先开设一个临时账户，也就是验资账户，待企业获得营业执照后，该账户原则上转为基本账户，或者被申请注销，另开基本账户。

（三）税务登记

依法纳税是每个社会成员应尽的义务。创业者要在营业执照核发30天内，分别到国税局和地税局领取并填写《申请税务登记表》并提供全部有关证件：营业执照副本及复印件、组织机构代码及复印件、银行开户许可证复印件、法定代表人或业主、财务负责人身份证、护照或其他证明身份的合法证件及复印件、经营场所房屋产权证书复印件、出租出借、承租承借房屋、土地合同复印件、成立章程及协议书、独立核算或非独立核算证明。

三、商 业 知 识

创业者或者创业团队有必要掌握市场营销、财务管理、法律、决策、谈判与商务礼仪等设计商务方面的基本知识，这是经营管理中需要掌握的技能，这一部分重点介绍了市场营销的相关知识及创业计划书的撰写。

（一）市场营销知识

营销是创业的基础，充分了解市场、产品，制定正确的战略目标，具备优秀的营销理念才能够在行业市场领域里占有一席之地。市场营销知识大致包括产品定位营销策划知识、营销组合策略知识、渠道策略知识、促销策略知识四个方面。

产品定位营销策划知识主要是指探寻市场机会、挖掘市场资源、选择目标市场、制定定位策略、传播定位理念。产品定位关系到企业的前途与发展，产品定位营销策划的最终目的不在于如何使消费者接受市场的产品，而是市场如何最大限度地满足消费者的各种需求。

营销组合策略知识是指企业在选定的目标市场上，综合考虑环境、能力、竞争状况对企业自身可控的因素，加以最佳组合和运用，以完成企业营销的目的。主要包括产品策略问题、定价策略两个方面。其中定价策略主要有以下几种：撇脂定价、渗透定价、中间价格定价、组合定价策略及心理价格定价策略。

渠道策略知识指的是新创企业的分销渠道。主要包括：①直接邮购营销；②电话营销；③互联网营销；④选择合适的经销商；⑤直接营销；⑥自动售货。其中社会化网络营销、微博微信营销、互联网APP产品推广已经成为互联网时代下的新热门。

促销策略知识主要是指新创企业正确制定并合理运用促销策略从而在市场竞争中取得有利的产销条件和较大的经济效益的相关知识。如选择适当的媒体进行企业产品推广，结合各种促销手段的特点，有针对性地选择使用各种促销手段，制定最有效的商业广告战略，如何打造企业良好的公众形象，人员推销方式及企业营业推广。

掌握一定的市场营销知识对产品后期的推广、营销策略具有关键性的指导作用。营销策略不仅能够使产品获得广泛的推广、消费者的青睐，更能够对创业项目品牌的打造建立一定的基础。所以，医学生进行创新创业时一定要注重市场营销知识的学习及应用。

（二）创业融资知识

创业融资是创业者根据创业计划，通过不同融资渠道，运用一定融资方式，经济有效地筹集所需资金的财务活动。创业融资知识主要涉及创业所需资金预算及创业融资渠道等相关知识。资金预算主要包括固定资产投资、营运资金（流动资金）预算，创业融资渠道主要分为两大类：私人资本融资、机构资本融资。

私人资本融资主要包括个人资金、向亲朋好友融资、天使投资等。我国的私营中小企业在初始创业阶段基本完全依靠自筹资金，初始资金绝大多数是由主要的业主、创业团队成员及家庭提供，银行和其他金融机构贷款所占比重很小。

机构资本融资主要包括商业银行贷款、创业投资、风险投资、政府资助及其他资金来源。创业者在进行资本融资时要针对各机构对新创企业的不同要求进行全面的了解和准备。目前，在校大学生创业的融资来源多是通过参加创业大赛获得其他企业或企业家的天使投资和资金支持，少部分的是通过上述说的其他融资渠道。

（三）创业计划书撰写相关知识

1. 创业计划的重要性 创业计划是行动的口令，是指导创业全过程的行动指南，是创业实践的战略设想，在创业过程中具有重要的指导作用。创业计划书是指创业者将自己的创意以书面的形式表现出来，包含了创业者必须采取的行动、必须执行的任务和必须获得的成果的详细一览表,是创业的纲领性文件。创业计划是简明、充分而有效的沟通工具,可以用来传达创业的可能性、面临的机会及试图采用的方式,可以说是吸引人才的宣传单。一份好的创业计划书不仅能够使创业者整合创业必需的资源、设备、人员等各方面的情况,更能够吸引可能的投资人、合作伙伴、供应商、顾客、政府机构等,可以让他人了解创业项目及创业构想,可以帮助创业者避免一个注定要失败的项目。在运用计划推动创业项目成功的过程中,创业计划可以说是分析的工具、综合的工具、沟通的工具、行动的口令。

2. 创业计划书的内容 一份完整的创业计划书通常包括封面、目录、摘要、正文、附件等十几个部分。

(1)封面——包括公司名称、联系方式、电话传真、电子邮件等必要信息;联络人姓名及职务,一般是创业者本人或主要创业成员;计划书编号;公司的识别图案(logo)。

(2)目录——按顺序编写,一级目录一般是企业介绍、市场分析、产品介绍、营销策略、财务计划、风险管理与退出机制等,二级以下目录是对一级目录的详细阐述,一般用阿拉伯数字来编排,如1,1.1,1.1.1等,并与实际内容的页码相对应,方便翻阅。

(3)摘要——摘要是创业计划书的精华和核心内容所在,主要是创业计划的闪光点部分。在摘要部分尽量撰写能够吸引投资者兴趣的内容。

(4)企业介绍——介绍基本的创业团队或企业情况,一般包括企业概述、企业业务介绍、企业发展与经营状况、公司组织机构、公司及业务未来发展方向等部分。

(5)市场分析——行业分析,重点介绍创业者选择和进入的行业市场现状和未来发展趋势,以及公司的销售目标、盈利目标、市场占有率等方面。应用定量分析;竞争分析,针对主要竞争对手进行实际的市场调查,明确各自优劣势,充分考虑自创企业在经营中的自我保护措施;目标顾客,确定目标市场,阐释现在的顾客和潜在的顾客是谁,做好必要的市场规模估算;市场定位,根据产品或服务的特性和企业资源状况选择若干个目标市场,对自身企业进行有效定位。

(6)产品或服务介绍——描述产品的独特性和创新性。从产品的整体概念角度去阐述。核心产品的功能属性,形式产品的形式,如质量、款式、包装、品牌等;期望产品的期望值,对产品的质量、方便程度、特点上的期待。延伸产品给顾客带来的产品之外的价值,比如售后服务、上门安装调试等。

(7)管理团队:在这一部分,主要介绍企业机构、团队领导、企业制度、企业文化这四个方面的内容。其中,介绍组织机构时可附上公司的组织结构图,健全的管理制度是企业在创业初期顺利生存的基础,比如薪酬制度、奖惩制度、生产制度、财务制度、人事管理制度等。而优秀的企业文化不仅能增添成员的归属感、激发成员的使命感和责任感,也能够促进企业的良好有序发展。

(8)营销策略:这一部分的创业计划内容主要阐述企业或创业项目的营销策略,主要指产品策略、价格策略、渠道策略、促销策略这四个角度的营销策略。在前文中,关于市场营销策略已有详细阐述,这里不再赘述。

(9)生产计划:生产计划主要是指企业现有的生产技术能力,企业生产制造所需的厂房、设备情况;质量控制和改进能力;产品生产工艺流程、生产周期及具体的生产作业计划的编制;物资需求计划及其保障措施;劳动力和雇员的有关情况。

(10)财务计划:财务计划是指针对决定新企业经济能力的主要财务指标及投资回报进行预测。一方面内容是创业初期3~5年的财务分析与预测,主要有销售预测和相应支出;预计资产负债表、预计损益表以及预计现金流量表;另一方面是创业项目或公司的融资计划,主要包括未来资金的需求量、融资方式、资本结构及其安排、投资资金的运作、投资的预期回报、资金的安全与监督管理等相关问题。

（11）风险管理：风险管理的内容主要涉及企业自身方面的限制和不足，如技术上、经验上及管理上的欠缺；市场的不稳定性、技术开发的不确定性、财务收益的不确定性以及企业或创业团队进行风险控制与防范的对策和措施。这一部分内容是向投资者分析企业的风险管理机制。

（12）退出机制：对于投资者而言，一方面需要考虑投资回报的问题，另一方面也需要考虑如何保障资金的安全退出。因此在创业计划书中，这一部分需要写明投资者可能获得的投资回报、公司上市后投资者所持有股份及是否可以出售问题，以及偿付协议等。

（13）附件：这一部分主要是前面陈述内容所提供的的支撑性材料，如专利技术证书、市场调查报告、政府相关政策文件等附件。

关于创业计划书的撰写，不同的创业项目以及创业团队针对自身的实际情况进行内容的书写和调整，计划书的格式不是千篇一律的定式，可以根据创业团队和企业所要展示和推介的平台进行取舍和删减。医学生及所有的大学生创业可以在此基础上略微简化，但是上文对计划书的大致格式与内容做了全面的阐述，值得创业学生认真学习和参考。

了解以上几种知识以外，还要学习和了解获取创业资源以及创业资源管理的相关知识，如人力资源、知识资源、资金资源、信息资源、市场资源及人脉资源的相关知识；学习和了解市场调查的相关知识和方法，如经营环境调查，市场需求调查，顾客情况调查，竞争对手调查，市场销售策略调查，文案调查法，询问调查法（面谈、电话、邮寄、留置、日记调查等），观察调查法，实验调查法，网络调查法等调查手法。

四、综合知识

国内教育的制度环境和文化在客观上限制了创业大学生的知识面，尤其是对于理工科的医学生而言，综合知识的掌握对于创业者来说极其重要。

大学生创业者应具备的综合知识主要包括语言沟通的艺术与技巧、团队创业组建及管理方法、相关法律知识及国家创业政策知识这几个重要部分。接下来，我们一一阐述。

（一）语言沟通技巧

沟通无处不在，从我们出生到成长，无时无刻不在和别人进行了沟通。所谓沟通，就是为了设定的目标把信息、思想和情感在个人或群体间传递并达成共同协议的过程。

对创业团队或者企业而言，有效沟通在企业管理中担负着举足轻重的重要性。首先，有效沟通能够准确理解公司决策，提高工作效率，化解管理矛盾。有效的沟通一方面能够有效传递信息，保持信息上传下达；另一方面能够准确了解下属的优点和长处，从而针对性地部署工作，及时了解下属的心理状态和工作压力，从而针对性地进行指导和舒缓；能够提高下属的忠诚度，帮助增加部门凝聚力。其次，有效沟通可以使得企业透过对表象问题的深入了解发现实质问题的有效手段。企业管理讲求实效，只有从问题的实际出发，实事求是才能解决问题。而在沟通中获得的信息是最及时、最前沿、最实际、最能够反映当前工作情况的。在企业的经营管理中出现的各种各样的问题，如果单纯地从事物的表面现象来解决问题，不深入了解情况，接触问题本质，会给企业带来灾难性的损失。最后，个人与个人之间、个人与群体之间、群体与群体之间开展积极、公开的沟通，从多角度看待一个问题，能够营造更和谐更高效的企业氛围和团队凝聚力。

沟通讲究技巧，讲究艺术。并不是所有的人，从出生就会沟通，并不是所有的人都懂得如何沟通。沟通的三大要素：首先有一个明确目标，其次要达成共同协议，最后结束时有人来总结。沟通的方式多种多样，常见的有面对面、电话、命令、文件、会议、报告、内部报刊、广播、宣传栏、活动意见箱、内部局域网等。沟通方式基本上都是语言沟通，还有一种是非语言沟通，也应该引起我们的重视，比如我们面对面交流中的，双方的穿着举止以及相关礼仪，他不仅会直接影响我的印象，还会影响沟通的效果，再比如员工对办公环境办公氛围的感受，企业文化氛围的营造其实也是为了营造好的沟通氛围，从而更好地沟通。

语言是人与人沟通的直接桥梁，会说话不等于知道如何与人沟通，如何打开话匣子，如何延续交谈和令人愿意和我们交谈也是一种技巧。沟通从好印象开局，俗话说"近朱者赤，近墨者黑""物以类聚，人以群分"，沟通第一件事就是我想要做到衣着整洁，温文尔雅，留下关键的第一印象。其次，通过眼神接触，有微笑自然的面部表情与人交流。另外，幽默的语言技巧，也失为与人沟通时的良好催化剂，通常幽默的语言技巧包括自嘲法，将错就错法，张冠李戴法比喻法，联想法，谐音法。大学生在社会阅历上还很不足，在创业过程中与创业者进行沟通是要加强语言沟通技巧的学习和锻炼，这里给大学生创业者提出以下三点建议。

1. 提升沟通能力。首先要多听，而不是多说，言多必失，而且真正懂得沟通技巧的人，通常是见机说话，既能看清对方的用意，从而成长共同点，又能让别人意识到你是一个很好的倾听者而和你交朋友。

2. 切忌不懂装懂。多学习，沟通最忌讳的是不懂装懂，会让另一方觉得你很无知。要学习尽量做到了解对方所说的内容，以便更好地回应和深入交流。另外学习好的沟通者的技巧，哪怕是眼神和动作。

3. 注意谈话内容的禁忌。谈话的实质性内容切勿触碰一些破坏谈话氛围的内容，这是非常重要的。交谈者可以通过查询相关的书籍做一些谈话前的准备工作，以免交谈时触犯对方的禁忌。

语言沟通技巧对大学生创业者来说非常重要，良好的沟通会为创业项目的成功带来更多的可能。所以大学生创业者要根据自身的语言表达能力进行及时的充电学习。

（二）创业团队组建

创业团队是由少数具有技能互补的创业者组成，他们为了实现共同的创业目标，为达到高品质的结果而努力，大学生创业团队是一个具有创新意识，拥有共同目标，有着不同专业知识背景的协作共同体，是几种模式的混合。创业团队的组建首先应当有明确的目标，在选人方面考虑队员的年龄互补，优势互补，能力互补，性格互补，专业互补，从各个专业挑选人才，因为并非每一个人都适合创业。早期创业团队的组建应该坚持一个核心，一个共同愿景，一个产品。一个核心，是指团队只能有一个人，有最终的决定权，过于民主会丧失效率，同时激化内部矛盾。一个愿景是指团队有一个共同的奋斗目标，一个产品是指创业团队早期做产品时数量不能太多，集中精力做好一件事情。一个良性运转的高绩效团队，应该具有以下特征：目标清晰、技能互补、沟通良好、承诺一致、恰当领导、相互信任。团队之间更要强化目标、营造氛围、加强沟通、增加信任、建立归属感。明确分工，注意搭配，最大化的发挥不同角色对团队的贡献，使创业团队的功能逐渐强化。

（三）企业管理方法

企业管理是一个企业发展的内在需求，能够提高企业的运作效率，明确企业的发展方向，良好的企业管理能够提高员工的积极性和主动性，充分发挥员工潜能，实现企业对人才的需求，企业管理的优劣关系到企业是否能够树立良好的企业形象，提高企业的社会效益及经济效益。

大学生创业者在进行创业初期对企业的管理知识的学习和掌握必不可少。常见的企业管理的方式有四大方法：抽屉式管理、危机式管理、一分钟管理、破格式管理。

第一种，抽屉式管理是现代管理也称为"职务分析"，是指在每个管理人员办公桌的抽屉里，都有一个明确的职务工作范围，在管理工作中既不能有职无权，也不能有责无权，更不能有权无责，必须职责权力相互结合。企业经营管理的五个步骤如下。

第一步，建立一个由企业各个部门组成的职务分析小组。

第二步，正确处理企业内部集权与分权的关系。

第三步，围绕企业的总体目标层层分解，逐级落实职责权限范围。

第四步，编写说明规范制定出对每个职务工作的要求。

第五步，必须考虑到考核制度与奖惩制度相结合。

第二种，危机式管理是随着全球经济竞争日益激烈，世界著名大企业中有相当一部分进入维持和衰退阶段，为了改变状况，美国企业较为重视推行危机式生产管理，掀起了一股末日管理的浪潮。美国技术公司总裁威廉伟思看到全世界已变成一个竞争的战场，全球电信业正在变革中发挥重要作用，因此他启用两名大胆改革的高级管理人员为副董事长，免去了五名倾向于循序渐进改革的高级人员职务。在职工中广泛宣传某些企业由于忽视产品质量成本上升，以致失去用户的危机，他要全体员工知道，如果技术公司不把产品质量生产成本及用户时刻放在突出位置，公司的末日就会来临。

第三种，一分钟管理是指具体内容为一分钟目标、一分钟赞美、一分钟惩罚；所谓"一分钟目标"就是企业中的每个人都将自己的主要目标和职责明确地记在一张纸上，每个目标及检验标准应该在250个字内表达清楚，在一分钟内就能读完，这样便于每个人明确自己，为何而干？怎样去干？并且据此定期检查自己的工作。"一分钟赞美"就是指人力资源激励，具体做法是企业的经理经常花不长的时间，在职员所做的事情中挑出正确的部分加以赞美，可以促使每位职员明确自己所做的事情，更加努力的工作不断向完美的方向发展。"一分钟惩罚"是指某件事本该做好，却没有做好，对有关人员首先进行及时批评，指出其错误，然后提醒他如何器重他，不满的是他此时此地的工作做得如何不好。"一分钟管理"方法的最好的地方就在于它缩短了管理过程，有立竿见影的效果。一分钟目标使每个员工明确自己的工作职责，努力实现自己的工作目标，一分钟赞美可以使每个职员都在努力的工作，一分钟惩罚可以使做错事的人乐意接受批评，促使他今后工作更加认真，细心努力。

第四种，破格式管理是指在日本和韩国企业里过去一直将工作年限作为晋升职员级别和提高工资标准的年功制度，这种制度适应了企业快速膨胀时期对人文的要求，提供了劳动力就业与发展的机会，但是进入20世纪80年代以来，发达企业经营相对稳定阶段，员工制度不能满足职员的晋升欲望，导致企业组织人事的活力下降，90年代初日本韩国的发达企业着手改革人事制度，决定升降员工职务的破格式的新人事制度，收到了明显成效。

（四）法律知识

法律知识是大学生创新创业必须了解和掌握的一部分尤为重要的知识结构。在创业过程中的每一个环节都均有所涉及。创业中会有商务谈判活动和签订各种各样的合同，所以创业者掌握一些法律知识是必不可少的。创业者不仅需要做到充分学习和利用国家法律、法规和政策，依法行事；也要能够用法律知识经营自己的公司或维护自己的合法权益。

法律知识在创业过程中应用非常广泛，比如说工商登记、经济合同、知识产权、税收征管、担保融资。具体有民法通则、合同法、公司法、合伙企业法、个人独资企业法、企业所得税法、民事诉讼法、仲裁法、票据法、保险法、反不正当竞争法、消费者权益保护法、会议法、专利法、商标法、著作权法、劳动合同法等法律以及工商企业登记管理条例、公司登记管理条例和互联网信息服务管理条例等诸多法规。在大学生创业创新创业的过程中，经常遇到的一些实际的问题，比如注册商标与别人重复这种情况，大学生创业者在注册商标或者是进行工商登记的时候，没有提前去查询这个商标是否已经有企业提前登记或使用；还有些情形，比如说创业项目获得天使投资或是资金赞助之后财务如何做账、如何登记这类具有法律效益的事务。

在开始创业前，创业者需要了解我国的法律环境，以及时下创业的经济管制，包括税收、行政检查、经营项目审批等。在创业伊始，设立企业从事经营活动，必须到工商行政管理部门办理登记手续，领取营业执照以及注册商标，如果从事特定行业的经营活动，还必须事先取得相关主管部门的批准文件，这时必须准确的了解公司法、公司登记管理条例等工商管理法规规章；企业发生涉及登记事项的变更，须及时办理变更登记，保护相关当事人的权益等等。那么，在企业设立后，创业者需要了解企业的税收政策以及企业基本的财务制度表，如哪些支出列入成本，做好计划减轻税负；此外，创业者如果还需要聘用员工，就涉及劳动法和社会保险问题，需要了解劳动合同、试用期、服务期、商业秘密竞争与禁止、工伤、养老金、住房公积金、医疗保险、失业保险等诸多规定。

对于医学生创业项目而言，医学生多数是从事的科技创业企业，可能更多考虑的是，关于知识产权问题，还有著作权、商标、域名、商号、专利技术秘密等各自的保护方法，建立完整、立体的知识产权保护体系，建立相应的制度，保存好相关文件资料，对于知识产权保护尤为重要。在相关业务活动中，要充分考虑与在先权利和义务技术冲突的可能，并进行必要的论证。这里我们只就创业者创业过程中所涉及的法律知识进行了简单的列举和罗列，具体详细的法律知识内容，大学生创业前可以去图书馆查阅一些相关的法律书籍，或者就创业中的法律问题的疑问直接去咨询法律事务所财经方向的专业律师。

（五）国家创业政策

随着关于大学生创业的政策近几年陆续出台，也一直在随着形势的变化陆续更新中。各地也相继出台了鼓励大学生自主创业的资助和优惠政策，大学生创业者可以通过网络查询搜索如注册资本登记制度改革、税收优惠、小额担保贷款和贴息支持以及免收有关行业行政事业性收费等创业相关政策。书中前文对大学生创业的政策内容已有翔实介绍，这里不再赘述。

另外，医学生创业者在创业想法的萌发期，就应该对自身及所要建设的创业团队的知识水平、知识结构进行一个简单却又全面的分析，发现自身知识的长处、专业的优势，找出创业团队的知识不足，做好规划，有目的、明确的进行知识结构体系的扩充与重建，这样才能做到创业中学以致用，有备无患。

第三节 医学生的创新创业能力及获得途径

理解了创新意识的科学内涵，明确了建构怎样的创新创业结构知识体系，本节我们就来谈谈创业者应该具备怎样的创新创业能力，才能够在创业浪潮中脱颖而出。我们从创新能力和创业能力两个方面分别阐述，创新能力和创业能力紧密相连，有概念和意义的重合，也有能力分支上的不同。

一、创新能力

创新能力是民族进步的灵魂、经济竞争的核心，是决定一个国家民族创新能力最直接的精神力量，是促成社会多种因素的变化，推动社会全面进步的动力，是促成人才技术结构变化，提升人本力量的动力。尤其在当今社会，与其说是人才的竞争不如说是人的创造力、创新力的竞争。在创新的世界里，探索的兴趣、创造的勇气、开拓的力量几乎是青年智慧的特色，是青春时期的专利。

纵观古今，青年的创新创造一向令人叹为观止，影响着世界，改变着世界。青年瓦特发明蒸汽机掀起工业革命浪潮；青年哥白尼提出了影响人类宇宙观大变革的"日心说"；哥伦布71天的历史性航程发现新大陆等。全球化、信息化和知识经济的到来，为人类的创新思维和创新事业提供了极为难得的机遇和无限广阔的空间，21世纪是创意的世纪，更是大学生创新的世纪。

培养大学生的创新能力不仅是实现中华民族伟大复兴的战略抉择，同时也是大学生成长成才的内在需要。创新力根源于深层的自我，包括人的一切快乐、热情、潜能，是产生创新型思想、灵感的源泉。在罗群、王彦长主编的《大学生创新创业基础》一书中，将创新能力定义为：创新能力是指创新主体在创造性的变革活动中表现出来的能力整合，即从产生新思想到产生新事物再将新事物推向社会，是社会收益的系列变革活动中创新主体所具备的本领或技能。

美国华裔物理学家、诺贝尔物理学奖获得者李政道曾经说过："能正确提出问题就是迈出了创新的第一步。"创新的首要行为特征就是勇于发现问题、提出问题，进一步拓展思维，提升创新能力从而解决问题。创新能力一般包括创新意识、创新思维、学习能力、记忆能力、决策能力、领导能力、协调能力及社交能力。但是有些书籍中将创新能力划分为发现问题的能力、流畅的思维能力、变通能力、独立创新的能力、制订方案的能力及评价的能力。

在培养创新能力的过程中要坚持个性化原则、系统性原则、实践性原则和协作性四大原则，再设计价值取向、教育改革、物质保障、社会机制及人文环境等方方面面，唯有对症下药、多管齐下、综合治理，才能取得实效性的进展。

二、创业能力

创业能力是指综合运用已掌握的知识，把创新意识与思维转化为有价值的产品或服务的实践能力。包括获取和运用知识的能力、商业提升的能力和实践动手的能力。而商业提升能力和实践动手能力是创新创业活动的具体行动能力，需要反复训练、试验，积累工作经验。这些都是创新创业能够持续推进的动力源泉。

知识转化为能力是一个漫长的过程，需要大量的综合知识储备才能实现由量变到质变的转化。概括地说，大学生创业所必备的能力可以概括为：创业意识、创业素质、创业实践能力三个方面。

（一）创业意识

创业意识是指人们从事创业活动的强大内需动力，是创业活动中动力作用的个性因素，是创业者素质系统中第一个子系统及驱动系统。

创业意识包括创业需要、创业动机、创业兴趣、创业理想等要素。

1. 创业需要是指创业者对现有条件不满足，并由此产生新的要求、愿望、意识，是创业实践活动赖以展开的最初诱因和动力。

2. 创业动机是推动创业者从事创业实践活动的内部动因。创业兴趣是指创业者对从事创业实践活动的情绪和态度的认识指向性。

3. 创业理想是指创业者对从事创业实践活动的未来奋斗目标较为稳定、持续的向往和追求的心理品质，创业理想是人生理想的一部分，是创业意识的核心。

创业意识的核心内容主要有：商机意识、转化战略意识、风险意识、勤奋敬业意识。培养创业意识，就要在日常生活中随时进行自我观察，要正确地认识自己，做到时刻自省。认清自己的需要、兴趣、理想、分析自己做事的动机，并且养成知行统一的习惯。勇于实践，观察市场，分析市场经济环境，判断市场趋势，养成举一反三的思维习惯，把自己所学的知识，以及现有的关系转化为创业需要的各种资源。创业意识能够促使创业者思考自己应该怎样进入市场，选择何种产品，怎样整合各种资源，制定适合自己创业的战略方法预测风险，做好应对之策，养成务实勤劳的习惯，踏实积累经验，逐步走向成功。

（二）创业素质

创业素质包括创业者身体素质、创业者道德素质、心理素质、思想素质、知识素质、经验素质、协调素质这七大方面。身体素质是大学生创业者成功创业的前提，健康的身体是成功创业的第一步。创业者的道德素质尤为重要，如果创业者过于看重自己的利益，不注重维护创业团队成员或聘请员工的利益，那么创业者将失去支持者，一个成功创业者的道德素质就是企业的利益。道德高尚的创业者，他会在创业的过程中造福一方，惠及他人，在创业失利时，能够保持斗志，使企业转危为安，也会使企业具有更核心的凝聚力。创业者拥有健康的创业心理素质，在创业过程中时刻保持一颗积极、沉稳、自信、自主刚强、坚毅果断的心态，那么，创业者必定会走向成功，到达胜利的彼岸。创业者的思想素质包括志存高远、脚踏实地、有胆有谋、又有防风险防范意识。同时，创业者的知识素质对创业起着举足轻重的作用。正确认识国家政策法规、了解科学经营管理知识方法、提高管理水平、掌握业内外相关科学技术知识、依靠科技增强竞争能力以及具备市场经济方面的知识对创业者的整个企业来说，有利无害。

创业者的经验素质对于大多数第一次创业而言的大学生创业者根本谈不上经验，很多都是第一次的尝试，但是有一定创业经验是创业项目得以生存的重要基础支撑。前文中写到创业者掌握的团队管理方法以及所持有的管理理念都是创业者素质的直接体现，也是大学生创业的重要能力体现。关于创业者素质的提高途径，希望大学生创业者做到：未雨绸缪，做好创业思想准备；寓学于行，提高创业素质水平；坚持不懈，科学调整创业心态。

(三)创业实践能力

综合国内现有的创业实践能力的分类与内容归纳,这里将具体的创业实践能力归纳为机会识别能力、风险决策能力、战略管理能力、开拓创新能力、网络构建能力、组织领导能力、人际交往能力、学习能力。

机会识别能力是指创业者采用种种手段来识别市场机会的能力,这就要求大学生创业者要从现代社会各种渠道获取信息,发现市场机会,找准创业点,分析市场环境判断市场趋势。

风险决策能力是指在创业者的战略决策上,创业者在企业外部经营环境和内部环境进行周密细致调查和准确预见性的分析基础上,确定企业发展目标,选择经营方针和制定经营战略的能力。

战略管理能力是指创业者整体地考虑企业经营环境及如何适应市场,如何创建竞争优势的能力。开拓创新能力的实质是一种综合能力,他是各种智力因素和能力品质在新的层面上相互作用和有机结合所形成的一种合力。

网络构建能力是指创业者建立本行业的广泛社会网络,包括行业的现代网络密集的行业。网络沟通有助于创业者从广泛的社会网络中获取高回报的创业信息,吸取经验教训,培养创业精神。

组织领导能力是指创业者必须对自己经营的事业了如指掌,由于从生产和消费趋势的能力,善于选择合作伙伴,有组织和领导他人驾驭局势变化的能力。

人际交往能力是创业者必不可少的能力之一,创业者无论是否在创业进行的过程中都要与不同的人进行交往,具有强大的社交能力,才能有助于创业的成功。在创业中,人际交往能力强的人,可以在关系网中穿梭自如,更好地利用周边的人际资源,提高工作效率,与伙伴愉快的合作,才从而产生强大的凝聚力。大学生创业者可以从进入大学校园开始,有意识提升自己的人际交往能力,多参加社团和社会实践活动,多去结交陌生人,且有意识地不断拓展人脉关系。当然更重要的是通过人际交往来锻炼自己的语言表达,以及与人沟通的方式方法。

学习能力是每一个人都必须始终保持和提升的一种能力,对于大学生创业者而言,学习能力无比重要。人类社会进入了知识经济时代,人们创造的知识总量越来越多,因此需要快速地学习,不断地学习才能跟上知识潮流的步伐,并力争引领潮头。纵观我们身边的许多知名成功企业家,他们都是在不断地学习,不断地充电,不断地跟上社会潮流变化的步伐,创业者只有在书本和实践中不断地学习思考,你才能成长起来。大学生创业者虽然在校学习了十多年,就创业而言,创业者需要学习的东西还有很多很多,那么学习能力水平就决定了大学生创业者是否能够准确的吸收和整合创业过程中所需要的知识。大学生在提升学习能力上可以采用书写读书笔记的方法将学到的知识形成自己的思考,将书中内容理解转化为自己,通过新媒体平台及业内刊物进行发表,每天有意识实践中去检验自己,并启发出更好的更新的方法。

领导能力,创业者需要具备和谐的领导力,领导能力可以理解为一系列行为的组合,这些行为将会激励员工和团队的其他成员主动追随领导者,而不是简单的服从。领导能力较强的,往往具有成就动机、自信、执着、高情商及冒险这五大特质。大学生创业者要在创业前期阶段通过更全面细致的规划与准备,较之其他团队成员付出更多的心血从而赢得团队的信任和追随,从而形成更强的凝聚力和核心领导力。

大学生创业者是不甘平庸的群体,具备很高的成就动机,且勇于接受挑战和考验,那么,获得巨大成就动机的前提是具有足够的自信。大学生创业者需要建立对自己的自信和对创业成功的自信,这两种自信需要在不断完成任务的过程中得以强化,从而奠定成就动机。除开自信,创业者还需要的就是面对困难和风险时的坚毅和执着的品质。我们都知道,现在情商已经成为这个时代对社会人提出的新的高要求,情商之父丹尼尔戈尔曼认为,一个人的成功智商的作用只占百分之二十,百分之八十是情商的因素,情商就包括了解自我、自我管理、自我激励、认识他人情绪、人际关系能力这五大方面。作为一个创业者,清楚地了解自我、控制情绪、遇事冷静思考,明白情绪化无助于解决问题,学会换位思考,改变以自我为中心学习和掌握沟通技巧,保持积极上进的心态是创业成功的主观条件。大部分的创业成功者都具有非常大的冒险精神,只要从事创业活动就必然会有风险,而且适应范围的扩大,成就越大,风险也就越大,需要承受风险的心理负担也随之变大。创业家都是冒险家,冒着承受失败的风险,对刚起步的事业表现出积极的心理状态,不断寻找新起点,付诸行动,表现出自信果敢,大胆及面对世界未知的坦然和对挫折的宽容,敢作敢为,而不是盲目冲动,任意妄为。成功的创业者,总是事先对成功的可能性和失败的风险进行分析规划。此外,创业者还需要良好的身体素质做基础,大学生创业者需要能吃得了苦,跑得了路。

三、创新创业能力的培养与提升

（一）高校创新创业能力的培养

创新是知识经济时代的一个显著标志,一个没有创新能力的民族难以屹立于世界民族之林。教育在培养民族创新精神和培养创造性人才方面肩负着特殊的使命,在教学工作中更加注重培养学生的创新精神和创新能力。高等学校大力推进创新创业教育,对于促进高等教育科学发展,深化教育教学改革,提高人才培养质量,具有重大的现实意义和长远的战略意义。

创新创业教育要面向全体学生,融入人才培养全过程,要在专业教育基础上以转变教育思想、更新教育观念为先导;以提升学生的社会责任感、创新精神、创业意识和创业能力为核心。

1. 深化改革人才培养模式 以改革人才培养模式和课程体系为重点,大力推进高等学校创新创业教育工作,不断提高人才培养质量。医学院校应该深化改革办学理念,创新人才培养模式、更新教育理念和改进教学方法,培育新时代具有创新精神的全面发展医学人才,从而推动医疗事业的创新发展和深化改革。

2. 深入推进学校课程体系建设改革 加强创新创业教育课程体系建设,把创新创业教育纳入专业教育和文化素质教育教学计划和学分体系,建立多层次、立体化的创新创业教育课程体系,突出专业特色,创新创业类课程的设置要与专业课程体系有机融合,创新创业实践活动要与专业实践教学有效衔接,积极推进人才培养模式教学内容和课程体系改革,加强创新创业教育教材建设,借鉴国外成功经验,编写试用有特色的高质量教材。

3. 强化师资队伍建设,完善创新创业师资团队 加强创新创业师资队伍建设,引导各专业教师、就业指导老师积极开展创新创业教育方面的理论和案例研究,不断提高在专业教育、就业指导课中进行创新创业教育的意识和能力。在大学生创新创业能力培养的过程中教师承担着重要的作用,培养具有创新能力的学生就要采用创新的教育方式去培养学生。培养学生的创新能力,教师应首先更新教学观念、改进教学方法、营造和谐的创新氛围,大胆鼓励学生质疑,为学生提供利于创造的学习环境,改善教学评价标准。学校应支持教师到企业挂职锻炼,鼓励老师参与社会行业的创新创业实践基地从社会各界聘请企业家创业成功人士,专家学者等作为兼职教师,建立一支专兼结合的高素质创新创业教育教师队伍,高校要从教学考核、职称评定,培养经费等方面给予倾斜支持。定期组织教师培训实训和交流,不断提高教师教学研究与指导学生创新创业实践的水平。

4. 广泛开展创新创业实践活动 高等学校把创新创业实践作为创新创业教育的重要延伸,通过举办创新创业大赛讲座、论坛、模拟实践等方式,丰富学生的创新创业知识和体验,提升学生的创新精神和创业能力。建立质量检测跟踪体系,建立在校和离校学生创业信息跟踪系统,收集反馈信息,建立数据库,把未来创业成功率和创业质量作为评价创新创业教育的重要指标,反馈指导高等学校的创新创业教育教学。建立有利于创新创业人才可持续发展的教育体系,加强理论研究和经验交流。高校要加强对国内外创新创业教育理论的研究,组织开展教材汇编和大学生创业成功案例集,推进创新创业相关课研究工作,逐步探索建立中国特色的创新创业教育体系问题,形成符合学校实际,切实可行的创新创业教育发展思路,指导创新创业教育教学改革发展。

(二)创业者自身能力的提升

如何增强创业能力,对于大学生创业者而言,可以说是潜移默化的量变到质变的过程,也可以说是短期快速提高和爆发的阶段。大学生创业者充满激情与活力,学习能力、探索能力、总结能力等都处在人生中发展最快的时期。创业想要成功不容易,有努力也有机遇,但是创业能力的学习和提升是有路可循的。

1. 提升综合能力 提升创业综合能力主要包括:①提升机会识别能力。关注技术市场和政策变化,对环境变化的敏感度及警觉性提高;交往组建自己的社会网络,丰富创业信息来源渠道;明确创业目标,提高创业机会评价能力;塑造创造型人格,提升机会识别潜力。②培养决策能力。培养决策能力应注意克服从众心理、增强自信心、决策不求十全十美,但应注意把握大局。③提升决策能力。在创业过程中会遇到大大小小的问题需要处理,各种各样的决策需要决定,创业者既要审时度势又要果断干脆,快速准确地分析面临的问题,找出解决的方案,提高创业的决策能力。④培养开拓创新的能力。通过积累知识,增加才干,培养想象力和发散思维能力。开拓创新能力的提升不是一朝一夕就能完成的,这种能力需要不断地积累与尝试,不断地总结与挑战。⑤提升领导组织能力。通过熟记对方的名字,尽量使自己成为一个随和的人,态度轻松自然,毫不做作,避免发怒生气,训练自己面对任何事物都能够处之泰然,从容不迫,要用爱对待所有的人,学会体谅帮助,感恩他人。

2. 学会学习 创业者可以通过四种方式来学习行业知识:一是扩充阅读范围,了解业内行情。阅读行业内有影响力的著作和杂志;创业者学习商业知识的方法主要是从书本和网络课程中学习,其次是从实践中或者向成功企业家学习。尤其是技术性的创业者多存在轻视商业知识的用处,过于强调实践的创业者错误地认为书本理论不实用,认为实践才是最好的学习方式。但是实际的创业过程中,间接经验远比直接经验更重要,理论知识能够很好地指导实践。二是向行业内知名专家和企业家学习,阅读他们的博客和发表的文章;我们不难发现,最优秀的创业者和管理者往往善于学习理论,他们从科学的理论中找到指导自己创业或管理公司的有效方法和工具。了解最新资讯,借鉴别人的成功经验,虚心向前辈请教;全球商业领域顶尖的思想宝库,被公认的经典、权威的商业杂志,如《哈佛商业评论》《商学院》《中国企业家》《世界经理人》《创业家》《销售与市场》等,这些出色的商业刊物值得创业者仔细研读,并从中获得对自己创业的启发。三是结交行业内人士,通过行业活动或俱乐部等方式接触业内人士,向其当面学习经验和探讨疑难问题。经常关注正规官方创业平台或者地方开展的创业论坛等,把握机会向创业达人直接取经。

3. 勇于实践 此外,大学生创业者应主动参加校内外社会实践,走向社会,了解国情、社情、民情;积极参加学校组织的创新创业类培训、参加大学生创新创业计划训练项目,认真学习创新创业类课程、聆听创业经验分享讲座等。做好充分准备,通过参加创新创业大赛开阔视野、积累经验。只有亲自经历了、体验了,最终获得的认识和经验才是自己的。

目前在大学生创新创业赛事中,最具有权威性的两大赛事是"挑战杯"全国大学生课外学术科技作品竞赛、"创青春"全国大学生创业大赛。其中,"挑战杯"全国大学生课外学术作品竞赛是一项由共青团中央、中国科协、教育部、全国学联主办,国内著名大学和新闻单位联合发起并组织的全国性大型赛事,旨在全面展示我国高校教育成果,激发广大在校大学生崇尚科学,追求真知,勤奋学习,锐意创新,迎接挑战,"挑战杯"已成为未来科技精英交流的舞台。鼓励学生成长为21世纪具有创业创新意识,善于捕捉市场机遇,善于开拓广阔市场的"创青春"全国大学生创业大赛,旨在激发和培养广大学生的创新意识,宣扬创业理念,培养创业精神和实践动手能力,将创业的激情转化为创业创业方案,鼓励学生通过参加竞赛的系列培训和相关活动环节及对社会市场的观察分析,结合自身特点,策划制定出具有一定实际价值的创意方案。竞赛为在校生发挥创造潜能提供了一个广阔的舞台,使参赛同学在创业知识技能体系、创新精神、创新能力、综合素质等方面得到了全面的提高。大学生创业者可以通过学校团委或者赛事官网进行详细了解。

创业就是创立事业,是需要创业者通过自身不断努力、不断付出才能获得成功的新事业,而且不是所有的创业都会取得成功。但是,每一个创业者都必须相信,只要心怀理想、不抛弃、不放弃终会到达成功的彼岸。最后,对想要创业的大学生说:不骄不躁,潜心学习;不怕吃苦,大胆实践;反复总结,升华经验。

本章小结

本章我们学习了解了创新意识对于医学生创新创业的重要意义和深刻内涵,明确了形成创新思维对创业过程的重要影响,揭示了在创业过程中要主动学习和掌握科学的思维方法的必要性。提出了医学生在创业过程中应主动学习和构建关于专业知识、行业知识、商业知识以及综合知识的理论知识结构体系,并将积累的创业知识转化为创业实践能力与素质,从而为医学生成功创业打下良好的基础。

本章习题

1. 请列举目前常用的8种创新方法。
2. 简述创业能力具体内涵。
3. 创新创业能力的主要路径。
4. 分析自身创新创业能力的优势和不足之处。
5. 结合自身专业和能力水平,思考和讨论自己适合的创业方向。

【拓展阅读】

创新是企业家的具体工具,也就是他们借以利用变化作为开创一种新的实业和一项新的服务的机会的手段。……企业家们需要有意识地去寻找创新的源泉,去寻找表明存在进行成功创新机会的情况变化扩其征兆。他们还需要懂得进行成功的创新的原则并加以运用。

——选自《创新和企业家精神》美国现代管理之父 彼得·德鲁克

马云教你创业，站在巨人的肩膀上赚钱

深凹的颧骨，扭曲的头发，淘气地露齿而笑，拥有一副5英尺（1.53米）、100磅（45千克）的顽童模样，这个长相怪异的人有着拿破仑一样的身材，同时也有着拿破仑一样伟大的志向。《福布斯》杂志如是评价马云，作为创造了阿里里巴巴这样一个庞大的互联网商业企业的成功人士，对于未来年轻人总是充满希望，马云对无数年轻人说过："梦想还是要有的，万一实现了呢。"那么今天，就让我们站在这位传奇的男人肩膀上，让马云教你创业！

1. 创业的必要素质

（1）"我相信"。不论在任何场合，我们都可以看见马云身上总是带着一股气场，有的人说这是一个已经成功地人身上才会有的。这个说法并不正确，这股气场不仅仅是因为他获得了常人难以企及的成功，更是他对自己的相信，相信自己一定会成功的表现！马云教你创业，是身体力行的，马云一生从不缺乏失败，就在获得成功前他也经历了远超普通人的失败。马云一共参加了3次高考，第一次数学只有1分！我想常人在得到这个分数早就对大学不抱希望，心智坚定的人或许会在尝试一次。第二次他也仅得19分！如果是你还会对大学抱有希望吗？在面对现实的残酷、人情的冷暖。马云是相信自己能行，一定能考上，功夫不负有心人，第三次终于考上了杭州师范学院。我相信我自己，我相信我一定能成功，在面对现实的绝望时，唯一能给你鼓励的只有自己了。一句"我相信"，便是坚定信心，便是迈向成功的动力，是走向创业成功的勇气和基础！

（2）"我坚持"。今天很残酷，明天更残酷，后天会很美好，但绝大多数人都死在明天晚上。创业之路绝对不是一条笔直的大道，蜿蜒曲折、甚至充满泥泞与陷阱，需要朝着正确的方向坚持努力，"很多人比我们聪明，很多人比我们努力，为什么我们成功了，我们拥有了财富，而别人没有，一个重要的原因是我们坚持下来了"。马云笑称，"有的时候傻坚持要比不坚持好很多，如果空有理想，没有坚持，理想将变成一种痛苦。"在创业的长征路上，坚持是唯一的出路，放弃，后退都是失败的开端。

（3）"我学习"。学习能力，也是阿里巴巴不断成功的要素。"中国经济、世界经济互联网加上我们的年轻，如果我们不学习，不成长，我们对不起自己，也对不起这个时代。"保持谦虚的态度是非常重要，世界上比我们学历高、资历老、能力强、背景更深厚、甚至于天生就比我们智商高的人比比皆是。而我们却需要在同一个环境下竞争，他们都有可能成为我们的竞争对手。先不论如何战胜他们，即使是想要生存下来，"学习"是唯一拯救自己的办法，也是我们不断增强自我，寻找机会战胜竞争对手的方法。

2. 创业的基础

（1）创业的资本。创业的资本是你创业的开端，资本不单单指资金，还包括你的人脉资源。创业首先的根据自己的实际情况出发，启动的资金的多少也在一定程度上决定了你的起点。而人脉则决定了你能走多远，也决定了你创业的的方向。人脉资源是一个不断积累发展的，"在家靠父母，出门靠朋友。"说的也是这个道理。注重人脉的积累，当你展现出自己的能力与眼光时，自然不会缺少"贵人"相助。马云开创阿里巴巴时，起步资金是50万元，但凭借自己的能力和眼光，再加上人脉的积累，Invest AB副总裁蔡崇信听说阿里巴巴后，飞赴杭州洽谈

投资，在和马云谈了4天后，决定辞职加入阿里巴巴。平添一大助力，随后更是获得软银等国际投资机构融资，以及雅虎的大力支持，一个庞大的互联网商业企业逐渐成形。资本是启动的基础，但聪明人是会充分利用好自己现有的资源谋求更大的利润。

（2）行业的选择。有理想、有抱负、能坚持，这一切都是一个优秀创业者的素质，也有很多人喜欢用"不撞南墙不回头"来彰显自己的决心，但却忽略自己选择的方向路线是否正确。马云也表示，成功还需要选择好正确的方向，"如果方向选错了，你做得越对死得越快，所以我觉得我比较幸运，阿里巴巴选择了一个正确的方向——电子商务，互联网这个方向，但是做错了，可能也不行。"这是考验个人眼光，考验创业者对市场行情的敏感度，"如果你去问周围的朋友词语，十个人中九个人不知道，那么他可能是一个机遇，如果十个人九个知道，那么它就是一个行业。"有能力又肯吃苦的人，这个世界绝不缺少，更难能可贵的是他们对待事物的眼光，能否从万事万物中发现商机。

（3）竞争运营。在确定方向之后，一旦进入了行业也就意味着竞争的开始，马云提到创业者光有激情和创新是不够的，它需要很好的体系、制度、团队及良好的盈利模式。大势好未必你好，大势不好未必你不好。同时，在面临剧烈的竞争中，马云也给我们的提出了一些使用的建议，碰到一个强大的对手，不是挑战，而是去弥补它。小企业有大的胸怀，大企业要讲细节的东西。所有的创业者应该多花点时间，去学习别人是怎么失败的。80年代的人要跟未来竞争。

（文章转载自快马加盟网 https：//www.kmway.com/library/）

第五章 医学生创新创业项目的选择与流程

案例导入：雷军的创业故事

雷军，1969年出生于湖北仙桃。1987年，毕业于原沔阳中学（现湖北省仙桃中学），同年，雷军考上了武汉大学计算机系。武汉大学是当时国内最早一批实施学分制的大学，按照学校要求，只要修完一定的学分就可以毕业。刚上大学，对自己要求比较严的雷军就开始选修了不少高年级的课程。仅用了2年时间，雷军修完了所有学分，甚至完成了大学的毕业设计。

读完大学的雷军便开始闯荡计算机市场了。1992年，雷军与同事合著《深入DOS编程》一书。接下来的2年里，雷军涉猎广泛，写过加密软件、杀毒软件、财务软件、CAD软件、中文系统及各种实用小工具等，并和同学王全国一起做过电路板设计、焊过电路板，甚至还干过一段时间的黑客，解密各种各样的软件。两年下来，雷军和各家电脑公司老板之间都成了熟人，成了武汉电子一条街甚有名气的人物。

首次创业：

受《硅谷之火》（《硅谷之火》是2001年由机械工业出版社出版的图书，作者是迈克尔·斯韦因。本书以一个个生动的故事，介绍了这些计算机业余爱好者以怎样的创新精神和不懈的努力，将计算机技术的力量包装在一个小巧玲珑的机壳里，实现了个人拥有计算机的梦想。）中创业故事影响，在大学四年级的时候，雷军开始和王全国、李儒雄等人创办三色公司。当时的产品是一种仿制金山汉卡，可是随后出现一家规模比他们更大的公司，把他们的产品盗版了，且这家公司可以把同类的产品做得量更大，价格也更低。三色公司度日维艰，不要说公司运营，即使他们生活上也面临着无米下锅的局面。半年以后，三色公司决定解散。清点公司资产时，雷军和王全国分到了一台286电脑和打印机，李儒雄分到了一台386电脑。

人在金山：

1992年初，雷军加盟金山公司。先后出任金山公司北京开发部经理、珠海公司副总经理、北京金山软件公司总经理等职务。1998年8月，担任金山公司总经理；2000年底，金山公司股份制改组后，出任北京金山软件股份有限公司总裁。

雷军从22岁进入金山，一直工作到38岁，在金山工作了整整16个年头，期间完成了金山的IPO（首次公开募股（Initial Public Offerings，IPO）：是指一家企业或公司（股份有限公司）第一次将它的股份向公众出售（首次公开发行，指股份公司首次向社会公众公开招股的发行方式）上市工作。金山成功上市2个月之后，2007年12月，雷军以健康原因辞去总裁与CEO职务，离开金山。少年成名，急流勇退，在很多人看来，这样的人生很完美，雷军大可以自由淡定，想干嘛干嘛。但是，此时的雷军身为一个成功者，却有着深刻的挫败感。在经历了金山、卓越的成功，而后又淡出大众视野，雷军开始思考哪里才是互联网行业的下一个台风口，只有找到了这个台风口，他的下一次创业才能事半功倍。

创办小米：

2010年，雷军已经进入了不惑之年，外界看来他是国内最成功的天使投资人，以他的财富和成就，完全可以享受人生了。但是雷军心里始终有一个放不下的梦想，这个梦想促使他在40岁后从零开始，再上路。2010年4月，雷军与原Google中国工程研究院副院长林斌、原摩托罗拉北京研发中心高级总监周光平、原北京科技大学工业设计系主任刘德、原金山词霸总经理黎万强、原微软中国工程院开发总监黄江吉和原Google中国高级产品经理洪峰六人，联合创办小米科技并于2011年8月公布其自有品牌手机小米手机。

> 如今小米公司已有产品一代小米手机、小米 1S、小米 2、小米 2S、小米 2A、红米手机、红米 Note、小米盒子、小米 3、小米电视、小米电视 2、小米平板、小米路由器、小米移动电源、小米随身 Wifi、米键等诸多数码产品及配件产品。截止到 2013 年 8 月最新一轮融资,小米估值超过了 100 亿美元。照此计算,小米科技将成为位列阿里、腾讯、百度之后的中国第四大互联网公司。在如今中国的硬件公司中,已仅次于联想集团。
> 　　2014 年 12 月 4 日上午,《福布斯》杂志网站宣布,小米科技创始人雷军当选《福布斯》亚洲版 2014 年度商业人物。《福布斯》杂志称,在雷军的带领下,小米以价格低廉的智能手机横扫亚洲市场,并在全球范围内带动了以大众可承受的价格生产功能强大的电子设备,以覆盖广阔人群的潮流。
> 　　雷军在小米手机获得成功后曾说道:"我对其他创业者最大的建议就是做你喜欢做的事情。有时候大道理和那些励志成功的书看多了,都觉得有一堆的道理,其实没什么道理,就做你喜欢做的,认认真真地做,用心做就行了,这个用心是对的。"少年时在金山得志,中年时却急流勇退,只为了自己"想做世界一流公司"的梦想,为了做自己想做的事,雷军一路走来,告诉人们,一个人能够消费的财富是有限的,唯有理想才是保持后劲和激情的动力。

教学目标　1. 掌握识别创业机会的影响因素与方法。
　　　　　　2. 掌握如何选择正确创业项目。
　　　　　　3. 学会评估创业项目。

第一节　医学生如何选择正确的创业项目

好的创业项目是成功创业的基石,创业者都知道选择好的创业项目非常关键,却很难正确把握选择适合自己的创业项目与创业时机。创业者在创业前期都感到确定创业项目"十分头疼""很难抉择";在创业失败的案例中,有 60% 的人觉得是因为"创业项目不对"或"创业项目选择失误";而在成功创业人群中,70% 的人都认为是"良好的创业项目成就了自己的事业"。

医学生创业者必须认真审视自身特点和现有的资金实力,对将要从事的行业进行细致入微的调查分析。目前,我国大概仅有不到 30% 的创业企业取得成功,大学生创业成功率就更低了,仅有 3%,远远低于一般企业的创业成功率,医学生如何提高创业的成功率?如何选择创业项目?就显得尤其重要。

一、医学生选择创业项目的原则

创业之初就是选择创业项目,项目选择是创业中最难,也是最关键的一步,选择项目就是选择创业方向。由于大学生群体的特殊性,适合大学生的创业项目要尽量能够发挥大学生的优势,正确选择适合自身发展特点的创业项目关乎医学生创业的成败,但这让医学生创业者很难抉择。医学生创业者在挑选创业项目时,首先要判断创业项目的好坏和自己实力能否胜任,以下是医学生创业者选择创业项目几个重要原则。

(一)选择国家政策支持和发展前景好的行业项目

医学生创业首先认真调查了解目前国家政策鼓励和扶持哪些行业项目,打击和限制哪些行业等,然后选择国家政策支持和发展前景好、适合自身发展的行业项目。社会经济学家根据我国市场经济的发展规律预测,各行业在我国经济结构的调整过程中的地位和发展潜力也随之发生较大改变。有的行业由于社会需求的增加，带动了这些行业的迅速崛起成为我国社会未来需求的主导产业。相关的专家调查分析，未来最具发展潜力的行业主要有：家用汽车制造业；网络信息咨询与服务业；社会保险业；房地产开发业；老年医疗保健品业；妇女儿童用品业；娱乐与服务业；旅游休闲及相关产业；邮政与电讯业等。

（二）做好市场调研，适应当今社会经济发展需求

部分创业者创办企业的主要目的是为了营利，只从事当前热门和赚钱行业，这种观念是不正确的。创业者创业的目的应该是："企业是为了解决顾客的问题而存在的"，顾客满意才是企业生存的主要目的。要把市场需求导向作为项目发展的方向，选择项目时不能光凭自己的主观意愿，要通过市场调查从社会经济发展需要出发。医学生首次创业应对社会经济发展需要进行认真的市场调查，详细了解目前市场需要什么？需要多少？客户群体是哪些？哪类人群会来购买你公司的产品或服务？竞争对手和潜在的竞争对手有哪些等，并做出正确和准确的决策。

医学生创业者要了解顾客当前的需求和潜在需求，并开发相应的产品或服务尽量满足顾客的需求，适应现代市场经济的发展。同时，也要主动创造需求，创造市场。新创办企业首先需要盈利，多倾听生活中身边人们的抱怨、意见，有哪些困难。人们所不满的每件事情和问题都有可能是一个潜在的创业机会，问题不好解决，有可能机遇就更大。新创办企业就是要解决广大民众所不满的现实问题，关怀社会弱势群体所面临的生活困难，为其他企业解决现实生活中所遇到的问题，这样才能慢慢走向成功。

（三）充分利用自身优势做自己感兴趣的事业

市场是一个海洋，我们每个人是沧海一粟，是独具各自特点的一粟。每个人都有自己的优点和长处。有的熟悉某一行、某一领域的产品，有的拥有技术专长，有的兴趣爱好广泛、善于沟通交际等。要充分发挥各自的优点和长处，做各自感兴趣和熟悉的事业，创业就更容易成功。美国作家马克·吐温曾经经商，第一次他从事打字机的投资，因受人欺骗，赔进去19万美元；第二次办出版公司，因为是外行，不懂经营，又赔了10万美元。两次共赔将近30万美元，不仅把自己多年心血换来的稿费赔个精光，而且还欠了一屁股债。马克·吐温的妻子奥莉姬深知丈夫没有经商的才能，却有文学上的天赋，便帮助他鼓起勇气，振作精神，重新走创作之路。终于，马克·吐温很快摆脱了失败的痛苦，在文学创作上取得了辉煌的成就。

二、如何正确选择创业项目

大学生由于缺少社会经验和创业方面的相关专业知识，选择创业项目时往往带有极大的盲目性。合适的创业项目可以使学生产生更大的创业信心和创业热情，从而促进创业活动得以更好开展，他们所创造的企业对社会经济的促进作用也是不言而喻的。迄今为止，你可能预想很多个新的创业项目。接下来你就应该努力把这些预想中的项目减少至3~4个，仅留下你认为最适合的几个项目。并认真思考这几个创业项目，最终挑选出最适合你的创业项目。

1. 脚踏实地，从小事和赚小利做起 创业是一种很具风险的投资，一定要脚踏实地、量力而行，要将自己非常宝贵的有限资金投到风险少、规模小的事业当中，先赚小钱，积少成多，最后再赚大钱。纵观国内外的众多大企业家，从古至今都是从不起眼的小生意起家，然后不断壮大发展。比尔·盖茨创办微软时仅有3个人和一种产品，年收入也不过16 000美元。而我

们生活中小事起步，再慢慢逐渐积累，最后成为富甲一方的富豪例子数不胜数。

2. 坚持创新，创造企业的特点和优势 企业的生命就是创新，也是创业成功的关键，管理大师汤姆·彼得斯认为"商业世界变化无常，持续创新才是唯一的生存策略"。著名经济学家熊彼特提出创新的概念，并将其定义为"企业家对生产要素的重新组合"，他认为创新有五种情况：①开发新产品和改造老产品；②开辟新的产品市场；③采用一种新的生产方式；④获得新的原料或半成品的供给来源；⑤重新形成新的企业组织形式。所以，创业者的企业创新非常重要和紧迫。因为：第一，当前市场上不缺普通的商品和劳务，缺少创新的特殊商品和服务。创业者只有生产社会需求的、具有特色的创新产品和服务，企业才有可能在竞争激烈的商品经济市场中生存发展。第二，医学生创业之初，投资相对较小，社会竞争非常激烈，创新产品才能具有竞争优势。

三、创业企业环境影响评估

（一）企业对环境的影响

所有的企业和我们所生存环境息息相关，环境有物质要素（如水、空气和土壤）和生物成分（如植物和动物）、社会成分共同组成。内部环境指的是企业所有不同类型的生产过程。如企业员工作为内部环境的一分子，在生产过程中会受到职业健康与安全风险的不同程度影响。外部环境是指企业之外所有社会成分、物质要素及生物成分。如企业顾客消费企业的产品而对周边环境所产生的影响，一个企业有可能积极或消极的影响环境。例如，企业向人们提供了就业和固定收入就是积极的影响。另一方面，企业开采大量的非再生资源或在生产排污过程中污染环境，就是产生了消极和不利的影响。

为确保你所创办的企业能长期生存和可持续发展，你应该把企业对周边环境的负面影响减到最小。如果你无视企业对环境产生的消极影响，你的企业就会碰到非常严重的麻烦和问题。比如你的企业环境排污不达标，污染了当地环境，周边的邻居和社会民众可能会联合起来投诉你，政府相关部门有可能对你的企业进行罚款、停业整改、甚至不让你的企业注册。企业员工也会考虑职业健康和安全隐患，不会为你的企业工作。另外，你的企业在过度开采稀有自然资源的过程中，会很快因为缺少原材料而导致企业无法继续生产，例如商业性的渔业企业由于过渡捕捞渔业资源，渔业资源会每年逐渐减少。企业利润也会随着捕捞的数量慢慢减少而持续降低，所以，企业长期利用可持续性资源才能长期可持续生存发展。

（二）环境影响评估的问题

环境影响评估即为环境影响评价简称环评，即 Environmental Impact Assessment（EIA）是指对规划和建设项目实施后可能造成的环境影响进行分析、预测和评估，提出预防或者减轻不良环境影响的对策和措施，进行跟踪监测的方法与制度。通俗说就是分析项目建成投产后可能对环境产生的影响，并提出污染防止对策和措施。环境影响评估（EIA）可以帮助检测出你创办的企业对环境所产生的不良影响，通过调查分析，你要确保你的企业排污达到合格排放标准，并且还应具体进行说明，预计采取什么样的措施降低企业对环境的负面影响程度。

（三）核对新创办的企业与国家环境规定标准是否相符

2004年7月1日，我国正式实施《中华人民共和国行政许可证》规定，包括保护生态环境，生命财产安全和人身健康、开发利用国家稀有自然资源等相关活动，必要得到相关主管部门的经营许可。目前我国已有100部环境法规及相应的环境保护标准，在立法上全面细致地保护我国自然环境和生态环境。如《中华人民共和国环境保护法》《中华人民共和国大气污染防治法》《生活饮用水标准》《中华人民共和国水污染防治法实施细则》《污水综合排放标准》《环境空气质量标准》《恶臭污染物排放标准》《饮食业油烟排放标准》《生活垃圾焚烧污染控制标准》《城市区域环境噪音标准》《畜禽养殖业污染物排放标准》等。

在我国，县级以上地区人民政府的环境主管部门负责统一保护本辖区的环境，土地、矿业、林业、水利行政主管部门可以根据政府相关的法律和规定，有效监督管理本辖区内的资源。假如你所创办的企业是从事工业生产、餐饮、洗浴、汽车修理等环境排污较多的行业，就必须要遵守以下这些基本要求。企业负责人在取得行政许可证的有效期限内，如果所经营项目的性质、规模、地点或采用的生产工艺有大的改变，应重新向行政主管部门报批环境影响报告书或环境影响登记表，并重新申报许可条件、时间和程序。假如你所创业的项目属于上述类别之一，你就应立刻和当地政府相关的部门进行联系和咨询，并尽快地取得符合法律规定的政府许可证。

（四）对新创办企业的排污程度进行具体说明

众所周知，所有的企业都有可能不同程度的对环境产生影响。所以，所有的企业负责人都必须仔细评估自己企业对环境的影响。2017年1月大理白族自治州印发《关于开启抢救模式全面加强洱海保护治理工作的实施意见》，启动实施了以流域"两违"整治、村镇"两污"治理、面源污染减量、节水治水生态修复、截污治污工程提速、流域综合执法监管、全民保护洱海为主要内容的洱海保护治理"七大行动"，随后又成立了洱海保护治理"七大行动"指挥部，选派16支洱海保护治理"七大行动"工作队。2017年3月31日，大理白族自治州和大理市、洱源县发布了《大理白族自治州人民政府关于划定和规范管理洱海流域水生态保护区核心区的公告》《大理市人民政府关于开展洱海流域水生态保护区核心区餐饮客栈服务业专项整治的通告》《洱源县人民政府关于开展洱海流域水生态保护区核心区餐饮客栈服务业专项整治的通告》，洱海保护治理攻坚战全面打响。所以同学们在选择创业项目中一定注意环境保护。

四、创业项目寻找步骤及方法

（一）拓宽选择项目的渠道

创业者可以从互联网、图书馆、电话号码黄页、财经图书、贸易出版物、朋友和熟人、竞争对手、专科部门、经销商和批发商、政府有关部门，房地产经纪人等渠道获得相关的项目信息。此外，也可以通过对竞争对手的了解，与一些企业家交流过程得到启发，还可以从旅游考察、小企业管理课程和创业讲座中获得一些宝贵的项目信息，从创新产品和服务、客户投诉中获得选择项目新思路。

（二）创业项目理念要正确先进、新意独特

大家都知道要做自己擅长的行业，选择自己有经验、有技能的产品项目。兴趣爱好越吻合自身的特长，就更有内在动力，也更持久，更接近创业成功。切记在行业景气时，不要盲目跟风，热门生意也不一定个个挣钱；反而，有些冷门项目更好经营，要记住，企业景气与否主要是经营者的项目理念是否正确、先进相关。十万以上的投资项目，假如做革命性项目创新，很难进行市场推广，投资风险很大。小投资项目最好就是组合已有的各领域的项目优点，进行组合创新、升级改造。

（三）建立完整的评估筛选体系

从市场机会中发现创业项目是经过创业之前的认真学习，并进行市场调研发现的商机，创业者对该项目有了深层次的认识。但是，根据自身的技术积累，创业项目在技术上是否可行，核心技术是否比同行业其他公司更有竞争力，目前的财务情况是否能支付创业项目，目前的人力资源是否足够满足创业项目需求等。根据项目自身与个人兴趣、投资回报水平、投资额、行业前景与市场潜力大小、市场准入、经营场所需求、需要的员工技能、需要的人际关系资源、上下游业务渠道控制能力等因素间的关系建立完整的评估筛选体系。

五、确定创业项目的方案

如果你已经完成识别和选择什么样的创业项目，也就意味着你已经完成了企业的前两个步骤，你已寻找到一个适合自己的好的创业项目。

（一）假如仍然无法做出选择

假如你最终还是不能确定某个创业项目最适合你，你就应该做更多的准备工作。比如多做一些调查研究，咨询等。

（二）搞清楚自己无法决定的原因

如果你是在最后两三个创业项目中无法做出最终决定，假如这是你无法做出选择的原因，你可以试着与这些创业项目所在领域的一些"关键信息提供者"交流沟通，以获取更多的建议和信息，帮助你做出最终决定。

如果你担心自己不能胜任创办一家新的企业，并且犹豫不决，也许你不太适合经营开创自己的企业，更加适合替别的企业打工。很多打工人士也能取得成功，只是选择成功的方式有所不同。

假如你非常想要创办新的企业项目，但又一时找不到非常适合自己的项目来做？你可以给自己放个长假，好好地放松休息一下。尝试多花一点时间去工作和尽可能得到更多一点信息。你越靠近这个目标，你技能和经验就更加丰富。这也是成为一名优秀成功企业家所应提高的能力。

六、周密的创业前期准备工作

（一）通过市场调查和访谈分析创业项目可行性

通过市场调查，以及多次与客户、供货商和企业负责人交流访谈，可以搜集到与你创业项目相关的有价值信息，并分析出哪些不利于你的企业项目发展的因素。尽可能多安排非正式访谈，访谈过程中要仔细观察。虽然浪费了一些时间，通过实地市场调查和访谈所交往的一些人员，以后对你创办企业会很有帮助。把你的创业项目向被访问者进行详细的描述，说明客户需要的理由和原因，并搜集一些有用的信息。这也是你首次尝试向其他人推销你的创业项目和产品。

访谈调查时可以带上记录工具，记录别人说的要点。但首先应该询问别人你是否可以做笔记，假如有人不太喜欢你做笔记这种方式，就要仔细聆听，过后通过记忆把重要的内容进行整理和记录来。也可以尝试着带一张问题清单，交谈过程中一个话题引出另一个话题，让访谈顺利进行。

（二）制定详细的创业计划书

创业计划书是一份全方位的商业计划，其主要用途是递交给投资商，以便于他们能对企业或项目做出评判，从而使企业获得融资。创业计划书有相对固定的格式，它几乎包括反映投资商所有感兴趣的内容。创业计划书的好坏，往往决定了投资交易的成败。对初创的风险企业来说，创业计划书的作用尤为重要。当你选定了创业目标与确定创业的动机后，在资金、人脉、市场等各方面的条件都已准备妥当或已经累积了相当实力，这时候，就必须提供一份完整的创业计划书，创业计划书是整个创业过程的灵魂。

医学生创业必须要制订一份详细周密的、可行的创业计划书，回答你的创业项目能否盈利、盈多少利、什么时候盈利、怎样赚钱，以及需要什么样的条件等？这些问题一定要在务实的市场调查的基础上提出的，决不能凭空捏造。依据计划书的目标，再制定出企业每个不同阶段的小目标、工作步骤，最后逐渐去实现最终创业目标。

（三）制订缜密的资金运作计划

企业成功运营就要有充盈的资金保障，企业刚开业时，要提前制定好3个月左右、预测盈利期之前周密的资金运作计划。还要把各种不确定因素和情况变化考虑入内，如工作人员增加、销售滞后、成本增加等，要根据情况随时灵活调整资金运作计划。不仅如此，由于企业资金运作过程中的动态收支，你还要学习一些相关的财务运作知识。

（四）营造一个良好的商业氛围

医学生创业由于没有社会与商业经验，很难把握商业社会竞争的瞬息万变。可以先为自己营造一个良好的商业氛围，比如进入相关的行业协会。借助行业协会了解与本企业相关的信息，结识商业伙伴，多途径交流合作，逐渐加强创办企业在行业中的影响力。把企业落户在相关配套服务齐全的工业园，借助工业园提供的优惠政策、管理支持等服务，促进创办企业长期可持续发展。找一个经验丰富的企业顾问，利用好身边的各种资源，学会与不同阶层的人合作，为自己的创办企业营造一个良好的商业氛围，也是医学生创业者起步的关键。

（五）打造一支出色的企业团队

创办企业需要勤劳实干，医学生文化程度高、头脑灵活，创业之初由于受限于资金，还不能形成有效团队运作，各种事情都需要自己亲力亲为。但做事主次分明，先从关键的事情做起，提高办事效率。企业站稳脚跟和资金充盈后，就应打造一支属于自己的出色团队，把合适的工作交给合适的人去做，充分发挥团队中每个人的作用。打造一支高效稳定的企业团队，使企业更上一台阶，最终稳定可持续发展。

（六）企业的终极目标是盈利

企业的最终目的就是为了赚钱，成功的企业大多如此，尤其是目前网络经济时代，很多企业家创办之初还没想到赚钱,经过多次"死而复生"的过程后,坚持到最后终于取得了巨大的成功。医学生头脑灵活,好点子多,如何让这些好的点子转换成商业价值,就一定要找到盈利点。先找准你的目前和潜在的客户,所以,时刻一定要明白自己创办企业的客户是哪些,客户的需求和想法是什么,怎样才能让他们满意。

(七)挫折是取得成功的阶梯

被挫折历练后的人总是更顽强、更成熟、更加的勇敢,也就能看到近在咫尺的成功,也就是我们离成功更近一步。遭受挫折不但可以使人生积累经验,而且可使人生得到不断地升华。生活需要挫折,挫折使人变得坚强,如果说人生是跑道的话,挫折是摔跤,强者是在人生跑道上摔倒了再站起来的人。挫折和失败是医学生创办企业过程中的必经之路,遇到挫折不要气馁,换个思路和方案,找到继续前进方法,千万不能停止不前,失败是成功之母,挫折和失败都是创业者的创业成功的阶梯!

第二节 医学生创新创业的具体流程

一、创新产生创业灵感

创新至少包含以下内容:一是独创,即创造新的事物,想别人没有想到的,做别人没有做过的,独辟路径、善于发现;二是更新,即除旧布新,勇于改革、摒弃不合时宜的陈旧方法,迎接新事物;三是改变,即改换、更改,使事物变得和原来不一样,形成切合实际的新做法。总之,创新就是继承前人,又不因循守旧;借鉴别人,又有所独创;努力做到有新视角、新思路、新办法,使各项工作体现时代性、把握规律性、富于创造性。党的十八届五中全会提出,要推进理论、制度、科技和文化等各方面的创新,让创新贯穿党和国家一切工作,让创新在全社会蔚然成风。可见,创新是对政治、经济、文化、社会等领域全方位的覆盖,不应简单停留在将"创新"等同于"科技创新"单一的思维模式,要以全局的思维和高度,全面理解创新的内涵和范围。

创业者的灵感往往可以诞生一个新的企业,成功的创业者都具有敏锐的观察力,对细节观察入微,能够迅速抓住稍纵即逝的商业机会,产生具有创造性的灵感,这都是成功创业者具备的物质基础,微软创始人比尔·盖茨敏锐地感觉个人电脑网络时代的到来,并随即创办了微软公司。姜万勐利用 MPEG 解压缩技术把图像和声音存入光盘里,创造出物美价廉的 VCD,这都来源于创业灵感。医学生创业者如果有好的创业灵感,可以先找有成功创业经验的创业者进行交流探讨,或者请这方面的专家对创业灵感进行客观的评价分析。共同研讨灵感创业的优劣势和可行性,再根据市场需求进行创业。

二、思维缜密的市场调查研究

如果专家或成功创业人士认为创业灵感切实可行,或医学生对自己的创业灵感坚定不移。接下来就要进行市场调查分析,因为创业产品或服务最后还是流入市场,提供给客户消费。创业的市场调查研究先要搞清楚以下这些问题,客户对创业产品或服务的需求程度?客户对创业项目产品或服务的价格要求?替代和互补产品或服务的市场供给状况?客户对同类产品或服务认可度等?

医学生创业者由于资金有限,创业前的市场调查可以采用二手资料为主和一手资料为辅相结合的调查方法,通过实地访谈获得一些最重要的市场信息。当然,由于医学生创业者的时间、精力、资金有限,市场调查资料的准确性不一定高,如果能获得风险投资者的支持,委托一些专业的调查公司对创业产品的市场进行调查评估,这种调研结果就会更加精确可靠,创业产品或服务更容易获得市场需求的认可。

三、组建专业的创业团队

创业的过程非常复杂,要大量积累企业定位、战略策划、产权关系、市场营销、生产组织、团队组建、财务体系、人力资源等方面的知识经验。

医学生大部分是专业人才,知识和经验不够全面,对企业战略、管理、营销等知识有可能一窍不通。所以,有好的创业灵感转换成客户需求的创业项目产品或服务,就必须组建一支懂得管理、技术、营销等知识经验的优秀人才创业团队。该创业团队成员不仅需要具有牺牲精神,还能够在知识经验和性格等方面互补,在创业过程中团结合作、相互扶持、勇往直前。很多风险投资者非常看重创业者的创业计划中是否有一支优秀的创业团队。

四、创业产品或服务研发

经过对市场的调查分析,了解到客户对创业项目产品或服务的需求现状,确定了创业灵感转换成产品的可行性,医学生创业者就应进行创业产品或服务研发工作。医学生创业者在这个阶段会非常辛苦,可以借助本校的科研场所和设备,没有周末、节假日、工资,每天可能得工作十几个小时;研发过程中可能会遇到多次的失败和挫折,承受研发时间太长及市场变化导致产品或服务过时的风险;还要承受研发工作不能获得太多风险投资者的资金支持等巨大压力。所以,创业者的激情和信念是医学生努力研发创业产品或服务的重要动力之一。假设医学生创业者要创业的产品或服务是现实生活中存在,则不需要再重新研发产品或服务。

五、撰写商业计划

医学生创业者要想获得风险投资,就一定要撰写出切实可行的和具有较强吸引力的商业计划书。商业计划书包括筹资、融资、企业战略及其执行等内容,是每个企业进行生产和营销的总行动纲领和执行方案。医学生创业者如果能制定一份详细创业计划书给风险投资者,向其展示所创企业的潜在价值,获得风险投资的机会就会更大。好的商业计划书能让医学生创业者认清创业潜在的阻碍,提前准备克服困难的对策。医学生创业者要清楚的是,商业计划书要简明完整,篇幅不要太长。

六、多渠道获得创业投资资金

医学生创业肯定需要获得稳定的资金支持,主要有以下几种途径获取资金支持。

1. **个人资金** 医学生创业者个人身份比较特殊,一般个人资金相对较少。个人资金过少,医学生创业者就很难进行市场调研、研发产品或服务、撰写商业计划书等相关创业工作,也很难获得其他的资金支持。相对而言，风险投资者更看重创业者能否把医学生创业者的个人全部资金全部用于创业。

如果医学生创业者的个人全部资金全部用于创业，也就表明了本人对此次创业的决心，并会做出倾其所有的努力。当然，医学生创业者投入个人资金的多少，也影响着外部投资者在企业合作中的发言权和支配权。

2. **亲戚朋友的资金** 除个人资金以外，医学生创业者还可以向亲戚朋友筹集创业资金。亲戚朋友非常了解医学生创业者的情况，最容易被说服进行投资，创业初期如果没有其他投资者投资，亲戚朋友的资金就显得尤其重要。可是，亲戚朋友的资金对于医学生创业者来说可能太少，有可能被外界定义为家族式企业，导致公众的不利评价，影响企业的股权分配、决策、未来发展等。为此，医学生创业者一定要正确权衡亲戚朋友的资金注入的利弊，多吸引一些志同道合、在经验和个性方面能够互补的亲戚朋友的资金，共同投资创业。

3. **贷款和风险的投资** 金融机构贷款。这是医学生创业者获得资金的一种方式。可是，由于医学生创业者创办的企业一般规模不大，基本上不会参与信用等级的评估，想要获取金融机构的信用贷款几乎是不可能。金融机构通常还会发放抵押贷款、质押贷款、担保贷款等，假如医学生创业者可以获取家庭和亲属的支持，动用家庭的动产和不动产或由亲戚朋友担保贷款，也可以获取一定数额的金融机构贷款。

创业贷款。创业贷款就是指具有一定生产经营能力和正在经营企业生产的个人，如需要再次创业的需要而向银行申请贷款，经银行评估认可有效后，发放的专项贷款。贷款的额度会依据借款人的经营现状及偿还能力而确定。

医学生创业者如果能向银行提供有效的担保，金融机构一般会依据现实情况最高给予 10 万元、期限为 3 年左右的信用贷款。国家为了鼓励大学生进行创业，创业贷款的普遍利率同比中国人民银行的贷款利率下调 20%，有些地区还可以享受 60% 的政府贴息。医学生创业者可以通过创业贷款获取定额的资金支持。

风险投资。风险投资是新创办企业的另一种资金来源，尤其是高新技术新创办企业。风险投资者一般会向发展潜力巨大的新创办中小企业提供资金支持，并获得公司一定份额的股权，承担巨大风险的同时收获高额利润。

20 世纪 40 年代，美国诞生了风险投资行业，至 20 世纪 80 年代空前繁荣，并传于我国。目前，我国主要包括以政府机构为主体的风险投资与外国投资机构，对网络、电子、通讯、生物工程等领域进行投资。

医学生创业者假如进行高新技术创业，就可以向风险投资机构申请资金支持。美国的"创意投资模式"是当前大学生创业者最适用的风险投资方式，针对高新技术的应用并立足于一个好的创意，进而打开社会市场。医学生创业者利用这种模式进行创业时，要把好的创意和高新技术相互结合，尽最大可能地争取风险投资者的资金支持，最终收获智力投资市场盈利。此外，医学生创业者也可以通过政府资助、私募、信托投资、民间贷款等方式筹集资金。

七、企业成立挂牌运营

医学生创业成立企业或公司，个人独资或股份制企业都要到当地的工商管理部门进行登记注册，还要办理税务登记，开企业代码证明，如果从事特殊行业的还应进行必要的附加手续。整套法定的手续都完成后，医学生创办的企业或公司可以向外宣告正式挂牌成立，向社会市场进行合法生产或服务。企业逐渐发展壮大，完全进入资本市场，通过扩大再生产、兼并、分立、股票上市等，最终取得创业的巨额回报。

（一）企业工商注册

医学生创业新企业要依法到当地的工商管理部门登记注册，办理相关手续，进行合法运营。

企业名称预先核准。我国法律明文规定，企业名称是企业区别相关公司或企业最主要区别方式，必须经过登记注册允许后才可以使用，享有一定范围内的专用权，受国家相关法律法规的保护。医学生创业者和共同投资人必须到所辖区域内的工商管理部门，提交以下这些文件资料。

1. 医学生创业者和共同投资人一起拟定的企业名称核准申请书，包括企业的名称、地址、业务范围、注册资金、创业者和共同投资人的姓名和出资额等相关内容。

2. 医学生创业者和共同投资人签写法人代表或法定委托代理人的证明书，创业者和其他投资者的资格证明，法人代表或法定代理人的资格证明。

3. 按规定提交其他相关文件。医学生创业者应注意创办的企业或服务名称中不得包含以下字句含义。

（1）对国家、社会公共利益造成损害，容易引起公众误解。

（2）政党名称、党政军机关名称，群众组织名称，社会团体名称及部队番号，外国国家（地区）名称、国际组织名称。

（3）汉语拼音字母、数字。

（4）含封建文化糟粕的字词、带殖民文化色彩，有损国家民族尊严和感情的。

（5）以反动政治人物和具有影响力的反面人物的名称命名。

（6）低级庸俗、色情等内容，带有民族歧视的内容。

（7）国家领导人和老一辈革命家的名字命名。

需要注意的是，个人独资企业的名称中一定不能"有限""有限责任""公司"等相关的文字出现，合伙企业名称也不能有"有限""有限责任"文字出现。

企业名称通过工商管理部门审核预先通过，会给企业发放《企业名称预先核准通知书》。企业预先核准的名称一般能保留6个月，保留期内不能用于经营活动，也不能进行转让。

（二）办理营业场所证明

我国法律明文规定企业一定要在营业场所进行生产或服务。所以，医学生创业者一定要先到当地工商行政管理部门办理营业场所证明。营业场所自有的可以提供房屋产权证明，租赁的提交一年以上房屋租赁合同和出租人的房屋产权证明。

（三）验资

新创办企业在当地工商管理部门进行登记之前，还要到当地具备合法验资资格的会计事务提前办理相关的验资手续。验资时需要依照我国法律规定的委托手续先填写委托书，提供以下这些文件材料：《企业名称预先核准通知》、创办企业章程、医学生创业者和共同投资人的合法身份证明、企业经营场所证明、假如有单位进行投资，还要提交该单位的营业执照及资产负债表、各类资金都已到位的证明。

会计事务所验收完毕后会依法出具验资报告，以便医学生创业者在当地办理工商登记注册时使用。

(四) 办理企业代码证书和开立银行账户

依据我国企业现代化管理和权利保护法的规定,医学生创业者要到当地国家质量技术监督部门办理企业代码证书时,需提供企业营业执照和企业法人代表的原件和复印件。依法审核医学生创业者的独资或合伙企业,通过后颁发《企业代码证书》,如果是有限责任公司,颁发《企业法人的代码证书》。

我国法律规定企业单位必须在银行开户,各单位之间的资金往来,必须按照现金管理办法的规定实行银行账户转账结算,除极个别特殊情况可以使用现金结算。医学生创业者依法在工商管理部门登记注册和领取企业代码证书之后,先向当地中国人民银行分支机构提交申请,审核通过后颁发开户许可证凭证,并申请开户,然后去当地具有企业存款账户资格的银行开设企业存款账户。开设企业存款账户时需要提交以下资料:《企业法人营业执照》或《营业执照》、《企业法人代码证书》或《企业代码证书》、企业法定代表人身份证原件与复印件、按照金融机构的要求预留企业和法定代表人印鉴。

依照相关的法律规定,一个企业只能开设一个企业基本的存款账户,企业的所有资金都通过该账户流通支出。另外,企业可依据具体情况到金融机构开设一般和临时存款账户,在法律许可范围内进行结算业务。

(五) 税务登记

每个企业都按照国家法律规定进行纳税。医学生创业者一旦办理领取了营业执照,在30天以内,就应到当地政府的国税和地税机构进行税务登记,根据企业的实际情况填写《税务登记表》,并提交以下这些文件资料:企业营业执照原件与复印件、企业章程、合同、协议书等、企业银行账户证明、企业法定代表人身份证原件与复印件、其他有关文件资料。

当地政府的国税和地税机构会根据国家法律规定的相关程序进行审核,并为企业办理税务登记证,企业在生产经营或服务赢利后就要按规定缴纳税收。

(六) 其他相关手续

假如医学生创业者创业方向为个体工商户,就要到当地工商管理部门进行个体工商登记,填写《个体工商设立登记申请书》,还要提交本人的身份证原件与复印件、营业场所证明、其他相关的一些文件资料。当地工商管理部门根据国家法律规定的相关程序进行审核,通过后颁发《个体工商户营业执照》。医学生创业者拿到营业执照后,还要去当地的税务部门进行税务登记,最后依法缴纳税收。

假如医学生创业者进行的是特殊行业,如餐饮、矿产等行业,还应依法办理特殊行业的附加手续,如《卫生许可证》《环境设合格证》等。依法办理了这些手续以后,企业才能进行特殊行业的生产经营或服务。

八、制订营销计划

经过长期市场调查和研究后,了解了客户需求和竞争者的具体情况后,医学生创业者就可以进行有计划地进行市场营销。市场营销计划一般会从以下几个方面着手,如产品、价格、渠道和促销等方面,这几个方面构成了企业产品或服务市场营销的基本内容。

(一)产品

产品是指企业通过生产计划提供给客户的东西,提供给客户的产品并不是简单形式,还含有丰富的内涵,一般包括三个层次:第一,核心产品。这是产品的核心,主要为客户提供本质需求上的满足,且它决定向客户提供最基本的功能满足方式。比如电视机为客户提供娱乐、相机的功能是拍照、化妆品的功能是护肤、美容。第二,形式产品。它的作用就是为客户提供更大程度的需求满足,一般包括品牌、特色、包装、款式和质量等几个要素,品牌满足客户的不同程度需求,包装是产品的不同识别,质量则反映产品的不同竞争力。第三,附加产品。它能为客户的需求提供最大限度地满足。如交货期、提供信息、免费送货、安装、保修、保换、产品演示、详细介绍等生产经营和服务。

(二)价格

企业产品的销售价格决定着其销售速度和盈利状况。因此,企业必须要根据市场行情先制定一个合理的价格。制定企业产品或服务的价格一般有以下几种方法。

1. 成本导向定价法　成本导向定价法是指产品或服务的成本加上一个相对固定的利润,然后决定产品或服务的销售价格,包括成本加成定价法、投资回报率定价法、损益平衡销售量与目标定价法等。

成本导向定价法非常简单实用,目前应用较为广泛。但存在一些缺点:如忽略了市场价格和需求变动之间的动态关系、忽略了同类市场竞争的相关问题。成本导向定价法是通过产品成本加上预期销售额而给出的定价,假如销售额没有达到预期要求,预期的利润也就很难保证了。

2. 竞争导向竞价法　竞争导向竞价法是指企业制定价格的过程中,通过考查市场同类竞争对手的价格给出的定价,基本忽略成本及市场需求等影响因素。一般有以下几种形式。

第一,随行就市定价法。以该行业的平均价格水平或同类竞争对手的价格为参考,定出企业产品或服务的基础价格。

第二,投标竞争定价法。是指企业在招标竞标过程中,通过了解同类竞争对手的价格,定出企业产品或服务的基础价格。这种定价方法一般是为了签订合同,先了解同类竞争企业的招标价格,招标价格进行估计后确定的,然后在招标竞标过程中以更低价格的进行报价。

第三,主动竞争定价法。和随行就市定价法不同的是,主动竞争定价法指的是企业以市场需求为主体,参照同类竞争企业的价格,根据营销绩效给出企业产品或服务的最终定价。

3. 需求导向定价法　需求导向定价法指的是企业依据市场需求情况及客户对产品或服务的评价,最终定出企业产品或服务价格的定价方法。

在通过以上几种方法先定出企业产品或服务的基本价格,还要充分考虑其他潜在的影响因素,巧妙地利用定价技巧,最后定出企业产品或服务的最终价格。

(三)渠道

设计渠道包括创办企业的生产经营场所、通过哪些中间商来销售企业产品或服务等。假如你要开办一家零售店或服务型的企业,生产经营场所就显得尤其重要,靠近顾客以便他们随时光顾。总之,顾客一般会挑选距离较近的店,一般不会跑很远的路光顾商店。

而相对于制造商来说,和顾客的距离远近不是那么重要了,而是否能获得生产所需要的原材料非常关键。所以,工厂一般会建在离原材料供应商很近的场所。这样,不仅能获取低租金的生产,还能近距离的获得原材料,节省运输费用。所以,企业选择生产厂址一定要考虑产品的销售和运输问题,不能只是想着把生产抓好,还要让客户很方便快速使用企业的产品。

(四)促销

促销指的是企业通过广告或媒介把生产的产品信息传递给顾客,吸引顾客前来购买企业的产品或服务的一种销售手段。通常有以下几种方法。

1. 广告促销 是指直接向消费者推销产品或服务的广告性形式。运用各种途径和方式,将产品的质量、性能、特点、给消费者的方便性等进行诉求,唤起消费者的消费欲望,从而达到广告目的。是传统的以促销为首要目的的广告。如何向你的客户发布企业产品信息,吸引客户前来购买?首先,可以在报纸或广播中做广告,也可以通过招贴画、小册子、价格表和发名片,这都是企业广告宣传产品或服务的简单有效方法。

2. 宣传促销 宣传营销,就是利用既有的传播资源对相关商品和劳务进行推广,以引导、刺激社会中的潜在消费者,使他们产生购买欲望,从而提高公司企业的效益。通过登报纸或在杂志社刊登企业产品或服务的文章,通过媒介的传播从而达到企业产品或服务促销的最终目的。开展宣传促销能充分发挥各种职能,让企业的整体效益最大化,宣传促销的各个职能之间并非相互独立的,同一个职能可能需要多种营销方法的共同作用,而同一种宣传促销方法也可能适用于多个宣传促销职能。

3. 销售促销 经常邀请一些顾客到你的企业进行参观,或者通过与顾客接触交流的方式,吸引他们前来购买企业的产品或服务。促销的手段和方法各种各样,如在顾客多的地方进行陈列、展示、竞赛活动等以吸引顾客,采用买一赠一的促销的方式刺激顾客消费。

一般来说,促销的开支非常大,所以,为了节省开支,多向美工设计人员、印刷厂和其他专业人员询问市场价格行情,你的同行竞争对手怎样促销?最后再确定要采用哪种费用相对较低且有效的促销方式。

九、制定利润计划

(一)为什么要制定利润计划

制定好企业产品或服务的市场销售计划之后,接下来就要考虑的怎样预测企业运营后能否盈利。创办企业最终的目的就是为了盈利,假设不能盈利就没办法立足和生存。企业利润为销售的总金额减去生产成本费用。因此,估测企业利润先要估算预期企业产品或服务的销售总额和生产成本费用。

(二)预测销售

预测销量指的是把经过市场调查分析后所得到的信息资料,用科学的统计方法和模型,预测下一阶段企业产品或服务的总销量和变化趋势,以便为接下来的决策提供理论依据,是制订创业计划中最难的一部分。销售产品的数量和价格能带来收入和利润,做销售预测是一件非常困难的事情,医学生创业者一定要做好以下几种方式。

1. 潜在顾客调查法 走访调查那些有可能成为你潜在顾客的人,充分了解这些人的购买意向、购买习惯,可以通过面谈、打电话、写信邮寄或进行网络调查等不同调查方式。由于市场太大,而新创办的企业人手有限,不能走访每一位潜在顾客,最好采用问卷抽样调查法。

2. 同类企业对比法 可以用新创办企业的资源、产品质量和市场营销计划和同类竞争对手做比较分析,基于同类竞争对手产品销售情况而做出的销售预测方法。

3. 现场实验法 可以先进入市场少量试销企业的产品或服务,看下试销售的情况,再进行评估销售量,乘以早先确定的企业产品或服务的价格,最后预测出产品或服务的销售金额。

(三)预测产品成本费用和利润

企业产品成本费用指的是企业生产经营过程中所花费的各项费用。在市场经济的激烈竞争过程中,效益的好坏关乎创业的成败,而成本、费用是构成效益的重要元素。就新创办企业而言,可以参照同类企业的产品成本费用进行预测。

企业花费成本分为固定成本和可变成本两种。固定成本是指如场所租金、员工保险费和营业执照费、管理人员的工资等开支,这些开支不会随着销售额的增减而发生大的改变。可变成本会伴随企业销售产品数量的多少发生改变,如材料费、计件工资等。对于制造商和服务商,可变成本指的是制造产品或提供服务时的花费。

医学生创业者一定要仔细的区分可变成本和固定成本。原材料成本肯定为可变成本,搞清楚这些可变成本会随着产品销售的增减怎样发生变化。

(四)预测现金流动

医学生创业者预测完利润以后,还需要考虑保障企业正常生产经营的流动资金是否充盈。企业资金要是缺乏,企业购买和支付能力就会受到很大的影响。企业的负责人必须要时刻了解企业的现金流量信息。现金流量信息会很清楚的显示企业每个月资金收入和支出。预测现金流量信息可以让你的企业保持活力,什么时期你的企业也不会面临资金缺乏的困境。

企业可以根据各营业预算和资本预算来进行现金预算的编制,可以充分反映企业收入及支出款项,并进行对比分析。在资金缺乏时提前筹集资金,资金充盈时及时加大资金利用,还可以为资金收支的定一个限额,把现金管理的作用发挥极致。而现金预算指的是规划预算期现金收支和资本融通的一种财务预算,包括现金收支、现金收支差额和资金融通。

本章小结

要想创业取得成功,首先就要识别和把握住机会,机会稍纵即逝,集思广益,用正确的方法、方式,开拓事业,这些是医学生创业成功关键。此外,创业者意志力要坚强,通过社会不断地学习和积累,在挫折和失败中努力提高识别风险和化解风险的能力。

创业者要慢慢提升自我和企业的核心竞争能力,以适应社会经济发展变化,培养自己企业的创新能力,社会商业竞争中立于不败之地。通过学习本章节你还应明确以下内容。

创业要不受限于当前资源条件,追寻机会,开发利用不同的资源组合,并创造商业价值和获得盈利。创业本身就是经营活动,社会组织和个人活动中都有创业的影子,创业活动更注重经营活动的前段部分,在机会导向的程度、创新的强度、创造价值及对社会的贡献多方面表现得尤为突出。与创新相比,创业是以顾客需求为导向,重点强调创造商业价值和赢利为最终目的。

创业活动实质上就是一个识别、开发和利用机会和实现机会价值的过程。创业是富有创业和冒险精神的创业者在合适的机会创造财富的活动,是创造社会价值的过程。创业者都必须仔细评估自己企业对环境的影响,尽快地取得符合法律规定的政府许可证。创业前要进行周密的创业前期准备工作,营造一个良好的商业氛围,打造一支出色的企业团队,最终实现赢利。

本章习题

1. 在创业初期有几种方式可以获取的创业投资?
2. 简述识别创业机会的常见方法有哪些?
3. 识别创业机会的步骤有哪些?

【拓展阅读】

创新就是做别人没有做过的事情。但创新的风险很大,绝大部分创新最后都是失败。所以,我认为,创新的本质是不惧失败的勇气!创新还需要一个大环境:全社会理解失败者,宽容失败者。成王败寇这样的观点,是阻碍创新的因素。

——小米创始人:雷军

第六章 医学生创新创业项目的实施

案例导入：腾讯五兄弟的创业故事

腾讯马化腾、张志东等五兄弟的创业故事，是一个典型的默契团队创业故事，堪称标本。

创业初期，马化腾与他的同学张志东"合资"注册了深圳腾讯计算机系统有限公司，不久又吸纳了曾李青、许晨晔、陈一丹三位股东。据说五个创始人的QQ号，是从10001到10005，为避免产生矛盾以及彼此权力的争夺，马化腾在创立腾讯初期就本着"各展所长、各管一摊"的原则进行了明确的分工：陈一丹是CAO（首席行政官），许晨晔是CIO（首席信息官），曾李青是COO（首席运营官），张志东是CTO（首席技术官），马化腾是CEO（首席执行官）。

之所以将腾讯五兄弟的创业称之为"典型"，就是因为直到2005年，这五人的创业团队还基本保持初期的合作阵形，不仅不离不弃，而且配合默契。即使腾讯做到如今的局面，除了COO曾李青挂着终身顾问的虚职而退休以外，其他四个也还战斗在公司一线。

人们常说一山不容二虎，尤其是在企业迅速发展壮大的过程中，要保持创始人团队的稳定合作实属不容易。腾讯几兄弟的团队如此稳定而极具凝聚力，是与工程师出身的马化腾一开始对于合作框架的理性设计分不开的。腾讯五兄弟创立的深圳腾讯计算机系统有限公司，从股份构成上来看，五个人共凑资50万元，其中曾李青出了6.25万元，占12.5%的股份；张志东出了10万元，占20%；马化腾出了23.75万元，占了47.5%的股份；其余两兄弟各出资5万元，各占10%的股份。虽然主要资金都由马化腾所出，可他却自愿把所占的股份降到一半以下，即47.5%。原因在哪里？用马化腾自己的话说，那就是"要他们的总和比我多一点点，不要形成一种垄断、独裁的局面。"但是"如果没有一个主心骨，大家平分股份，到时候也肯定会出问题，同样完蛋"，所以主要的资金他一定要自己来出，占据主要股份。

保持团队稳定的另一个关键因素，就在于搭档之间的"合理组合"。曾李青是腾讯五个创始人中最好玩、最开放、最具激情和感召力的一个，与温和的马化腾、爱好技术的张志东相比，是另一个类型。其大开大合的性格，也比马化腾更具备攻击性，更像拿主意的人。不过或许正是这一点，也导致他最早脱离了团队，单独创业。在中国的民营企业中，能够像马化腾这样，包容才智，选择性格不同、各有特长的人组成一个创业团队，并在成功开拓局面后还能依旧保持着长期默契合作，是很少见的。而马化腾成功之处，就在于其从一开始就很好地设计了创业团队的责、权、利，制定了合作框架，这是腾讯五兄弟创新创业项目的实施并发展壮大的主要因素。

教学目标 1. 了解团队凝聚力的重要性及如何培养和巩固凝聚力。

2. 掌握财务监控方法。

3. 做好风险规避和长远规划。

第一节 团队凝聚力的培养和巩固

团队建设作为一个营销时尚名词被纳入企业人力资源管理的最新领域，开始被越来越多的人深入探讨，一个团队的好坏直接影响到一个项目的成败，而在团队建设中，如何打造团队凝聚力成了重中之重。俗话说，"一根筷子易折断，一把筷子抱成团"，足见在创业资源竞争中，人力资源是个举足轻重的要素。因此，在选择好项目之后，如何建设好自己的创业团队显得尤为重要。

一、凝聚力在团队中的重要性

所谓团队凝聚力是针对团队和成员之间关系而言的，指的是团队对其成员的吸引力，成员对团队的向心力，以及团队成员相互之间的吸引力。凝聚力是一种团队合力，是团队成员期望为企业持续发展而努力付出的一种意愿和认同感，是一种"向心"情结，一种心理契约，是维持团队存在和发展的必要条件，一个团队如果失去了凝聚力，那将极大削弱整个团队的战斗力。医科大学生在创业期间怎样协调好团队内部关系、增强和巩固团队凝聚力，关系到创业的最终成败。

（一）团队凝聚力是无形的精神力量

要使自己的企业处于最佳发展状态，团队精神力量是必不可少的。团队凝聚力是一股无形的精神力量，引领着整个团队。凝聚力的有效发挥，使得每一名员工都能强烈地感受到自己是城墙中一块不可缺少的砖，砖与砖之间紧密结合是建立城墙的基础，这种紧密结合的凝聚力使城墙经久不塌。创业伊始，团队成员间合作时间不长，人际关系不甚紧密，此时团队凝聚力水平较低，团队成员之间难以形成相互吸引，成员之间会出现摩擦和不满，随着企业进入成长和转型阶段，团队成员之间的情感冲突会不断地累积，而且会越来越多。如果不进行有效的团队建设，增强团队凝聚力，这支队伍就会冲突升级，乃至矛盾大爆发，不但影响团队凝聚力，甚至使团队凝聚力尽失。相反，通过团队建设，不断增强和巩固团队凝聚力，使团队成员之间理性地对待出现的分歧和冲突，合理化解甚至避免矛盾，牢固团队凝聚力，夯实创业人力资源基础。有较强凝聚力的团队，一般有着共同的目标和期望，有着相近或类似的信念、价值观以及行为规则，以致形成一种共同的行为模式，使得步调一致，众志成城，团结共进，不断向前。

（二）团队凝聚力是创造力的源泉

团队凝聚力能消除成员之间的情感冲突，减少针对他人的情绪化行为，增强成员对团队的承诺和满意度。团队成员不和谐因素的减少，能够保持团队的健康稳定发展，激发团队的创新精神。相比成熟企业，医科大学生在创业初期，团队成员缺乏资源和经验，渴望创业成功的动力驱使大家表现出对业务的高度关注。此时，团队凝聚力使得团队成员彼此之间不过于计较个人得失，有较强的组织认同感。随着企业的成长，团队成员也越来越明确必须采用团队方式来收集和处理决策信息，面对不同的观点采取包容态度，依靠集体的力量才能提高业务能力。创业团队的凝聚力水平越高，团队成员就越能集思广益，开诚布公的提出创新性意见，增强企业发展的活力。

（三）团队凝聚力是企业得以发展的基础

团队凝聚力是团队领导者聚拢整个团队，将团队成员紧密地联系在一起的重要黏合剂。它不仅是维持企业存在的必要条件，且有利于企业效率的提高，形成高效的团队。高效的团队更有利于发挥企业的潜能，使得企业不断发展壮大。对于企业而言，技术、人才可以转移，但是凝聚力却不能被转移。技术、人才、商业模式、品牌、资金等优势，只是企业在某段时期内的相对竞争优势。如果没有凝聚力，企业就处于松散的状态，再好的人才也会流失，再好的技术、商业模式也势必被竞争对手获取。优秀的团队领导者非常重视凝聚力的建设，使团队成员拧成一根绳，上下形成一股劲，精诚团结，以强大的凝聚力使企业在激烈的市场竞争之中立于不败之地。可见，团队凝聚力是企业得以发展的基础，是企业长青的原动力，是企业生存的核心竞争力,是企业发展的第一战斗力。为了充分发挥团队凝聚力的作用,领导者要有明确意识,帮助团队成员完成起步后各阶段的成长,使团队成员了解企业制度、企业文化,以企业为家,与企业同呼吸、共命运,不断增强企业凝聚力,引导员工为实现企业的目标而努力奋斗。

二、企业团队凝聚力差的表现

美国社会心理学家费斯汀格 Festinger 认为团队凝聚力是使得团体成员停留在团体内的一种合力,也就是一种人际的吸引力。凝聚力的中心点是团队对所有成员的吸引力。这种吸引力主要由以下要素构成:领导者个人的影响力;企业环境(工作环境、人文环境、报酬福利、激励机制、企业愿景与目标等方面)的吸引力;企业产品、效益、知名度和美誉度形成的自豪感;企业精神、管理氛围、职业规则、团体意识等。一个团队凝聚力是否强表现为其是否让成员找到了共同的愿景,是否真正调动了成员的工作激情,是否有较强的执行力等。当今社会是团队作战时代,一个企业仅靠个人的能力显然难以生存,唯有依靠团队的智慧和力量,才能使其获得长远的竞争优势和发展潜力。一个群体或者团队如果没有凝聚力,就像是一盘散沙,一个优秀的、具有凝聚力的团队才具有战无不胜的竞争力。一个一盘散沙般的企业团队和一个凝聚力强的企业团队有着完全不同的气象,医科大学生创业者要学会识别企业凝聚力差的种种迹象,防患于未然。

企业团队凝聚力差表现为以下几个方面。

(一)成员价值观分歧较大,没有共同的目标

团队成员各行其是,有令不行,有禁不止。企业运营过程中,成员各吹各的号,各唱各的调,互不服气、互不配合、互不协调。价值观存在分歧,甚至可能在团队内部拉山头、搞宗派、排斥异己,培植私人势力,支持个人观点。没有共同信念,不能聚焦企业目标。

(二)团队氛围压抑胁迫,缺乏双向沟通和集体讨论

领导者和团队成员之间存在矛盾,具体表现为团队领导者只下达命令不接收意见,独断专行,闭塞言路,以权压人,缺乏民主意识。团队成员积怨难舒,对团队领导者不信任,成员之间互不信任,离心离德,在公司内部形成一种消极、涣散的工作氛围。因此,这类团队在工作中的很多问题上都很难形成正确的集体意见。

(三)团队领导的个人影响力小,团队成员对企业也缺乏认同感和归属感

具体表现在人心涣散,领导人威信全无,企业诚信被怀疑,产品滞销,甚至无法获得投资者及银行的贷款,缺乏社会资源支持。成员之间冲突较多,互动少,感情不深,吸引力程度低。当然,这种可怕景象不是一朝一夕形成的,凝聚力差的原因很多,内在因素来自成员与团队本身,外在因素来自环境压力。管理失误是团队缺乏凝聚力的关键原因之一。

(四)团队执行力弱,成果差,成员满意度低

团队凝聚力的大小对企业的效率、利益、长远发展以及企业员工的成长和发展有着重要的影响。团队凝聚力与工作效率之间的关系有学者做过大量研究。结果表明,凝聚力的大小对企业有重要的影响。一般情况下,凝聚力强的团队比凝聚力弱的团队执行力要强,效率要高。

凝聚力属于企业领导者在管理企业中，运用管理的一种手段，它能超值完成成员的使用价值，同时也是团队成员获得自我价值实现的一个新途径。如果一个团队失去了凝聚力，成员行动力被动，就不可能完成预定任务，工作成果差，成员满意度自然也低，企业本身也就失去了存在的条件。

（五）团队缺少创新精神和战斗力，成员之间相互牵制

成员之间存在利益冲突，明争暗斗。这种团体从表面上看，矛盾并不明显，相互之间保持一团和气。但是，一遇到具体问题或失败，潜在的矛盾就会暴露出来。有的在做共同决策时明哲保身，有不同意见也不发表，甚至随声附和，一旦出现问题，便推卸责任；有的甚至将个人情感冲突带入团队，对人不对事，互相揭短针对，一旦出现失败则相互埋怨，或私下指责。这类团队凝聚力差，团队领导者再努力也是推推动动，拨拨转转，企业止步不前，效率不高。

下面是企业凝聚力强与弱的对照，见表6-1。

表6-1　团队凝聚力要素及其强与弱对照表

要素	凝聚力强	凝聚力弱
价值观；愿景目标	趋同；明确	分歧；不明确
团队氛围；沟通	开放；双向，集体讨论	压抑威胁；单向
领导个人影响力吸引力	大；强	小；弱
认同感归属感	强	弱
成员间吸引力	互动次数多，程度高	互动次数少，程度低
团队执行力及行动力来源	行动迅速，工作绩效及满意度高；自发性	暧昧不明，成果差，满意度低；被动性
个人能力	互补长短	互为牵制
成败	分享、共担	归于少数人

三、如何培养和巩固团队凝聚力

既然团队凝聚力非常重要，那么一个创业团队应该如何培养凝聚力呢？如果我们将企业的发展分为三个阶段，那么，团队凝聚力的获得在每个阶段关注重心各不相同，应该采取相应的措施。

（一）创业期

此时是团队的组建期，团队领导者的确定务必要细心考察，慎重遴选。团队成员的组合一定要充分自愿，性情相投。组建好团队以后，团队首先要有一个共同的目标和经营理念。一个组织、企业必须明确自身的使命。迪士尼公司认为其存在的意义就是"让人们快乐"；可口可乐公司的目标是"令世界焕然一新"；而海尔集团则要"敬业报国，追求卓越"。一个团队在一起工作生活，目标和方向最重要。没有这些就等于是不知道在干什么，没有前进的方向和动力。有了方向，就等于迈出了万里长征的第一步。领导者与团队成员要共同建立具体、可量化的目标，融团队目标与个人目标于一体，使个人目标与团队目标高度一致，形成共同愿景。其次，要制定团队成员认可的并普遍接受的规章和行为模式，也就是团队规范。规范是评价团队成员行为的尺度，是维系团队行为的无形力量。它可以具体化为团队成员对某种特定行为的认同或反对，区分出某种行为是有益的或是有害的，以此来规范团队成员的行为，鼓励有益的行为，

纠正有害的行为，帮助成员了解什么是被期望的行为，提高团队的自我管理、自我控制的能力。遵循规范，会受到表扬、鼓励；反之，会受到来自其他成员的压力和批评，迫使其重新回到规范上来。因此，企业规范是获得企业凝聚力的动力，它能够理顺每个成员的个体目标，聚焦团队目标。缺乏规范或有规不依，凝聚力就难以形成。另外，确定好一个好的团队名称和队训对鼓舞士气，形成凝聚力雏形也有重要作用。只有团队的目标方向、组织形态、行业精神、社会位置等方面适合其成员，才能有效吸引成员，提升凝聚力。

（二）磨合期

好的团队，是建立在信任的基础上，能在某个阶段为了某一集中的目标而前进的一群人。他们立场目标明确，行动连贯紧密。团队进入磨合期，会出现各种各样的问题，这个时候对建设好团队来说非常重要，要想办法提升领导者的个人影响力，增加团队内部成员之间的吸引力，从而来保持团队凝聚力。一个好的"统帅"，一位优秀的领导能成就一支完美的团队。领导者采取什么样的领导方式、具备什么样的领导风格，直接影响到凝聚力的高低。现实生活中，有许多风格迥异的领导者，他们有的睿智，有的昏聩，有的民主，有的霸道。不同的领导风格会产生不同的工作结果和团队凝聚效果。一个优秀的领导者掌握的风格越多越好，在他们有需要的时候，往往选择最适合的领导风格灵活自如地使用。另外，领导者的一言一行会对团队产生较大影响，因此提升领导者的影响力也是非常重要的，打铁还须自身硬，领导者在工作中要做到以身作则，一支团队能够团结在领导者身边，实质是这支团队凝聚在领导者的人格魅力之下。领导者自己具有好的品德、才能、气质、学识和性格，是衍生向心力和凝聚力的根本和源泉。因此，作为团队领导者要懂得将管理的目光首先投向自己，注重自我修为，自我规范，不断超越自我。当然除了领导者自身的提高和努力，团队成员之间的关系也很重要，团队成员只有利益一致，关系和谐，互相关心、爱护和帮助，凝聚力才会越强。为了达到这样的效果，团队成员之间要加强交流，增加彼此的了解和信任。团队可以在休息时间组织团队成员多聚聚餐，旅旅游，唱唱歌等，通过一种放松的方式让团队成员放下工作压力，尽情释放自己，在这样一种轻松愉快的氛围下，团队的凝聚力能很快提升。在日常工作中也要注意保持团队的精神与凝聚力，沟通是其中一个重要环节。畅通的双向沟通渠道和频繁的信息交流，使团队的每个成员间不会有压抑的感觉，工作就容易出成效，个人目标跟集体目标完美结合就能顺利实现。

当然，危机和困难对于一个团队的成长而言，不完全是坏事，只有当一个团队深刻理解并且能直面危机压力时，才能达到高度凝聚，一往无前。比如，当团队遇到外部威胁时，无论团队内部发生过或正在发生什么问题，这时团队成员会暂时放弃前嫌，一致应对外来威胁。通常，外部威胁越高、压力越大，团队凝聚力越强。所以团队领导者也要利用这样的外部挑战，充分发挥团队智慧一致对外。领导者能和成员同甘共苦，这在创业初期是十分珍贵的。等到企业发展壮大后，领导者更应该珍惜和员工在一起的机会，把团队上上下下凝聚成一股绳，这才是一个打不败的团队。一同经历风雨的团队，向心力和凝聚力自然会提高。

（三）成熟期

巩固团队凝聚力不是那么简单的事，而是整个团队的一项管理工程，涉及愿景目标的牵引，涉及领导者领导力的不断改善与提升，团队工作环境、人文环境、激励机制、报酬福利等的改善及团体意识的不断提升。

1. 加强目标愿景的牵引　到了发展后期，团队趋于稳定和成熟，这个时候，凝聚力的巩固需要从多方面下手。美国哈佛大学约翰·肯尼迪政府学院领导力研究中心隆纳·海菲兹（Ronald A. Heifetz）博士曾经说过，一般凝聚力强的团队能凝聚梦想、凝聚价值观，也能凝聚痛苦。团队成员相信领导者可以领导大家实现梦想。梦想、价值观、痛苦和相信，这些都是心态的表现形式，是产生心态能量的源泉。梦想是关于未来的愿景，梦想和现实之间存在一定的差距，正是基于这种差距，可以产生一种心态的张力，这种张力往往能产生巨大的能量。所以关于共同的愿景是应该在团队发展的各个阶段不断跟成员进行沟通和协调的。愿景、使命必须做到与员工充分沟通，才能让员工看到公司及个人的希望。如果团队目标跟个人的目标一致，有吸引力、号召力，这时团队成员就愿意合作完成任务，凝聚力会增强；否则，合作就会少，感情慢慢趋于冷淡，凝聚力也就降低。领导者要把确定的长远发展战略规划和近期目标告知成员，充分利用短期目标实现长期目标，设立个人与团队的表现目标等。

2. 充分发展环境凝聚力 团队在追求发展的同时，要努力创造成员的发展环境。建设完善的激励、培训机制，营造良好的学习、提升氛围，帮助团队成员实现自我成长和价值追求。根据成员的需要不同，合理、恰当地应用激励方式，多搞一些团队拓展培训，使成员在团队活动中体会到团队合作的重要性。合理提升成员的报酬福利，让团队成员在贡献的同时也能收获物质上的满足。将团队的共同利益与分配跟大家讨论清楚，大家都能接受团队成员包括领导者彼此有不同的收入，只要这种差别大体上是合理的。有了物质的满足才有精神的追求，如果报酬分配不合理，团队成员福利待遇得不到合理提高，那么势必会影响团队的凝聚力。

3. 领导者改善和提升领导力 团队领导者需要进一步加强自身管理以增强对团队成员的吸引力，从而巩固团队凝聚力。领导者必须清醒意识到团队应采取必要的措施不断巩固团队凝聚力，让整个团队运作模式趋于成熟稳定，一直保持在高效团结的状态上。这时，团队成员都有较强的事业心和责任感，对团队的业绩表现出一种荣誉感和骄傲，愿意积极承担团队的任务，工作氛围处于最佳状态，从而提升团体意识，有利于团队凝聚力的巩固。

所谓"兄弟齐心，其利断金"，无论何时，单靠一人之力，都是不可能取得长足进步，集体的力量，才是强大而无穷的。医科大学生在创新创业过程中，要充分了解团队凝聚力的重要性。作为一个团队，怎样培养凝聚力从而构建出高效的团队，如何激励和引导团队成员向着既定目标奋进也是非常值得深思的。对于创业团队而言，成员就像是一颗颗晶莹圆润的珍珠，团队不但要把好的珍珠集合到一起，且要用"一根线"把这些零散的珍珠串起来，才能串成一条精美的项链。如果没有这根线，珍珠再大再多还是一盘散珠，能起的作用不过是以一当十的匹夫之勇。这根线就是凝聚力，有了凝聚力，团队成员才能步调一致，为了共同目标而努力。

第二节 新创办企业发展过程中的财务监控

创办企业不容易，企业发展更难。医学生要认识到企业的发展靠经营，经营的重心在管理，而管理的核心在财务。财务监控是指企业在保证其经营活动符合国家法律、法规和内部规章制度的要求下，为了保护其资产的安全完整性，提高经营管理效率，防止舞弊，控制风险等目的，在企业内部采取的一系列相互联系、相互制约的制度和措施，是确保企业自身能够持续经营和加强企业内部管理需要的业务监控，是由企业管理团队和其他普通员工共同实施的，为确保企业整体目标的实现而实施的统一财务政策与监管活动。

一、财务监控的主体及构成要素

财务监控能保证财务活动的可靠性以及企业经营效率,它贯穿于企业所有活动的全过程。财务监控涉及对开始前的一些预测和规划,过程中的财务控制和监督以及结束后的归纳和总结的全过程监控,具有基础性、经常性和专业性的特征。所以,监控主体只能是企业自身,主要是企业创办团队,也就是企业的经营者,具体还包括创业团队的领导者、财会人员及其他主要成员,这些人员在日常经营活动中进行相互监督,共同对企业的发展目标和重大经营活动做出决策。同时建立具体的激励和约束制度,对各自的责、权、利进行合理安排。建立完善的考评制度,进行定性定量的规定,否则就难于操作,更难于进行讨论。合理的财务监控主体结构对企业经营者有效进行财务监控来说非常重要。

财务监控的构成要素来源于企业的经营实践,与管理过程密切结合,具体包括三个方面:一是企业环境,二是信息系统,三是监控程序。

新创企业财务监控的有效运行需要企业内外各种环境条件的完善作为其前提和基础,这些条件的成熟与否直接影响到企业的财务监控的质量。财务监控活动都基于企业环境进行。企业环境包括对建立或实施某项财务监控政策产生影响的各种因素,主要反映为企业管理者和其他人员对财务监控的态度、认识和行动。具体如管理者的素质、思想,管理风格,经营理念,企业组织结构,企业文化等都是企业环境。另外,管理者的职能及对这些职能的制约;确定职权利的方法;财务监控人员选聘及监控人员监控检查工作时所用的控制方法;人事工作方针及实施措施;影响企业经营活动的各种外部关系,会计法规环境等也构成企业环境。

企业环境从全局上保证了企业运营的整体战略规划,好的企业环境有利于进行财务监控,实现企业目标。

信息系统是指企业为了汇总、分析、分类、记录、报告其经营活动中的财务状况,及时完整准确地收集与企业经营管理有关的各种资产经济信息。有效的信息系统应当能做到:确认并记录所有真实的经济往来,不得有作假或遗漏;及时充分详细地描述经济业务,不得省略或拖延;在财务报告中对经济业务做出适当的分类,以便查询;计量经济业务的价值及货币价值;确定经济业务发生的期间并按时间整理备份;在财务报告中适当地表达经济业务和披露相关事项以达到共同监控的目的。

监控程序是指管理者所制定的财务监控方面的方针和程序,用以保证达到一定的企业目的。它包括以下内容:企业经济业务和经济活动批准权;明确有关人员的职责分工,并有效防止舞弊;凭证和账单的设置及使用,应保证业务和活动得到正确的记载;财产及其记录的接触使用要有保护措施;对已登记的业务及其计价要进行复核等。这些监控程序的制定和实施是组成财务监控的重要因素。

二、新企业财务监控方面存在的问题

随着创新创业政策的日益推进,医学生新创办的企业也越来越多。这些新企业在发展时也暴露出了不少财务监控问题。

(一)企业经营团队缺乏财务监控意识

企业经营团队在创业初期大小事务都由团队领导者思考带并带领其成员完成。而医学生创业团队领导者不一定有对企业财务管理方面知识储备，多数对财务监控的重要性缺乏了解，财务监控意识淡薄，导致团队不重视财务监控制度的建设，在运营过程中只重视产品的生产和销售，不怎么进行资金管理和责权划分。即使是有点财务意识的团队，在建立了财务监控系统以后，由于团队成员对监控的重要性和必要性认识不足，也可能出现监控执行力差，监管过程中互相干涉阻挠，导致监控系统很难发挥作用，形同虚设。

（二）财务管理者未能充分发挥资金管理的作用

首先医学生新创企业由于资金来源主要是靠内部存款和创业基金，数额有限，来源不足。财务管理者还不能承担为企业经营筹措、融通资金的责任，由于融资手段单一，往往难以满足企业正常资金需求甚至对长期资金运用的需要，从而出现了长短期资金来源与资金运用的错位。企业后期发展中遇到问题容易出现短期拆借，导致还款压力大，最后负债经营，超负荷运转，进入恶性发展模式。其次，由于创业初期，经营项目垫资较多，如果财务管理者职权不明，对企业资金管理不严，没有建立严格的赊销政策，缺乏有力的催收措施，使得应收账款回收困难或不能兑现，造成资金周转缓慢。周转资金不足严重影响企业的壮大和发展。再次，财务管理者对存货控制薄弱，由于缺乏资金监管经验，导致重钱不重物，资产流失浪费严重。不少新企业的财务管理者，对原材料、半成品、固定资产等的管理不到位，出了问题无人追究，资产浪费严重等问题，这样容易造成资金呆滞，也会造成资金闲置或不足。很多新创办的小企业，月末存货占用资金往往超过其营业额的2倍以上，造成资金周转失灵。财务管理者没有充分发挥其在企业中资金监控方面的作用，不利于进一步加强对企业技术进步的支持和企业的稳固发展。

（三）企业财务管理过度分权缺乏统一性

目前，不少医学生新创企业公司在财务管理上过度分权，监控设置不合理，分管成员各自为政、各行其是，追求局部利益最大化而损害了企业的整体利益。比如原材料负责部门希望在原材料低价的时候，使用大部分资金收入更多的材料，而不考虑是否为产品制作部门留够了生产的资金，就更不要说营销部门的一些产品推广运营资金的预留了。导致了原材料半成品的积压，资金的不合理使用。这种缺乏一体化的财务管理，严重阻碍了资源的合理配置和要素的优化组合，使得维系企业运营的重要纽带也就是资金纽带松弛，从而导致了企业内部缺乏凝聚力，大大削弱了企业的整体优势，不利于企业综合能力的发挥。可以应该采取集权和分权的合理结合的模式，来实现财务工作的高效高质。

（四）财、会分设不具体职责不明确

新企业由于经验不足，容易出现管理模式僵化，观念陈旧。一方面，中小型新创企业典型的管理模式是所有权与经营权的高度统一，企业的投资者同时就是经营者，这种模式势必给企业的财务管理带来负面影响。新创企业基本属于个体、私营性质，在这些企业中，企业领导者集权现象严重，并且对于财务管理的理论方法缺乏应有的学习、认识和研究，致使其职责不分，越权行事，造成财务管理混乱，财务监控不严，会计信息失真等。企业没有或无法建立内部审计部门，即使有也很难保证内部审计的独立性。另一方面，企业管理者的管理能力和管理素质差，管理思想落后。新创企业多数财、会机构分设的不细致，仅仅在人员工作安排上做出一定程度的分离，或者机构上做出初步分设，但并未明确它们各自的具体职责。随着社会主义市场经济体制和现代企业制度的建立完善，企业理财活动和会计工作日益复杂化，财务和会计相混

的局面已经不能适应新的市场环境了，财务和会计分离必须细致具体。

三、加强财务监控的途径和手段

（一）企业经营团队要提高财务监控意识，加强理论学习和技能培训

企业经营团队要充分认识到，在现代市场经济大环境和不断健全的企业制度下，企业经营团队及其领导者只有不断加强财务监控方面的法律法规及知识学习，不断提高自身的财务监控意识，才能提升团队治理水平。财务监控是企业管理不可缺少的一部分，因此，有必要对财务监控给予足够的重视，多学习与实际应用紧密联系的财务监控理论，管理会计准则制定及财务人员职业的创设等方面的内容，并积极运用于企业经营实践。同时，也要注重加强财务监控人员的思想教育和后续技能培训，争取让他们接受更加系统的管理财务会计培训，提高其执行力，充分发挥财务监控的作用。只有企业经营团队与相关财会人员真正掌握了管理会计学，企业财务监控才有理论支撑与人力资源支持。

（二）加强财务监控的内部环境建设，建立健全财务监控体系

古人云：无控则乱，不控则败。现实中财务舞弊导致的经营失败屡见不鲜。所以，企业加强内部环境建设显得尤为重要。企业管理者要不断提升素质，管理者和企业人员都要端正对财务监控的态度，提高认识。同时企业要努力建立健全财务监控体系。

1. 理顺管理层次　将财务监控分为三个层次：一为决策层，由经营团队领导者和财务负责人组成，是对企业财务预算和重大财务收支计划进行决策，签审重要收支凭证的一个层次。这个层次还负责协调企业内部各个部门与外部的财务关系，对个部门财务进行统筹规划和合理分配，对财务收支进行监督管理。二为职能层，由财务部门全体成员组成，对企业资产管理全面负责，具体提出切合实际的财务计划，并上报决策层，提出纠正措施，及时全面的掌握并汇报财务方面的情况，督促组织实施财务计划。对各部门与企业有关的财务活动进行监督，必要时进行管理和指导。三为执行层，由企业其他各部门的成员组成，主要是维护企业财权上的统一。缩减不必要开支，杜绝不合理浪费。对报销原始凭证进行审核分类，严格按照财务制度和计划执行。

2. 加强对资金的监控　资金监控的目标归根结底是提高资金效用，因此加强资金集中管理，对于提高资金的使用效率和企业经济效益，合理配置资源，扩大企业信用，提高企业整体竞争力等方面都具有重要意义。在我国，企业集团资金集中监控主要有四种模式：统收统支模式、拨付备用金模式、结算中心模式和财务公司模式。

3. 加强对财务人员的管理　企业对成员的各项财务监控措施必须依赖相关人员的有效执行。人员监控也正是企业保证财务监控顺利推进的具体措施。对于财务负责人的选拔采取民主推选和领导者推荐结合的方式。同时，也要注意对财务负责人员的考核，完善财务人员奖惩制度。

4. 强化事先预算监控　所谓预算监控就是将组织的决策目标及其资源配置规划加以定量化并使之得以实现的过程。预算监控是防范风险，评价企业经营业绩，实现企业目标的重要手段。新企业更应当加强以资本预算为中心的全面预算控制。即企业确定发展战略和经营目标，逐层进行分解，确定关键的预算指标，作为成员企业责任预算的基础。

（1）建立健全预算授权制度：授权控制属于事前控制，授权管理的方法是通过授权通知书

来明确授权事项和使用资金的限额。

（2）预算报告制度的建立与完善：预算调控职能的实现还有赖于定期报告制度的完善。预算执行过程报告是预算下达过程的逆向信息流动，是预算执行情况自下而上的层层汇集。

（3）全面预算管理的核心是控制：预算执行和监控的关键是细化和落实现金流量预算。全面预算控制是预算的执行与操作阶段，也是全面预算管理的核心阶段，在这一阶段应牢牢掌握两条原则：有效控制和信息反馈。

（4）预算执行中的调整问题：预算调整是指内外环境发生变化或预算出现较大偏差，原有预算不再适宜时所进行的预算修改，必须建立系统的调整审批制度与程序，并按规定严格实施。

（5）预算考评与薪酬计划的对接：与预算相关的业绩评价是对预算完成情况的考核评价，通过比较预算执行结果与预算目标，确定其差异并分析差异形成的原因，据以评价企业各责任主体的工作业绩。

5. 强化制度监控与审计监控 制度监控是企业财务监控的基础性工程，企业应结合企业战略经营管理与自主理财需要，在执行国家财务制度的基础上，制订企业内部的财务会计制度，用以规范企业，各层次成员的财务行为，提高企业财务信息质量，为企业财务监控提供强有力的信息支持与制度保障。

企业制度监控的主要手段有建立定期报告制度，通过财务信息系统进行控制，建立定期的监督审查制度等。企业内部审计监控是企业对各部门财务监控的最终防线。企业需依据企业财务制度及审计监控目标制定一套完整的企业审计监控标准，以此作为审计监控的主要依据和各部门的规范财务运作参考。

（三）创新财务监控管理模式

1. 建立网络实时监控平台 可以尝试建立以网络审批拨付报销为中心的工作平台，致力于推进新企业成本最小化，流程公开化，费用合理化和管理规范化。降低人力成本，减少重复工作，提高工作效率。建立人性化的页面操作，功能完备，快捷简便。网络具有庞大的数据存储和处理功能，能对各种财务数据进行计算、汇总、统计、备份，能保证数据随时的查询和系统分析的简便性。同时，可以运用网络进行财务监控人员的无记名推选，强化财务人员的考核，对每月报表、财务收支情况、预算情况等进行定期审核。当然资料的安全性也是需要保障的，这些创新性财务管理也要建立在数据的安全基础上。

2. 实行激励监控与预警监控 企业可以在业绩考评系统之上建立激励监控制度，让团队成员都成为公司的股东或虚拟股东，使经营者与其他股东形成利益共同体，利益取向完全一致，这样就能更好进行财务监控。当财务监控制度有效实行的时候，才会得到更多的利润。激励系统只有正确理解和运用业绩考评信息才能产生公平、恰当的激励行为，避免机能失调行为的发生，而激励系统反过来也会影响业绩考评系统，以此互相影响促进。

同时，企业作为庞大的系统时刻面临着来自外部环境与内部组织的种种风险。为了使之稳健运行必须建立一套预警监控制度。财务预警系统的基本功能是预防和化解风险的发生，将风险造成的损失降到最低。财务指标的选择应遵循客观性、可比性、灵敏性、先进性等原则，并参照财政部公布的企业经济效益评价指标体系来评价偿债能力、盈利能力、营运能力、社会贡献能力等指标。财务预警模式的构建，即通过单个财务比率的走势变化来评估和预测财务危机，预测财务风险程度的主要比率有：债务保障率、资产收益率、资产负债率、资金安全率，当这些单一指标中的一个达到管理者设定的临界值时，财务预警系统就会发出警报。

3. 拓展外部财务监控职能　在国外，企业公司会请注册会计师来行使外部财务监控职能。注册会计师以其独立、客观、公正的身份，对公司管理层提供的财务报表的合法性、公允性以及会计处理方法的一致性提出意见。医学生创立的新企业，在有一定经济基础后，可以借鉴这种方式，尝试聘请外部专业会计人员，以客观公正的视角对企业财务进行监督考评审计。聘请专业人员提供审计服务，根据审计情况，对企业管理、内部控制等方面存在的问题提出建议，供企业管理决策层参考。

第三节　医学生创新创业风险规避

如今，大学生创新创业已引起了社会的广泛关注。随着国家对大学生创新创业的鼓励措施和扶持政策的提出、实施、推进，越来越多的大学生选择了自主创业。然而，创业的大学生除了还在学校学习的在校生，就是刚刚走出校门的毕业生，他们对社会上存在的风险认识比较少，所以创业的过程中可能会遇到更多的现实问题。大学生里面，医学生又可以说是创业群体中比较特殊的一个群体，因其所受的教育背景和知识储备的不同，面对复杂的社会环境及眼花缭乱的创业政策，更容易遇到挫折。创业不是一蹴而就的，也不是轻松简单的过程。所以，医学生创业不能只有一腔热情，需要自己去学习更多的东西，去掌握新的技巧，进行专业的创业培训和创业风险管理，这样才能有效地规避创业过程中的风险或者在遇到风险的时候减少其带来的损失。医学生有准备地、理性地进行创业，才能走好创业之路，保护创新创业的成果。

一、创业风险问题分析

创业风险是指在企业创业过程中存在的风险，是指由于创业环境的不确定性、创业机会与创业企业的复杂性，创业者、创业团队与创业投资者的能力与实力的有限性而导致创业活动偏离预期目标的可能性。为了规避医学生创业过程存在的风险，首先我们要分析了解创业风险有哪些？对于经验、能力、资金等各方面都相对不足的医学生创业群体而言，时刻都将会遇到创业风险。据《中国青年报》报道，目前我国大学生创业成功概率仅仅只有 0.5%。比率如此之低，足以说明大学生创业具有较大的风险性，更不要说医学生了。医学生在自主创业过程中通常会遇到以下几个方面的风险。

（一）不切实际盲目自信风险

创业需要创新，但创业更需要脚踏实地，从实际出发，谁也不能"一口吃成大胖子"。医学生刚从象牙塔来到现实世界，常常容易眼高手低，盲目自大地臆想。将创业目标规划得过于理想，将创业过程理解得过于简单，将创业前景想得过于乐观。认为自己的创新创业项目是独一无二的，别人都想不到的，一定可以成功并获得无法超越的成就。这样不切实际盲目乐观形成的创业风险一旦遭遇现实的残酷打击将是致命的。如果想创业，就要从天上回到地面，就要面对现实，从实际出发发现市场需求，实事求是地进行创业。

（二）团队组建项目选择风险

创业需要经过认真酝酿，如果心血来潮地开始创业行动，看别人干的赚钱，于是自己也要干，不考虑自身的素质条件或时机是否成熟，执意模仿或跟随，这样的创业成功的概率是很小的。要认识到，创业团队组建非常重要，有了一个好的创业团队才会更有机会成功。在医学生创新创业开始的时候，切忌随意拼凑拉结团队，这样既不利于团队凝聚力的形成，也会给后期活动埋下很多人力资源方面的隐患。市场竞争如此激烈，创业需要积极性，需要激情但要稳妥前进，没有合适的团队不要急着上马。

项目选择风险是指在创业初期因选择的创业项目不当，导致企业无法盈利而难以生存的风险。目前，大学生创业的项目多集中在高科技领域和智力服务领域，如家教中介、设计工作室、软件开发、网络服务等。此外，快餐、销售连锁加盟店也是大学生青睐的创业项目。医学生创业时应该做大量的前期市场调研与论证，只有充分了解市场，有了细致的市场调研和论证，才能结合自身掌握的资源状况做出决定，选择合适的创业项目。否者，单凭创业者兴趣和想象就决定了项目，没有仔细考察评估市场，项目也没有进行多次筛选，只是一时冲动就进行了选择，在创业过程中一定会碰得头破血流，创业之路会走得异常艰辛，甚至会走向失败。

（三）资本不足无法周转风险

这种风险是指因资金不能适时地筹集、供应和回收而导致创业失败的可能性。财务方面的风险贯穿了创业活动的整个过程。足够的资本规模，可以保证企业投资的需要，合理的资本结构可以降低和规避融资风险，融资方式的妥善搭配，可以降低资本成本。对于医学生自主创业而言，资金主要来源于自身存款、家庭支持、银行贷款、政策扶持、股权融资和融资租赁等渠道。创业时，因资金准备不足或资金占用因素导致的资金暂时断流，会令创业者非常被动。毕竟，作为创业者来讲，需要用现金来购买设备、发放工资、缴纳税款、支付账单等。如果不能控制资金投入，尽快获得资金的回收流通，就容易出现资金断流。一旦资金断流，除去家庭支持外，其他资金来源渠道的获得途径都需要一定的担保，这对于刚进行创业的医学生而言，是非常困难的，因为不管是银行，还是风险投资担保机构，都需要有实业或者其他企业机构的担保。资金不能流转，没钱了，创业也就失败了。当今社会，空手套白狼的创业奇迹越来越少，如果没有广泛的融资渠道，创业计划根本无从谈起；如果没有足够的流动资金，创业计划就会很快流产遭遇失败。因此，资金不足或者不能有效流转带来的风险几乎是创业前期的致命风险。如果想创业，就要面对资金方面的问题，采取相应措施使资金周转进入良性循环。

（四）政策不熟决策失误风险

创业者如果不熟悉创新创业相关政策或者自己所从事产业的相关政策，在创业过程中不善于把握和运用好一些优惠政策，无异于盲人摸象，会走不少弯路，甚至误入歧途，这样带来的风险是不必要的。政策允许范围的业可以创，而投机取巧的做法毕竟不会长久。如国家及地方性法律法规、产业政策明文禁止的，创业者不要打擦边球，这样带来的风险是不可预估的。还有因为对政策不熟，不能对临时性、突发性出台的政策法规有预估，对创业企业的打击很突然，很致命。

我们都知道，不同的决策方案有不同的机会成本，以及不同的机会风险。处于发展的关键时刻创业者越容易出现因为害怕出现某种决策风险，以及由此带来的后果，不敢妄下结论，怕有决策失误。在此，需要提醒创业者的是，可以多去企业打工或实习，积累相关的管理和营销经验，积极积极参加创业培训，积累创业知识，接受专业指导，提高决策判断力，尽可能避免创业中的决策失误率，尤其是战略方向的。这就是我们常说的"做正确的事，然后把事情做正确"。

（五）经验不足市场营销风险

市场瞬息万变，不会有人及时提醒你紧急情况在哪里，防范风险只能靠自己增加经验。在创业管理运作过程中因信息不对称、管理不善、判断失误等而导致创业失败比比皆是。创业者不仅需要知识储备，还需要阅历，需要在日常经营活动中工作中不断积累经验。一些医学生创业者虽然也曾接受过 SYB 或者其他方面的创业培训，但是大部分是来自于书本，缺乏实践。怀抱着一腔热情和抱负纸上谈兵，造成经营理念淡薄、产品营销方式呆滞、信息闭塞等，特别是医学生知识结构单一、经验不足带来了不少管理上的风险。

市场营销风险，这是创业过程中较为核心的风险因素。例如在创业过程中出现更强势的竞争对手导致竞争加剧，市场形势变化。市场是检验创业项目好坏与产品优劣的唯一地方，市场营销在创业过程中是重中之重的事。如果产品做不好，项目选不好，无疑自掘坟墓自断后路，营销能力再强也无济于事；反之，如果产品和项目都很不错，但是市场营销能力欠缺，这样所形成的创业风险则会伤及创业行为的本身。为了保险起见，创业者可以先选择一个小型试销点，根据市场不同反馈，对产品和营销计划进行修正，然后再投放市场。

二、创业风险规避措施

医学生进行创业，还未完全实现由学校人向社会人的转变，年龄、阅历、心理状态等与有经验的社会人相比处于劣势，眼高手低是普遍状况。而创业本身是一个复杂的系统工程，市场不会因为创业者是学生就网开一面。在单纯的校园环境中成长起来的医学生，面对社会和市场时，不要迷失，采取一些有效措施规避创业风险，从而提高创新创业成功的概率。

（一）培养创业风险意识

通过学习培养创业风险意识、金融危机意识、市场竞争意识，认识到创业历程的艰辛，不盲目自信，不打无准备之仗。通过实际案例理性分析创业活动的复杂性，清醒地认识到创业历程中存在的风险，以及如何防范和应对创业过程中遇到的危机。风险意识的培养和提高需要医学生学会调研、分析、捕捉市场信息与掌握市场新动态，包括宏观经济、微观经济、产业调整、消费结构等信息研究工作。市场是瞬息万变和残酷的，时刻都有风险，只能靠自己增强本领，预防和应对市场存在的各种风险。预测创业前期、创业中期以及后期会遇到的风险情况，积极思考如何对待和化解。

（二）努力提高创业能力

创业能力是在创业实践活动中的自我生存、自我发展能力。医学生创业所存在的风险往往是由医学生这个特殊的群体在创业过程中具有的劣势造成的，因此想要规避风险，就必须从实际出发，提升医学生自身素质，获得创业所需的各项技能与能力。如策划、创新能力，组织、管理能力及公关能力，只有这几方面的能力同时具备，医学生在创业中才能技高一筹，使企业立于竞争的不败之地。学习掌握经济法律基础知识，积极了解相关行业创业政策法律法规，学会运用法律维护自己创业的合法权益。积极储备知识积累经验，医学生可以选择创业前先到相关行业领域企业打工，通过这个平台，积累实践经验，弥补自身所缺乏的阅历。平时多参加各种社会实践活动，扩大自己人际交往的范围，为日后的创业积累人脉。同时，努力学习经营管理技能，增强心理承受能力，提高对危机与风险综合防范和应对能力。

(三) 打造核心创业团队

在组建创业团队时，人员的选择非常重要。那些花钱大手大脚，养尊处优的人即使有创业意向，也不是白手起家的最佳拍档。而那些年轻、渴望工作，不太计较个人得失，也许并不一定有经验但上手快的人比较适合合作创业。要积极组建起一支稳妥高效的团队，打造起一个优势互补的利益共同体。团队力量的发挥是组织赢得竞争的必要条件，企业团队应该有动态的发展观，团队组成应随着成员的实际贡献的变化而变化，因为具有发展观念的团队才有可能建立一套完善的内部调节机制，从而形成团队成员的向心力、凝聚力及核心力。在创业时，用科学手段构建和谐团队，打造核心团队，可以保证组织的高效率运转。同时，团队在核心成员的影响下勤奋工作，可以使整体组织保持活力。

(四) 谨慎选择创业项目

在经济学领域中，十分肯定的是：微观上而言是对的东西，在宏观上并不总是对的；反之，在宏观上是对的东西，在微观上可能是十分错误的。医学生创业者在创业初期一定要做好市场调研，对产业市场环境有综合了解，从市场中发现创业需求，看看自己能否用新的方法去满足这种市场需求，仔细观察身边的消费需求，看看自己是否能换种新方式来实现这种满足。也可委托专业机构进行可行性研究，在了解市场的基础上选择适合自己的创业项目。一般来说，创业项目要通过做大量的前期市场考察，对多个意向项目进行筛选，最终才能确定。创业者创业初期资金实力较弱，因此，选择启动资金需求不多且人手配备要求不高的项目，从小本经营做起是比较合适的。创业者也可以选择带领自己的团队带着预备项目参加创新创业类型的大赛，在参赛过程中，接受投资人对创业项目的指导，从而对项目进行修正和改进。

(五) 准备好必备的硬件

俗话说：巧妇难为无米之炊，没有充分的硬件准备，再好的创意也难以转化为现实的生产力，再优秀的人才也没有用武之地。医学生创业所需要具备的硬件主要是资本、经验和技术。资金为成功创业奠定物质基础；经验的积累避免陷入眼高手低、纸上谈兵的误区；技术则是医学生想要在高科技领域占有一方天地的王牌。资金筹集方面可以广开渠道，除了银行贷款、自筹资金、民间借贷等传统方式外，还可以充分利用投资、创业基金等融资渠道。至于创业达到规模化的问题，等你有了足够的现金再来考虑升级也不晚。初次创业必须确定利润模式，必须找到利润点，要有明确的利润来源。

(六) 建立健全管理制度

要想创业成功，大学生创业者必须技术、经营两手抓，有了技术以后还需制定科学规范的管理制度。医学生可从合伙创业、家庭创业或低成本的虚拟店铺方式开始，做些日常项目。

制度建设是企业建设的基本要求，要打造一支企业员工队伍，必须明确岗位职责。不成规矩无以成方圆，制度对创业者是一种激励，也是一种鞭策和约束。企业管理分为：人力资源管理、营销管理、生产管理、财务管理，任何一个环节出现问题都可能导致企业混乱出现风险以至于瘫痪。因此，完善的管理制度必不可少，同时还必须严格执行，奖惩分明，否则再好的管理制度也会成为摆设。

总之，创业是有风险的。我们需要转变观念，继续加强对风险规避的理论研究。创业的过程实际就是不断挑战风险的过程,只要不断学习,勤于研究,就可以规避或战胜风险,取得创业的成功。加强医学生创业风险意识的教育、培养和管理,能最大限度地减少创业的不利影响,为社会培养出更多具有创业能力的创新型人才。

第四节 新创办企业的长远规划

　　创业必须做好长期作战准备,要有长远打算,才能将自己美好的想法坚持下去。很多创业者在创业过程中,会说自己人脉不足,资金不够,甚至找出这样那样的原因来放弃创业,偃旗息鼓。这不仅反映了创业者在挫折中的抗压能力不足,执着精神不够,也是他们没有进行长远规划的原因。办企业也好,做事业也罢,必须要有一股狠劲,不能总是瞻前顾后。香飘飘奶茶在成功之前,卖了十年的棒棒冰,每个赚不到一分钱。冰激凌第一品牌哈根达斯,连续亏损八年终于换来了市场的认可。任何企业的成功与否看的不仅仅是短期的输赢,更重要的是长期效益高低。因此,创业者在创业前一定要做好充足的准备,在创业初期就做好企业的长远规划。在经济全球化、科技化信息化的今天,无论社会环境还是市场环境都在快速变化,一个新企业能否健康发展,是否具有合理的长远规划尤为重要。有了长远规划即便短期不利,只要认准目标和发展方向,适当调整并坚持下去就有机会取得成功。

一、新企业长远规划的主要内容

　　凡事预则立,不预则废。如果你决心开启一段崭新的创业征程,那么,首先要做的就是从自身兴趣以及自身能力出发,结合科学的分析和调查,为自己的企业选择一个远期目标,为新企业打造一份具有可持续发展战略的长远规划。长远规划是指为企业长期目标服务,为实现企业发展远景的战略性计划。好的规划,加上执行力度的支撑,你才不会在茫茫创业征程中迷失方向,你的企业才会具有顽强的生命力。长远规划的制定与否,正日益变成创业成败企业生死的重要影响因素。具体地说,一份企业长远规划至少应该包括以下一些方面的内容:企业竞争优劣势,产品市场范围和目标市场,企业成长方向,协同作用及职工教育培训及福利待遇等。

（一）分析企业的竞争优劣势从而确立企业目标和方案

　　关于企业的竞争优劣势,可以使用 SWOT 分析法来确定。清楚了解企业自身的竞争优势、竞争劣势及机会和威胁,从而将企业战略与内部资源、外部环境有机地结合起来,最后确立一个企业目标并制定一个总体的企业计划。通常我们可以采用 5W 的思考模式,它构成了制定企业长远规划的前提性步骤: What is it? 这是企业地位问题。企业划定其业务范围和成长方法需要战略的指导,同时经营目标需要用战略来提升成为一种获利能力,并且新的经营目标也需要通过进行战略规划而产生。因此,企业发展战略规划的核心在于弄清企业所处的位置,划定企业的目标,且明确实现目标所需要采取的行动。这要求企业领导对自己的新企业做一个深刻认识,对企业自身的优势与弱点都要加以深入细致的剖析。要想弄清你的企业在行业中所处的位置,你可以从以下几个方面来考虑。第一,企业主营产品的市场占有率。主营产品的市场占有率较高,至少表明你的企业具有一定的创收能力。第二,企业科研开发水平。企业的科研水平高,不仅有利于产品创新,获得超额利润,甚至可以凭借技术优势奠定新的行业标准。第三,企业的经营理念。企业领导者对行业发展趋向的预见性以及管理手段的先进性直接影响企业的兴衰及其在行业内的地位。此外，企业的行业地位是一个动态概念，它会随着时间的推移而发生改变。如果发展中，你的企业已经具备一定的行业地位，那么就要注重培养企业维持高位的耐力，完善好自己的战略管理策略，学会制定游戏规则，然后在新的游戏规则中占据最佳的位置；反之则要着力挖掘提升自身地位的潜力。What can you do? 要求企业领导者对企业的潜能和实力进行全面的测试和把握。What can you support you? 要求企业领导者对自己所处的环境状况和所拥有的各种资源状况有一个客观、准确的认识和把握。这其实也是一种自身优劣势分析。What do you want? 要求企业领导者对企业未来的发展目标和前景，做出一种愿望定位、心理预期和取向审视。What can it be in the end? 要求企业领导者对自己所提出的企业目标以及实现方案做出一个具体明确的说明。一般而言，清晰、全面地回答了以上这样5个问题，是制定出企业长远规划一个重要前提。

（二）划分产品市场范围从而选择目标市场，明确发展方向

产品的市场范围是指产品销售划定的覆盖区域，目标市场则是指企业在市场细分之后的若干子市场中，运用的企业营销活动瞄准的市场方向，这是一种优选过程。

医学生创业，多数从中小企业做起。中小企业的目标市场分为四类：市场的领先者、市场的挑战者、市场的追随者和市场的补缺者。中小企业规模小，技术力量薄弱，管理水平落后，竞争能力差，资金人才缺乏，一般只能作为市场的补缺者。作为市场的补缺者，中小企业一般将细分市场再次或多次细分，专心关注市场上被大企业忽略的某些细小部分，在这些小市场上通过专业化经营来获取最大限度的收益，在大企业的夹缝中求得生存和发展。补缺市场，其顾客为确定的由于共同偏好、兴趣和消费习惯等组合在一起的少数消费者。它是中小企业占据市场领先位置的最佳选择。针对选择的目标市场，进行产品的再定位，找到产品发展的方向。

（三）企业成长方向

企业成长如同人的成长一样，是一个从量变到质变的过程，是一种成长"基因"推动企业系统内部的组织与功能不断地分化，从而促进企业系统机体不断扩张、新陈代谢，不断适应环境，并与环境形成良性互动的过程。具体表现为企业规模的扩大，企业内部结构的不断完善和成熟，企业功能的优化等。企业成长具有阶段性，专家学者们认为有生命周期，即创业期、扩张期、成熟期、老化期等，当然不同的学者有不同的划分方法和结果。

企业制定和确定自己的成长战略方向，既要遵循企业的产业发展方向，也要依据技术发展方向。当然，技术的发展受到工艺科学规律的制约，受到市场规律的制约；而产业发展受到技术发展制约、经济规律制约和社会发展规律等的制约。企业研究自身的发展确定其成长方向不仅要依据产业发展和技术发展，还要依据自己的愿景、使命和定位及所处的条件。有不同的企业愿景、使命和定位，就会对产业发展和技术发展有不同的对待，从而就会产生不同的战略方向。企业的成长战略方向是一个企业特有的而不是各企业共有的，它是企业决定投资、重组、研发、信息化、人才策略和组织结构的方向性依据，也是制订经营计划的指导依据。

因此，企业在研究成长方向时，一定要深入研究产业发展方向和技术发展方向，结合自己的实际状况和目的，确定自己正确的战略方向，并根据战略适时修订战略方向。

（四）企业协同作用

协同作用是指企业从资源配置和经营范围的决策中所能寻求到的各种共同努力的效果。一

般来说，可以分成四类：投资协同、作业协同、管理协同和销售协同。投资协同作用产生于企业内各经营单位联合利用企业的设备、共同的原材料储备、共同研究开发的新产品，以及分享企业专用的工具和专有的技术等活动中。如麦当劳的房地产事业部将店铺租赁给连锁加盟商业主从事快餐业务，一方面支持了连锁快餐业务的发展，另一方面又获取了高于平均水平的租金收入。而作业协同作用产生于充分利用已有的人员和设备，共享由经验曲线形成的优势于活动中。如科龙公司利用其制冷方面的人员、设备和技术同时生产冰箱和空调即属此类。而管理协同源于管理能力。管理能力是一种重要的能力，成功的企业一般都拥有这种能力。现代管理理论认为，企业可以充分利用其管理能力，同时管理若干个业务，产生比管理单一业务更大的效益。如当企业的经营领域扩大到新的行业时，如果在管理上遇到曾处理过的类似问题，企业管理人员就可以利用在原行业中积累起来的管理经验，有效地指导和解决这些问题。销售协同作用产生于企业的产品使用共同的销售渠道、销售机构和推销手段，还产生于企业使用共同的品牌。如原来主要生产冰箱的海尔公司，在建立起销售渠道和品牌影响力后，其后续开发的家电产品很多都继续使用海尔品牌和相同的渠道，大大减少了广告推广和渠道建设支出。

以上协同作用均发生于企业经营管理活动中，实际上企业经营活动的所有阶段都有可能产生协同作用，取得"一加一大于二"的效果。需要注意的是，协同作用的值可以是正值，也可以是负值，比如在销售协同上，曾经有一家生产白酒的企业，利用已经取得成功的品牌销售其生产的醋，消费者在消费一种产品的过程所形成的另一种体验，将损害作为白酒品牌应该具有的形象。因此，企业在制定规划，寻找协同时应该避免出现负值的协同作用。

（五）员工教育培训及福利待遇

在激烈的现代经济竞争中，焦点是科技，关键是人才，基础是教育。作为新企业，能否在激烈的市场竞争中得到壮大和发展，关键是看能否建立起现代化的先进企业制度。在建立现代企业制度的进程中，在企业的生产经营活动中，人是起决定性作用的关键因素。因此，企业员工素质的高低，对企业的生存和发展起着重要作用。提高员工素质的一个有效途径，就是积极开展职工教育培训工作，提高他们的思想水平、知识水平和技术技能，使他们能适应当前市场经济下激烈的竞争，这也是企业长青的秘诀。

当然，在企业规划中，也要合理规划如何逐步提高员工的福利待遇。福利的本质含义是指企业对于员工工作的全部报酬，分为基本工资、奖金、实物报酬或是给家属提供的各种补助等。员工福利待遇的高低直接影响着员工的工作态度，因此如何逐步提高企业员工福利待遇是企业生产发展中的重要问题。为了加强企业发展的稳定性，提升企业的生产力，就要不断地完善企业的管理制度，从员工的角度出发，认真地对待员工的每一项需求，努力提高其福利待遇。员工的福利待遇提高，生产积极性工作效率自然提升，那么企业的市场竞争力也会因此得到提升。

二、新企业长远规划的重点

很多新企业在市场中发展没有自身的长远战略规划，从而很难有效规避发展过程中的风险，也容易在竞争中处于劣势从而偏离发展方向。对于新企业而言，发展初期就有必要结合企业的发展需求，制定出符合自身特征的长远发展战略规划体系。新企业长远发展战略规划对于企业的后续发展意义重大，因此我们需要注意长远规划的几个重点。

（一）树立企业长寿目标

企业是有存在寿命的，而这种寿命有长有短。有的企业只存活了几个月，有的则存活了几年、十几年，也有的甚至能活几十年、上百年。我们的许多企业缺乏长寿意识，企业运营随意无计划性，发展中不知道未雨绸缪，所以寿命不长。作为企业领导者应该树立企业长寿意识，努力争取让企业活上一百年、二百年。英国的二百年企业俱乐部，其成员都是二百年以上有很长历史的企业。

（二）提前谋划企业未来

对未来会出现的问题不但要提前预见，而且要提前思考解决方案，提前动手解决。因为任何问题的解决都需要一个过程，重大问题的解决更需要一个较长的过程。就好像为了吃桃，三年前就要种桃树；为了吃梨，五年前就要种梨树。新企业未来需要的技术应提前研发，未来需要的产品应提前设计，未来需要的市场需要提前规划，未来需要的人才需要提前培养，未来需要的公共关系需要提前构建，未来需要的企业文化也需要提前建设。有的企业只重视提前开发新产品、新技术，这是远远不够的，因为应该提前规划的内容很多，应该全面规划考虑。当然，如果连提前开发新产品、新技术都做不到，发展前途就堪忧了。

（三）正确处理短期利益与长期利益的关系

很多人都知道，到了夏季，农民不仅仅要忙于夏收，同时也要忙于夏管和夏种，这就是"三夏"。"三夏"问题包含的是一个赢利结构问题。夏收是为了追求当前利益，夏管是为了追求早秋利益，而夏种是为了追求晚秋利益。农民们都懂得如何恰如其分地把握这种赢利结构，没有只管夏收不管夏管、夏种的。然而我们的许多创业者在这方面往往不如农民，只重视当前利益而轻视未来利益的企业领导者比比皆是。不重视企业的长远发展只在乎眼前利益是不行的。当然要注重长远发展，就要做好合理的长远规划，才能追求长期利益。

三、企业长远规划的主要依据

如何制定适合自己的企业的规划方案，这是我们不得不面对的事情。不论目前新企业规模如何，在行业中处于什么样的地位，都应该有一个切实可行的长远目标规划，并根据这个长远规划展开市场活动，而不能完全陷入盲目追求眼前利益的泥潭中，我们称之为远景法则。制定一个长远的规划，虽然计划永远赶不上变化，但有总比没有更走得坚定，有目标才能克服以后会遇到的各种困难，规划不求有多完美，合理偏高些要求则可，有一定的预测力，就像下棋一样，预测到下一步该怎么走。那么，创业长远规划有哪些主要制定依据呢？

（一）经济发展及市场需要

自2015年《政府工作报告》正式提出将"大众创业、万众创新"，打造成经济发展的新引擎以来，群众燃起了创业创新之火并迅速呈现燎原之势。在经济下行压力持续加大的情况下，鼓励创新创业已成为稳增长、保就业、促转型的重要抓手。创业对经济发展的促进作用不容忽视。但是，许多新创企业面对的仍然是风险与机遇并存，甚至风险大于机遇。生存作为第一问题，摆在了创业者面前。于是，有创业者认为当务之急是生存，先赚钱，再选择方向。这样做其实隐患是很大的。创业不单单是做生意赚钱，在制定创业长远规划时，应密切关注经济发展走向，形成良性互动。关注市场需求，不盲目跟风，选择能满足市场需求并可以后期运作的产品和项目，而不仅仅是将目光放在眼前短期利益上。

（二）生产技术条件的引进和改善

在竞争日趋激烈的今天，技术的不断创新成为企业生存发展的根本途径之一。作为渐进式创新的技术引进，能为企业快速获取外界先进的技术和知识，提高企业短期的生产效率，进而获得当前收益。此外，相对于自主研发而言，技术引进能有效规避风险。企业进行新技术的自主研发需要耗费巨大资源，且成功的概率较低，即使产品研发成功，有时也难于短时间内创造一个有效的消费市场。外购先进的技术和工艺，可以使企业在短时间取得技术领先，进入到新的领域开展生产经营，产生新的价值增长点，提高企业短期的生产效率，从而获得立竿见影的财务效果。此外，技术引进有助于企业自主研发，产生协同互补效应。因此，充分吸收和利用外部技术，引进外部先进技术改善企业自身技术，能够有效缓解企业面临的更短产品生命周期、更快产品更新以及日益高涨的研发成本问题。正是因为技术引进能有效规避研发风险，以及在时间和成本上的优势，技术引进并改善成为企业获取技术能力的重要途径。

（三）国内外科学技术最新成就及发展趋势

历史经验证明，重大科技创新和突破往往孕育和催生重大新兴产业。企业在制定长远规划时，需要关注国内外科学技术的最新成就以及其发展趋势，才能使企业的发展面向未来，着眼长远。两院院士是在我国最具有科学技术成就和最具有创造力的科学家群体，对本领域的最新动态和发展趋势敏感度最高，并且他们多参与国家规划，能站在全国、甚至全球的高度考虑问题。及时关注两院及院士的研究动向，定期搜集他们对科技与产业发展的建议，并进行筛选、分析和研究，形成既有前瞻性、科学性，又切合企业实际的科技发展动态信息、技术预测报告等，以便企业及时、准确地了解技术动态和发展趋势，及早为企业未来发展做好决策和规划。为适时地跟踪国内外科学技术最新动态，企业有且有必要建立一套跟踪机制，从而及时了解国内外新技术的最新动态和发掘出战略性新型产业，为推动企业产业结构调整和促进由低端向高端跨越提供强力支撑和切实服务。

四、创业长远规划的时间划分

长远规划是确定企业未来发展方向和奋斗目标的一种战略计划，通过年度计划的安排来逐步实现。

（一）第一年初期计划

对于一个立志创业的人来说，企业初期的计划原则上说就是对创业想法的规划实施。应该把握三个主要内容：能够创立什么企业，社会需要什么企业，目前拥有什么资源。因此，就有必要进行自我分析、环境分析和关键成就因素分析。首先，企业定位。作为一个创业者来说，只是知道自己想要什么企业，还是不够的，更重要的是，应该知道能够创立什么企业。当然，这也是相对而言的，因为企业领导者的潜能发挥是一个逐渐展现的过程。但是，对自己的兴趣、潜能有一个基本的认识，仍然是一项具有前瞻性的工作。创立一个什么样的企业在初期计划中是需要明确的。其次，社会需求什么企业。创业者所选择的创业领域如果既符合自己的兴趣又与自己的能力相一致，但却不符合社会的需求，那么，这种企业的前景无疑会变得暗淡。由于分析社会需求及其发展态势并非一件易事，因此，在选择创立企业时，应该进行多方面的探索，以求得出客观而正确的判断。同时，新企业运营初期，要依赖各种各样的资源。创业者应该清楚地审视自己所拥有或能够使用的一切资源的情况，是否足以支持企业的启动和企业的可持续发展。这里所说的资源，不仅指经济上的资金，还包括社会关系，即通过自己既有人际关系以及既有人际关系的进一步扩展而可能带来的各种具有支持性的东西。总之，企业一年短期规划必须评估内外环境的优势、限制，从而设计出既合理又可行的企业定位和发展方向。

企业第一年计划，要出台相关管理文件制度，以市场为导向定位目标。制度的制定要具有针对性、可行性和长期性。总的来说可分为工作制度和奖惩制度。前者是对各岗位的要求，后者是一种激励措施。健全的制度使公司管理程序化，集约化，杜绝了管理中的随意性和主观性。一个制度不健全的企业会使企业疲于管理而无暇顾及战略的实现。当然，有了严格制度，没有严格的执行就成了没用的摆设。制度出台以后，无论在企业哪个层面都必须遵守执行，以保证制度的严肃性。

（二）三年总体设计

企业发展规划是企业发展的灵魂与纲领，指引企业发展方向，明确企业的业务领域。制订企业发展规划有利于建立企业和员工的共同愿景，使员工对组织产生归属感和奉献精神，从而更加全身心地投入工作。与第一年计划相比，企业三年总体设计则需初步实现企业工作的良性循环。经过刚开始的创立期，三年设计必须把企业整顿作为一项战略任务，积极建立健全经济责任制，让企业往规模化、专业化、市场化发展，努力实现企业运营的良性循环。针对企业自身和环境的客观实际情况，确立发展阶段和发展任务，明确风险，分析并及时调整企业发展三年总体战略规划。规划着重稳定发展条件，稳定市场需求，如若产品处于市场饱和前期，可维持原有产品市场，产品处于市场饱和后期，则应改善现有产品，努力进行产品的研发与更新，也可细分目标市场，利用原有产品发展某个细分市场，争取更大利润。加强员工的培训，建立健全考核制度。培养企业文化，文化是企业的灵魂。企业的健康发展需要两种纽带：一种是物质、利益的纽带；另一种是文化、精神、道德的纽带。企业如果只有前一种纽带而没有后一种纽带，是不能得到健康发展的。优良的企业文化能够创造出一个良好的企业环境，从而提高员工的道德素质和技术文化素质，对内形成企业凝聚力，对外提高企业竞争力，形成企业良性循环。

（三）五年长期规划

经过了创立期和稳定期，五年长期规划应更加注重企业发展。技术方面持续创新、促进技术的全面进步。用更高、更快、更好的创新精神追求科技创新，注重物质形态技术装备如机器、设备、检测手段等的改造更新。重视新产品的研发、推广，以满足企业健康发展过程中市场对新产品需求。加强国内国外行业技术发展趋势的信息收集，并有效的加以利用，保持企业技术在行业中的适当地位。除此以外，还应加强财务管理，做好资金平衡。坚持以市场为导向，企业经营以市场为中心，制定并适时调整经营策略。扩大产品市场范围，明确市场定位，经营业务逐步向多样化方向发展，以核心业务为支撑，发展其他业务。改进企业销售策略，调动一切销售积极性。同时，推行精益化生产模式，提高生产效率严格质量管理，塑造企业品牌形象，创建特色产品名牌产品。企业管理趋于正规化、科学化。努力创建学习型企业，树立全员学习，终身学习,学习是为了更好的工作的理念。建立长效学习机制,做到学习的制度化、规范化和经常化。努力营造创建学习型企业的氛围,提高员工崇尚学习的热情。整合和利用一切有效资源不断地把企业做大做强。在企业不断发展的同时,承担企业的社会责任,与供应商和代理商利益双盈,鼓励员工与企业同发展、共成长。企业将在五年内形成自己独特的企业文化和企业形象。

五年规划需要分层上报,逐步实施。企业五年长远规划虽然制定,但永远要记住规划是死的,人是活的,情况是在变化的不要墨守成规,要随机应变及时调整,才能取得成功。

本章小结

团队凝聚力是一种团队合力,是团队成员期望为企业持续发展而努力付出的一种意愿和认同感。团队凝聚力像一股无形的精神力量,是创造力的源泉,是企业得以发展的基础。认识团队凝聚力的重要性,了解一个团队凝聚力差有哪些表现,以及如何培养和巩固凝聚力是本章的一个重点。

企业的发展靠经营,经营的重心在管理,而管理的核心在财务。了解什么是财务监控,财务监控的主体、构成要素以及新企业在财务监控方面一般存在哪些问题。学习加强财务监控的途径和手段,从而掌握财务监控方法,充分发挥财务监控的作用是本章难点。除此以外,医学生创新创业项目的实施还需要做好风险规避和长远规划。创业不是一蹴而就的,也不是轻松简单的过程。医学生创业不能只有一腔热情,更需要的是自己去学习掌握新的知识和技巧。分析创业风险问题,学习创业风险规避办法,进行创业风险管理,才能有效地规避创业过程中的风险或者在遇到风险的时候减少其带来的损失。同时,创业必须做好长期作战准备,要有长远打算。做好企业长远规划,树立企业长远目标对于创新创业项目的实施来说非常重要。只有做好了长远规划,企业才可能有顽强的生命力。

本章习题

1. 培养和巩固团队凝聚力具体措施。
2. 财务监控的途径及注意事项。
3. 规避创业风险的措施。
4. 新企业长远规划的主要内容。

【拓展阅读】

一个新的互联网时代即将到来。这将是一个鼓励分享,平台崛起的时代。靠单一产品赢得用户的时代已经过去,渠道为王的传统思维不再吃香。在新的时代,如果还背着这些包袱,那就等于给波音787装了一个拖拉机的马达,想飞也飞不起来。如何铸造一个供更多合作伙伴共同创造,供用户自由选择的平台,才是互联网新时代从业者需要思考的问题。

这个新时代,不再信奉传统的弱肉强食般的"丛林法则",它更崇尚的是"天空法则"。所谓"天高任鸟飞",所有的人在同一天空下,但生存的维度并不完全重合,麻雀有麻雀的天空,老鹰也有老鹰的天空。决定能否成功有多大成功的是自己发现需求主动创造分享平台的能力。

——《马化腾:互联网新时代的晨光》

第七章 医学院校在医学生创新创业过程中的重要作用

> **案例导入：中国移动乐乐医——节约就医附加成本，构建大健康体系**
>
> 中国移动乐乐医是由几十位四川大学华西医学博士自主研发的集健康咨询、诊后随访、慢病管理和双向转诊等功能为一体的患者院外管理平台。该项目充分整合了四川移动大数据资源和四川大学华西医学中心的医疗专家资源，通过线上诊断的方式给患者提供诊断治疗，患者只需要通过图文、语音、电话等方式向医生咨询，就能享受到优质的医疗健康服务。此外，乐乐医通过与中国移动的紧密合作，推出乐乐医手机报，向更多的人传播有用的专业健康知识，乐乐医手机报的内容大多由华西四所附属医院的医生和在四川大学就读的华西医学博士们亲自撰写，保障医学专业性；"诊后随访"也是中国移动乐乐医在做的另一件比较有意义的事情，医生通过"APP"制定病人治疗方案和后续康复计划，并发送到病人手机。
>
> 中国移动乐乐医的推出，产生了很多积极影响。去掉了患者大量的附加医疗费用，将先进的医疗服务惠及贫困地区，让患者通过"乐乐医"在线与三甲医院的医生交流，得到即时的在线健康服务；通过分析电子化数据分析，能够整合移动大数据，构建完整的大健康体系，根据不同地区的情况，普及医学健康知识；同时也拓宽了医生和患者交流平台。
>
> 在首届中国"互联网+"大学生创新创业大赛斩获金奖，成为医疗行业内备受关注的在线诊疗平台。

教学目标　　1. 掌握创新创业思维的特征。
　　　　　　　2. 理解医学生培养创新创业思维的重要性。
　　　　　　　3. 积极培养创新创业思维的方法。

第一节 医学院校在引导医学生开拓创新创业思维中的作用

21世纪是我国社会主义现代化建设的新时期，全国人民为实现伟大"中国梦"奋勇前进，国家综合国力、人民生活水平、国际影响力和地位等取得显著的成就。21世纪机遇与挑战并存，我国在为取得现代化建设丰硕成就踌躇满志、意气飞扬的同时，也深刻认识到国与国之间的竞争空前激烈，我国的核心竞争力与发达国家相比仍旧存在明显差异，实践证明，创新型人才成为增加国家竞争力的重要因素。

2014年9月，国务院总理李克强在夏季达沃斯论坛上公开提出"大众创业、万众创新"的号召，随后，各级政府、高校、企事业单位等积极开展"双创"活动，制定相关制度。在校大学生作为国家人才资源的后备力量，培养其创新创业思维，已然纳入高等院校人才培养体系，各高校结合医学特色和自身实际情况，从人才培养目标、人才培养层次、人才培养教学体系、人才培养教学模式等方面进行调整和完善，积极开展创新创业教育改革，引导和促进医学生创新创业思维的形成，培养创新创业型医学人才。

一、创新创业思维

21世纪,医学教育面临新的任务和挑战,身负治病救人的医学生不仅承担着繁重的学习压力,还面临巨大的就业压力,社会和职业发展对医学生的能力也提出了更新更高的要求,具体体现为发现问题、分析问题、解决问题的综合素质要求融入了创新创业元素,创新创业性日益成为衡量医学生综合素质能力方面的重要指标,积极举办促进医学生创新创业思维形成的教育,不仅符合当下高等医学教育改革的需求,也对缓解医学生就业压力,促进现代医疗先进技术研发有着重要的战略意义,真正体现了"以人为本"的教学理念,有利于医学生健康快乐成长,积极引导医学生正确认识和肯定生命价值。从目前我国医学生创新创业思维现状来看,医学生普遍缺乏创新创业思维,不利于医学生的成长及未来医学事业的发展。医学院作为医学人才培养单位,在积极引导医学生形成创新创业思维过程中,帮助学生认识到创新创业思维的重要性,全面积极地采取有效措施,引导更多学子提升创新创业思维能力。

（一）相关概念

1. 创新思维

（1）创新思维的概念：创新思维未有统一的界定,不同区域、不同行业、不同文化背景对创新思维的界定各不相同。有部分学者认为,创新思维与逻辑无关,机缘巧合之下"顿悟"；部分学者坚信,创新思维是以发散思维为核心和基础的,在事物联系的基础上产生改变；还有学者提出"整合说",即创新思维是将发散思维和收敛思维进行了整合,从而产生新的"重组·展开·整合"的思维形式。虽然学术界对于创新思维概念界定未统一,但都是从不同角度、视野对创新思维进行阐述,具有一定的合理性。笔者认为,创新思维是区别于常规思维模式,创新主体运用已有的知识储备、感性认识等资源,以科学为基础,运用直觉、灵感等逻辑和非逻辑思维,勇于突破传统思维的束缚,顺应和超越现实需要,构建新方法、新观点、新理论或新产品等创新成果的思维模式。

（2）创新思维特征

1）创新性：创新思维的创新性体现为勇于挑战权威,打破常规模式,寻找新颖独特方式从新角度、新领域对问题、事物提出新的解决办法和认识,是对旧思维方式和思维模式的创新发展。

2）整合性：创新思维的整合性体现为"重组·展开·整合"的思维模式,是指对思维主体对发散思维、联想思维、逆向思维等多种思维方式和方法进行重组,结合主体特色进行展开重组,整合形成新的思维方式和方法。整合性集综合型与创新性于一体。

3）变通性：创新离不开突破旧思维模式,也就意味思维主体必须具备处理旧思维方式、方法、途径和程序等旧模式的方法,一味地遵循旧模式或则武断的否定旧模式都不是可取之道,唯有采取大胆取证、灵活创新、举一反三的变通思维方式才能让创新之路更平顺。

4）独创性：独创性是创新思维的重要特征,其突出标志是突破常规,标新立异,具有创新性和独特性。创新也是其区别其他思维方式的重要指标。

（3）医学创新思维特征：医学创新思维是创新思维与医学思维相互融合而衍生的新思维方式,在医学思维、医学环境、医学规律的影响下,更具复杂性、主观互动性、实用性特征,具体体现如下。

1）复杂性：从主体思维对象而言,医学研究的对象是受多重因素影响、变化频繁的复杂系统。例如，一种疾病，并非由某种特定因素而形成，而是多种因素在特定的环境下而形成，各种因素联系密切，相互影响。医学研究类似例子不胜枚举，实践证明医学研究不是单纯、静止、简单、片面的，而是复杂的、动态的、全面的、发展的，并与数学、生物学、物理学、化学、心理学、工程技术、社会科学等领域联系密切。因此，思维主题需要吸纳和灵活运用众多领域知识，与医学思维方式相融合，多种渠道和方式进行研究，从而攻克难关。医学思维主体的创新思维就是要在复杂多变的研究过程中，理清思路、把握方法，透过现象把握事物的本质。

2）主观互动性：相比其他研究领域，医学研究的对象具有主观能动性，会对研究主体的研究思路、研究过程、研究方法、研究结论等产生影响，研究主体与研究客体之间建立了互动性。在医学研究中，研究主体居主导地位，对研究整体起主导性作用，但是作为研究客体的病人在整个研究过程中的配合度特别是主观配合度，会对整个研究产生或多或少的影响。

3）实用性：医学研究致力于解读生命科学，追求将医学成果应用于医学治疗，攻克疾病，为生命健康服务。在医学研究前期，多采取在小白鼠、兔子等实验动物做实验的方法，当动物实验得以成功，才逐渐向临床实验过渡，最终由动物实验向人体试验的过渡，实现医学实验的实用性转化。

（4）创新思维的形式：创新思维不是静止不动的状态，而是发生变化的思维活动过程，往往以不同形式存在着，具体如下。

1）联想思维：是在某种诱因作用下，人们将一种事物的形象和另一种事物的形象联系起来的思维方式。它是创新思维的基本形式和方法，更是创新思维的桥梁。生活中联想普遍存在，联想思维对日常生活和生产的影响很广。思维主体通常将表面不相干的事物联系起来，通过不断的改进，创造出新事物。在医学上，联想思维的运用较为普遍，比如梅奇尼科夫从海星游走细胞吞噬食物的现象联想到白细胞能吞噬微生物，发表了吞噬细胞学说，于1908年获得诺贝尔医学奖。

2）开拓性思维：作为当今世界出现频率非常高的词汇，创新吸引着社会各界人士的注意力，人们渴望在原有基础上，开拓新局面，同时又很疑惑什么是开拓性思维，怎样才具有开拓性思维。学术各界对开拓性的定义不同，但相对常规思维而言，开拓性思维是对处于旧事物的更新、新事物的创造、改善现状的循环发展，善于开动脑筋，用智慧解决问题。需要认识到的是，开拓性思维并不是高不可攀的，而是每个正常人都拥有的思维形式。

3）逆向思维：又被称为反向思维，与传统、常规思维方向相反的思考模式，"反其道而思之"是逆向思维的特色，具有批判性、创新新等特点。逆向思维的方法在医学史上较为普遍。例如诺贝尔获得者西奥雷尔打破提纯黄酶的传统思路，另辟蹊径，利用酶的两性电解质性质及特征。从相反方向思考，最终采用电泳法提纯黄酶。

4）组合思维："组合也是创新"，是指把貌似毫不相关的事物大胆连接，并通过移植、解构等方式再次组合起来，使之成为一个新的、彼此不可分割的新的有机整体。生活中，有很多组合思维下的行为。比如电视+电话，就产生了可视电话；电脑+手机，就产生了小巧方便实用集一身的 ipad；飞机+停机场+军舰，就产生了赫赫有名的航空母舰……正如爱因斯坦所说的，组合作用，似乎是创新思维的本质特征。但是需要注意的是，组合思维并不是随心所欲的拼凑，不是巧合的使然，而是创新思维积极的影响，它使思维主体进行拓宽思考，多方位、多角度、多维度的思考和寻找组合的可能性。

2. 创业思维 创业到底是怎么回事？街边的小贩说："创业就是推着我的小车子，走街串巷叫卖我的商品。"在他看来，创业就是一种工作方式，一种谋生手段。对于拥有固定工作稳定收入的企事业人员而言，创业似乎是工作与生活闲暇时间"打闹"，不是多么需要重视的事情。对于在校大学生而言，创业似乎很遥远，毕业之后才需要去做或可能去做的事情。但是真正的创业者而言，创业并不完全基于生存需要，而是通过发现和捕捉机遇并由此产生新颖的产品或服务和实现其潜在价值，并且融入了创业者梦想、热情等主观情绪的复杂过程。笔者认为，创业时一个发现和把握商业机会，通过创建企业或者组织创新，筹集和配置资源，创造出新颖的产品或服务，最终创造价值并承担风险的活动过程。对创业的定义，我们可以从以下角度加以理解：首先，创业具有创新性。创业并不是简单的对已存在的商品、服务的简单模仿，而是挖掘和发现新颖之处，加以开发，提供更优质的产品和服务。第二，创业是多元价值成长的复杂过程。在创业的过程中，成功创业带来明显的价值成长是物质价值，包含创业者个人收入、产品或服务的内在价值、顾客享受服务的增值价值、社会整理价值，还包括创业者个人和企业的思想价值。第三，创业是多元因素之间的博弈、协调、融合、共同发展的过程。在创业过程中，各方面的资源得到了综合的整合和运用。第四，创业是风险、机遇并存的过程。在创业大潮中，不少弄潮儿成为时代创业先锋力量，但也不乏在竞争过程中惨败的创业失败者。

　　创业思维是人们从事创业活动的强大内在驱动力，是创业活动中起着影响过程与质量的因素，是创业者素质系统中的关键性存在。创业思维不同于其他思维形式，它独具特征，具体如下。

　　（1）创新意识：创新意识是创业思维最鲜明和本质的特征。创业过程就是实现创新的过程，创业过程中的很多环节都是创业者首次遇见，可能会是挫折，但同样的可能会是他们创造出新的事物和服务的机遇。创新意识帮助创业者打破行业常态模式，从借鉴到参考再到创新，新的产品、新的管理方式、新的经营模式，让创业者在"老"的竞争环境中，具有新鲜且具活力的生命力和竞争力。

　　（2）风险意识：创业有风险，风险与机遇并行。相比于常规、熟悉、安定的工作环境或经营管理，创业者犹如打破平衡状态的"莽撞"小伙子，必然会遭受来自各方面的压力和考验，面临更大的风险。创业者在不同阶段，面临不同的风险，并以不同的形式，存在于创业过程的始终，当风险度过之后，创业者也享受到了各种收益。风险意识伴随创业者创业过程，成功的创业者，既能有大刀阔斧开拓创新的勇气，同时也具有审时度势、衡量利弊以及承受巨大压力的风险意识。当创业沉浸于暂时的获益中而不知审度风险，那么创业者无疑处于失败的边缘了。

　　（3）商机意识：商机意识是创业者必备的创业思维之一。创业者敏锐的商业意识，使其注意到创业活动会给社会来带的价值，而正是这份价值，让其产品与服务被市场认可，创业才能成功。商机意识帮助创业者在创业的过程中注意到市场需求，从而创造出适应甚至领先市场需求的价值，这对于创业者自身而言，无疑是对其自身的肯定；对消费者而言，贴切市场需求的服务与产品，满足了消费者的需求；对社会而言，创业者敏锐的商机意识，极大地将社会的资源合理配置，创造出适应需求的产品和服务，提高了资源的利用率，降低浪费，同时还获得了税收、增加就业岗位和机会等好处。综合各方因素，创业者的商机意识是其创业的指路明灯，为其创业指点方向。

　　（4）转化意识：如果说商机意识是创业者的指路明灯，那么转化意识无疑是创业者顺利创业的资源保障。转化意识让创业者在敏锐捕捉市场需求之后，能把握机会，把市场需求与自身的创业生产相结合，切实转化为强大的市场竞争力，为创业行为提供强大保障。

　　（5）敬业意识：在"大众创业，万众创新"的时代潮流中，不少创业者犹如新星，冉冉升起，大放光彩，但也不乏众多创业者在创业过程中铩羽而归。李嘉诚说："事业成功虽然有运气在其中，主要还是靠勤劳，勤劳苦干可以提高自己的能力，就有很多机会降临在你面前。"大学生创业，一定要务实，要勤奋，不能光只停留在理论研究上。学会从小处着手，学会从小事儿做起，不要好高骛远，要脚踏实地，在生活中不断学会给自己增加创业资本，比如说人脉、团队、资金及信息等。另外在你有想法、有梦想的时候，一定要保持创业的激情和认真，踏踏实实，兢兢业业地做事，那么离创业梦实现的到来会更近一步。

（二）创新创业思维对医学生成长的重要性

1. 创新创业思维，是医学事业对医学人才的素质要求　21世纪，随着知识经济型社会发展和就业局势的日益严峻，对创新创业型知识人才需求越来越大，培养大学生创新创业思维，是全面深化教育改革，推进全面素质教育的时代要求。随着现代医学的迅猛发展，医学学科的延伸、医学技术的发展进一步拓宽了医学的发展空间，新的医疗环境、医学理念和医学模式给当代医学教育带来了严峻的挑战，医学发展的客观需求与医学教育的滞后之间的冲突日益激烈。新形势下，高等医学教育应结合自身特色，调整培养模式，大力培养创新创业型的高素质医学人才，这是顺应时代需求，深化教育改革，实现医学生全面素质教育。

2. 创新创业思维，是当代医学生提升学习能力的重要要求　医学生的培养课程繁重，学时长，学习密度高，学习任务重，医学生学习压力偏大。在实施医学生素质教育过程中，提升医学生学习能力，必然提升医学生学习效率，缓解学习压力。培养创新创业思维，利于拓宽医学生视域，结合自身特色，调整和改善自身学习方法，提升学习能力，增强学习成就感和愉悦度。此外，创新创业思维的形成，不仅局限于学习过程中的学习能力的提升，还体现于医学生未来工作领域。在工作过程中，具备创新创业思维能力的医学生，善于观察细节，直面现实问题，创新解决措施，能够快速适应新环境，提升工作效率和能力。

3. 创新创业思维，是医学生梦想转化为现实的有力保障　具有创新创业的医学生会不断地去摸索、学习和实践，在这个过程中，医学生的综合素质得到了极大地提高，促进了个人的全方位的发展，为医学梦想和实现自我追求提供了有力保障。一方面，促进个人发展。培养、形成创新创业思维的过程中，医学生的个性心理、身体素质、认知水平、人文意识、科学素养、知识结构、智力结构、能力体系、创新精神、抵抗挫折的能力等方面获得学习和锻炼，为将来的事业和学习打好基础。另一方面，利于打好物质基础。具备创新创业思维能力的医学生，会在生活和学习去探索和实践，甚至去创业。通过创业带来的丰富的物质回报，不仅会提高自己的生活质量，增强掌控生活的能力，同时还增加了更多的社会资源，这无疑为自我梦想实现做好了前期准备；此外，利于培养自信。根据马斯洛需要层次理论，人的需求分为很多，但是人追求的最终、最高的需要无疑是自我实现。医学生在创新创业的过程中，会为实现自我不断进行成长规划、成才规划和事业规划，给自己寻找更多、更好、更广阔的发展平台和职业空间，增强自我管理能力，为以后职业和个人的发展充分增加优势。

二、医学生创新创业思维的培养方法

法国生理学家贝尔纳说："良好的方法能使我们更好地发挥天赋才能，而拙劣的方法会阻碍才能的发挥。"培养医学生创新创业思维必须要掌握行之有效的方法，这样才能事半功倍。

（一）创新思维的培养方法

1. 做好创新思维形成的生理和人格基础准备 创新思维的生理基础是大脑，大脑是人的思维器官，是人类一切智慧和行为的生物基础，是人世间一切创新活动的策源地，大脑左右半球分工不同，各司其职，其中众多较高的认识功能都集中于右半球，右半球在创新思维中占有更重要的地位，因此强化脑的右半球功能，对创新思维的形成有促进作用。

此外，还需做好人格基础准备。创新思维活动是提出问题、解决问题的思维过程。对同一问题，不同人解读问题的角度、解决问题的方法、产生的实际效果存在差异性，这都是与思维主体个人的好奇心、意志、兴趣、自信、情绪、责任感等人格个性特征有关。因此，在日常学习和生活中，完善人格，培养好奇心，锻炼顽强意志，培养广泛的兴趣爱好，拥有强大的自信心，增强情绪控制力和责任感的人，为创新思维的形成做好人格准备。

2. 强化创新知识教育 创新知识与创新能力是各自独立发展，又相互作用、相互转化、相互促进的良性循环的关系。一方面创新知识是获取创新能力的有效保障，主要表现为掌握创新知识越丰富，知识结构就越完善，创新方法论越丰富，创新能力形成越顺利；另一方面，创新能力促进创新知识的理解和掌握。掌握创新能力的主体，能够更促进创新能力的吸收和理解，并在实践过程中运用创新知识，改造时间活动；此外，二者相互转化，创新知识越丰富，促进新的创新能力的生成；创新能力越强，越能在实践过程中形成新的创新知识。

3. 培养创新意识 创新意识是创新的关键，是创新精神的重要组成部分。因此，培养医学生的创新意识是创新思维的至关重要的因素。培养创新意识主要从以下几方面着手。

（1）不盲从，培养问题意识：问题意识是指对权威不盲从，对书本、对标准答案、对老师盲目崇拜，而是具备挑战权威的勇气，在学习、工作和日常生活中，善于思考，善于挖掘和发现问题，不断钻研，善于探索，勤学好问。

（2）不僵化思维，勇于把握机遇：机遇是创新活动的促进因素。善于发现和勇于把握机遇，是一个人创新能力的重要体现。但是，机遇并非倾向众人，往往选择有所准备的思维主体，主体思维越活跃、越具有活力，能够突破固化模式，创新认识和解决问题，越容易获得机遇的青睐。机遇难能可贵，一旦出现，思维主体要具有魄力，果断把握住，同时运用平时准备的资源，创新利有机遇，实现其价值。

（3）具备独立能力，培养自主思维：创新不是对经验的学习和复制使用，而是借鉴现实的基础上，独立思考，自主思维，实现质的突破，它是思维主体的能动性重要表现，因此，培养思维主体的独立能力和自主思维能力及其关键。自主思维具体体现为自我控制、自我激励和自主发展意识。思维主体依靠坚强的意志把自己的注意力集中到所选择的事物上，并且克服困难、百折不挠，这实际上就是自我调控和自我激励。

（4）胆大心细，培养风险意识：创新是人沉睡着的潜力，需要外部因素的激发才能觉醒。因此，思维主体需要注意生活多方面、多层次，需要大胆开发，把它激活，细心培养新生创新能力。所以要想有所创新，就要有冒险精神和风险意识，就要有顽强的勇气和意志。有的人经不起一点挫折，遇到点困难就打退堂鼓，这些人都是与创新无缘的。

4. 掌握创新思维技法 我们接受的传统教育多注重逻辑思维的训练，缺乏非逻辑思维的训练，而创新思维并非局限于逻辑思维，而是逻辑与非逻辑的交叉思维。因此，培养学生的创新思维，要做到逻辑思维训练和非逻辑思维训练同等对待，均衡发展。对学生进行思维的综合训练，较常用的创新思维的训练方法有以下几种。

(1)头脑风暴法：以"激智"和"集智"为中心的头脑风暴法是由美国创造学家亚历克斯·奥斯本提出的，主要是通过激发群体思维能力，集合群里智慧结晶，海纳百川、集思广益的激发性思维训练法。

(2)列表法：这种方法是发挥缜密的逻辑思维能力，通过列表的方法，将相关事项清楚明了的列出来，然后突破固化思维模式，经过对比、讨论、总结等方法，创新解决问题的途径和思维路径。

(3)创造需求法：无论是常规途径。还是创新途径，其产品、服务等结果得以市场和社会认可，必然是符合了市场的需求，不同之处在于，常规思维是在已有的基础上，顺应现有的是市场和社会需求，而创新思维模式是透过市场和社会现有需求，思考和把握需求发展规律，把握未来发展动态，从而根据变化，创造新的需求。创造需求法已经得到了广泛的运用，并且受到了获益者的一致推崇。著名企业家柳传志提到企业的发展时，强调越是优秀越有远见的企业，永远不会满足于抓住了现有的市场需求，而是创造未来的需求，将消费者内心深处的隐形消费需求和意愿挖掘出来，与自我产品相结合，创造出新的市场需求，只有这样，企业才能在激烈的市场竞争中脱颖而出，走得更远。"淘宝"、苹果手机、微信等广为人知的产品和服务，走在市场变化前段，致力于为客户创造需求和服务，是他们对创造需求法有力的佐证。

(二)创业思维的培养方法

在创业路上，掌握培养创业思维的方法无疑是让创业者能力不断提高，事半功倍。培养学生创业思维，主要有以下几种方法。

1. 学会倾听 在创业过程中，保持谦虚好学的态度是极其重要的，学会倾听，是重要的学习方式之一。倾听，并非一味听从，而是双方处于平等角度，开放式地去了解他人的为人处事、与人交往的智慧。倾听是创业者成长的不可或缺的技能，要抱着谦虚、自信而不自满的态度，关注身边事物及其变化，学会发现问题并且还要借鉴和思考解决问题的办法。

2. 学会专注 心在其一艺，其艺必工。学会专注，提高了单位时间的工作效率，促进创业顺利开展。众多创业者和教育者也很重视培养学生的专注力，肯定专注力的好处。新东方创始人俞敏洪提到，人拥有的时间和要做的事情都是有限的，在有限的时间里，能够让自己专注起来，专心去完成一项事情，这无疑是无比幸福的事情。专注是需要极其用心去培养的能力，在这个过程中，学生需要克服消极因素，抵制和排除自身和外部环境的不良影响，树立目标，培养自制力、自控力，保持热情、自信和耐力。

3. 保持独立思考 新形势下，创业者队伍在创业大潮中不断扩大，出现了众多卓有成效的创业者。这些成功的创业者虽然是来自不同领域，但都具有相同的众多品质，而保持独立的思考能力是相同能力之一。创业环境竞争激烈，复杂多变，具备独立思考能力的创业者能够敏锐洞察市场需求和变化，能够清晰分析市场因素，理性应对市场变化，能够提前获取市场需求变化，从而提供能够适应消费者消费需求的产品和服务。

4. 正确处理"抱怨" 生活中，不缺乏"抱怨"的声音。不少创业者注意到了"抱怨"之后的消费者内心需求，从而把握商机，并付诸产品生产和服务。培养创业者的创业思维，要正确对待生活"抱怨"，不人云亦云。

三、医学院校在引导医学生开拓创新创业思维中的作用

医学院校在医学生培养的过程中，需要对医学生的创新、创业意识进行培养，需要让医学

生在校期间能够对自己的未来职业生涯具有一个形象的规划,在校期间能够对自己的未来发展进行详尽的思考,这不仅是教师所应当做的重要工作,同样应当成为医学院校教学的主要任务。只有具有创新性的人才才是未来社会需要的人才,只有具有创业精神的医学生,才是能够适应未来社会对医务工作者的要求。总之,对医学生创新创业思维的培养是一个非常全面且系统化的过程,高校必须建立有针对性的教学体系去培养医学生创新创业的思维。

1. 学校促进创新创业教育与医学教育的融合,培养师生树立正确的创新创业价值观 创新创业教育在各个高校已经如火如荼地展开,在这个过程中,在个别专业性极强院校出现了极个别质疑的声音,认为专业型院校学习压力大、就业压力轻,质疑开展创新创业教育的价值在哪?面对这极个别的质疑声,要正确认识创新创业,树立正确的创新创业价值观,积极开展创新创业教育活动。医学院校在开展创新创业教育的过程中,一方面,要结合自身特色,调整人才培养系统,通过自生教学资源、创新创业资源的有效整合,系统全面地落实创新创业教育,培养创新创业型医学人才;另一方面,加强创新创业理念和正确价值观的引领和树立,全校范围更新教育理念和价值理念,改变传统模式的知识灌溉式教学、改变把知识的继承当作高等教育目标的思想、改变过度夸大创新创业难度和过度弱化创新创业价值的错误认识,让师生认识到创新创业教育的必要性和重要性、认识到自身创新创业教育的不足、认识到创新创业教育和相关活动的重要价值。

2. 学校充分利用校园文化氛围,促进医学生创新创业项目的落地 学生的价值观念和理想信念的树立离不开外部环境的影响,外部环境越优越,越能引导学生树立正确的价值观和理想信念。学校开展创新创业教育,促使学生创新创业项目的落地实施,必须构建一个良好的校园文化环境,将创新创业精神溶于校园文化建设中来,从校园物质文化、精神文化、规章制度三方面展开相应的措施。一方面,在校园物质文化方面,合理运用校园宣传途径,宣传创新创业精神,比如设置宣传展板、海报、文化墙、贴标语等方式,让全校师生意识到创新创业教育的重要性;另一方面,在校园精神文化方面,以校园文化活动和社会实践为平台,将创新创业理念与学生活动相结合,开展创新创业相关的比赛、成果展示、交流学习等活动,以活动为载体,宣传创新创业知识,营造创新创业氛围,激发学生创新创业热情和兴趣,吸引和鼓励更多人参与创新创业活动中来。此外,在校园文化制度建设方面为创新创业教育和大学生创新创业项目保驾护航。通过制度和文件的制定,对大学生创新创业项目的相关活动、比赛、项目的入驻和落地实施等方面给予支持、鼓励、大力宣传,促进创新创业理念融入学生头脑中。

3. 学校引导大学生积极关注国家相关优惠政策,继而拓宽大学生对创新创业大政方针的熟悉度 面对日益增加的大学生就业压力,提高大学生就业率,政府出台系列优惠政策,旨在鼓励大学生改变传统就业模式,去大胆探索,开展创新创业活动。一方面,大学生应正确应对政府出台的一系列优惠政策,认真解读政策,将自身的创新创业活动与优惠政策相结合,整合和利用优势资源,增强自身创新创业资本,充分发挥创新创业精神,积极创业。另外,学校在国家在出台相关政策之后,做好相关的宣传和解读工作。通过各个部门的通力合作,从不同渠道将优惠政策普及和正面导向传导给学生,帮助大学生做好创新创业准备,减少创新创业过程中的困难,增强创新创业自信心,鼓励更过大学生参与到实践中来,全方位地提升大学生对创新创业的全新认识,并让大学生从创新创业中获得长足的发展和进步。

第二节 医学院校在孵化医学生创新创业项目中的作用

大学生是中国未来社会发展的中坚力量和主力军,大学的创新创业精神和能力直接影响着未来社会的发展和整体国力的竞争力。高校作为肩负为国家培养适应时代发展需求的大学生的重要任务,高度重视和落实大学生创新创业教育,实施相关措施,为大学生创新创业的落实保驾护航。

一、搭建好专业教师团队,为大学生创新创业项目的孵化保证专业指导和管理

1. 提供专业的创新创业教育师资力量 创新创业师资力量与常规课堂教学师资力量差异性明显。相较于常规教学老师,创新创业教师应不仅具有丰富的专业理论知识和教学能力,还应具有大胆创新、勇于创业的魄力,以及具有创新创业实践能力并得到实践认可。目前,不少高校的专业创新创业教师不仅包括校内具有科研创新能力的专业老师,还引进社会上具有学术背景或者创业经验或者丰富企业管理经验的"实战家"加入高校教师团队,担任兼职教授从事创新创业教学、研究工作,团队构成保证专业与多元相结合。医学院校相比于其他院校的创新创业,对专业的依赖度更高。不少医学院校充分结合专业特色,将优秀教师与大学生创新创业项目有机相结合。

2. 完善医学生创新创业活动导师制 优秀医学教师担任学生创新创业项目的指导老师,实行"一对一"导师制,在项目的成长过程中提供专业的指导和引导,培养医学生科研创新的能力和实践操作能力。不少医学院都鼓励在校学生参与创新创业。每年在校团委或其他部门的组织下,大学生都可以申请大学生科研项目,每个项目安排有专业指导老师。学生在老师的指导下,学会了如何申报课题、如何完成课题,将平时的课堂学习融入和运用到课题研究中来,实现了书本知识的运用,有效地夯实了基础医学知识,同时在完成课题的过程中,接触和学习了具有前瞻性的知识,拓展和深化了基础知识,而课题的创新之处,又让申报课体的同学去思考、去研究、去发现新的领域,这无疑对医学生的科研创新能力有很大的提高。此外,积极搭建师生交流平台,鼓励学生积极走入教师科研项目,成为项目成员,在开展专业医学科研项目中逐渐形成创新创业的思维模式,接触专业领域前瞻性研究。

二、设置和开展创新创业课程,调整和完善课程体系

创新创业课程是高校开展创新创业教育的基本载体和理论知识重要渠道,设置和开展好创新创业课程,是医学院校孵化大学生创新创业项目的基本理论保障,各医学院结合自身特色,从课程的内容、体系设置、难易度及呈现形式等方面不断探索,不断完善创新创业课程。

1. 专业教育与创新创业教育相结合 根据人才培养目标的和培养模式的特点,各医学院结合自身特色,根据创新创业教育目标要求,对课程设置、课程形式、教师队伍等进行调整,促进专业教育与创新创业教育相互融合,共同开展,达到在传授专业知识过程中加强创新创业教育,创新创业教育促进专业教育更好开展的良性循环的效果。

2. 专业课与选修课相结合,普及创新创业教育 创新创业课程面向全校学生,必修与选修课程相结合,进行创新创业思维和能力的培养,比如常见的《创新与创业》《大学生创业基

础》《创新与创业教程》等创新创业课程，纳入学分管理。同时，逐渐形成依次递进、有机衔接、科学合理的创课程体系。

3. **理论与实践相结合，积极打造创新创业第二课堂**　各医学院校在坚持理论教学的基础上，创新和拓展第二课堂内容，开展创新创业辩论赛、创业模拟比赛、创新设计大赛、讲座、沙龙、创客空间等创新创业第二课堂，积极引导学生早期接触临床的实践、社会医疗实践等，把理论与实践相结合，实践检验理论，加深对理论的理解，培养学生创新创业能力。

4. **邀请校外老师，进校定期开展创新创业培训课程**　比如，大学生创新创业 SYB 培训课程的开展，大学生通过学习得到系统专业的理论知识。邀请校外创业大家来校讲座，传授知识与心路历程等。

5. **打造好信息共享平台**　21 世纪是信息化时代，打造好信息共享平台，为创新创业者提供线上线下更宽广的平台，有利于完善和丰富创新创业课程设置。线上平台，购买创新创业教育优质课程，并推上校园网，以视频公开课等方式实现信息共享；线下平台组织开展多种形式的教学实践课程，并实现与第二课堂学分良好衔接。

三、保障创新创业教育和项目管理的组织建设

为了有效推进医学生创新创业教育，孵化医学生创新创业项目，医学院在各个方面予以充分的保障，主要体现在制度保障、组织保障两方面。

1. **制度保障**　将大学生创新创业纳入教学任务和计划中来，创新创业的理论学习和实践环节等方面均有明确规范的教学大纲和教学要求，同时安排有专业的师资力量作保证，严格按照教学管理规范执行，学生有严格的学分要求，创新创业学分达到一定分值，成为硬性要求。此外，为大学生创新创业创造浓厚且充满活力的氛围，制定和执行对大学生创新创业学习和实践具有激励和支持的相关制度，吸引和激励广大学子投身创新创业的大队伍中来。

2. **组织保障**　医学生创新创业教育的实施需要合理组织制度的保驾护航。具体体现如下：成立"老师-学生"两级双创中心办公室。设有专门的人员和场地，全面负责整个学校的创新创业教育、实践活动、日常管理及制度的制定，保障创新创业教育的有效有序健康地开展；多部门协同合作。学生的创新创业教育和实践活动，由团委牵头，学生处、教务处、招生就业处等部门协同开展，有序分工，顺利推进；对创新创业教学或项目指导老师实行重点培养和持续培训。要求教师"走出去"，与市场接轨，增强自身市场竞争能力，同时，注重给老师开展培训课程，给老师"充电"，以最好的状态完成教学和指导工作。另外，形成聘请校外老师的有效机制，及时引入新鲜血液，指导和开展校内创新创业工作，进一步从制度上保障教师资源。

四、多渠道保障资金充裕，为大学生创新创业项目的孵化提供物质支持

俗话说，巧妇难为无米之炊。资金是大学生创新创业的物质基础，是创新创业项目孵化成功的必要保证，也是创业项目规模的重要因素。就目前而言，大学生创新创业项目的经费主要源于政府支持、学校支持、企业赞助和自身提供。

（一）国家支持资金及相关配套设施

国家各级政府对大学生创新创业活动予以了大力支持，制定相关优惠政策。各地区、各有关部门要整合发展财政和社会资金，支持高校学生创新创业活动。相对于学生而言，学校获取信息的渠道更广、更便捷，学校有义务有责任做好优惠政策的宣讲工作，设立专门的咨询部门和工作人员，完成学生的咨询工作。目前而言，不少院校的团委及其指导的创新创业活动中心，承担了这一部分工作，运用新媒体和传统媒体进行了大力宣传。另外，学校积极寻求校地合作，做好校内学生项目和校外地方政府的帮扶衔接工作，尽可能地为学生项目争取资金或其他优惠，减轻学生创新创业项目的经济压力。例如南充市川北医学院积极寻求地方政府对大学生创业创业的支持，在做好与嘉陵区创业小镇的衔接工作之后，带领创新创业大学生项目负责同学来到创业小镇参观学习，了解创业小镇入驻条件，以及为大学生创新创业入驻项目提供的免费办公房间及住宿等优惠政策，帮助不少大学生项目负责同学避免了租赁费用。

（二）学校设立大学生科研专项资金和修建大学生创新创业活动中心

各个高校将大学生创新创业教育纳入教学大纲和教学任务，培养具备创新创业素质的人才也成为新时代对高校的要求，各地区高校积极投入大量物力、人力、财力用于创新创业教育，并且将大学生创新创业项目经费纳入学校预算，设立大学生创新创业科研立项资金，并出台相应的经费管理制度。不少院校的费用高达百万、甚至千万，学生通过向校团委等部门申报大学生科研立项课题，当按规定完成课题时，学校会结合实际情况，予以课题经费，支持大学生创新创业活动。另一方面，为满足大学生创新创业项目的孵化需要，便于开展各类创新创业活动和培训，各高校修建大学生创新创业活动中心。大学生科研立项资金和创新创业场地的双管齐下，对各地高校的大学生创新创业活动蓬勃发展有着重要的促进作用。

（三）积极引进企业合作和赞助

企业是市场经济活动的重要主体。企业对市场需求的变化和要求具有敏感的洞察力，能及时把握市场切实的需求，大学生创新创业项目离不开企业提供的助力。高校在开展大学生创新创业项目的工作时，应该切实加强与企业的合作。一方面校企合作，企业为大学生创新创业项目的立项、开展等环节为提供建议、帮助、合作，能够有效避免大学生创新创业项目"走弯路"；另一方面，大学生创新创业人才将自己的专业知识与产品和服务有效结合起来，弥补了企业技术上等方面的不足，同时也帮助企业寻找到专业人才。积极的企业合作和赞助，对企业、学校、学生而言都是互惠互利，"产学研"三方的合作，可有效地将科研成果转化为生产力，创造出实际经济效益，达到共赢的局面。

第三节 创新创业思维对提升医学生医德修养的作用

医德是医疗卫生领域建设至关重要的环节，医德素养是医务工作者的基本从业素养。2011年举办的"全国医学教育改革工作会议"提出要加强医学生医德医风教育，传承"医者仁心"的美德，在医学教育中要以德育为先，加强医学生职业素质教育，培养学生高尚的职业道德情操和神圣使命感，同时，要注重医学专业技能、人文精神、交流与沟通技巧的培养，培养医学生良好职业素养。2017年由国务院办公室印发的《关于深化医教协同进一步推进医学教育改革与发展的意见》就推动医学教育改革、加强医学生人才培养做出了重要部署，指出加强医学生人才培养，是深化医药卫生体制改革的重要任务。其中，强化医学生质量短板的医德素养是推进医教改革的重要举措。由此可见，增强医学生医德修养已受到高度重视，各地医学高等教育响应政策号召，积极开展医德教育，并将培养具备医德素养的医学生纳入培养体系，并从多方面作出努力。

各地高校在推进医学生医德教育建设的过程中，结合实例，发现创新创业思维与医学生医德素养密不可分。在"2016 寻找最美医生"评选活动中，十位"最美医生"虽然来自不同地区，各有特色，但是具有相通之处——不断创新。他们在夯实专业知识的同时，打破了医学生医德的固化概念，在医疗技术、就诊形式、学术研究等方面不止于现状，不忘探索、不断创新。可见，创新创业思维是新形势下医德素养的特色。高校开展创新创业教育，培养医学生创新创业思维利于提升医学生医德修养，符合新时期医疗卫生事业的发展需求。

1. 创新创业思维，有利于坚定医学生理想信念 医学生怀抱治病救人的初衷迈入医学院校，为投身医疗卫生事业做准备，为实现医学理想而奋斗。近几年日益紧张的医患关系、日益增多的医患冲突、繁重而晦涩的医学学习课程、复杂多变的病情，动摇了部分医学生的医学理想信念，质疑"学医之路"。医学生创新创业思维的形成，打破医学生的传统思维模式，在医学科学和医学伦理上都有着积极的效果。使医学生不拘于医学科学技术现状，不惧于科学医学技术困境，敢于合理运用现有优势，去开拓更宽广的领域，去创新医疗技术和医疗方法，以更先进的医疗水平为病人服务；医疗伦理方面，敢于直面目前医患关系，不套用五年前、十年前甚至更久远的医患相处模式，而是结合新形势新特点，分析问题，从语言、就医形式、流程等非医疗科学技术方面，从病人角度思考问题，"以人为本"，创新形成新的适合医患双方的相处模式，以更温馨、相互尊重、相互体谅的互动模式为患者服务。总之，创新创业思维的形成，拓宽了医学生认识世界的渠道和方法，帮助他们从不同方面发现问题，从新的角度来分析问题，提出解决问题的新方法，在工作和学习中培养自己的综合素质，有效地处理好医患关系，治病救人，在受到患者和社会高度肯定和拥护的同时，也实现了自我理想，坚定从医之路。

2. 创新创业思维，有利于培养和形成医学生艰苦奋斗的品质 无论是创新还是创业，都不是如履平地、轻而易举可以完成的，艰苦奋斗必然是创新者和创业者身上必备的基本素质。医学生创新创业思维的形成过程中，一方面对世界充满了好奇心和求知欲望，另外一方面，在探索和创新的过程中，无疑会遇到来自各个方面的阻力。医学生创新创业的过程是一个不断攻克难题的过程，会出现各种物质和精神层面的磨难，包括来自家庭、社会、学校等各个方面压力，在巨大的压力下，创新创业的大学生必然需要和形成吃苦耐劳、艰苦奋斗的毅力，锲而不舍、坚韧不拔，才能不止于逐梦途中。创新创业思维的形成和实现与艰苦奋斗的品质，二者相依相存，互相促进，共同发展。

3. 培养创新创业思维，利于增加医学生职业认同感和神圣使命感 医者仁心，不应该局限于言语上的呼吁，而应该内化于心，外化于心。就目前的医疗水平而言，人类面临太多无法解决的医学难题，如果仅仅局限于对已有医学知识灌溉式的接收，那必然会出现面对新的病种或变异的病种束手无策的局面。只有培养和形成创新创业思维，医学生才能在以后的工作和学习中勇于创新，敢于创业，才能够结合自身优势和专业特色，大胆创新，找到新的解决方法去应对日益复杂的医疗环境和产生的问题，能够有能力去应对复杂多变的病情；创新和改善交流沟通技巧，才能够采取更好的方式与病人及其家属交流沟通，减少甚至避免医患冲突，缓解医患矛盾，保持和谐医患关系；结合临床经验，提升科研能力，提高医疗技术和能力，攻克更多的医学难题。总之，医学生的创新创业思维的形成，既能能够帮助医学生具备增强治病救人的能力，又能帮助其获得患者及其家属的理解和尊重，增强了医学生获得职业认同感和治病救人的神圣使命感。

本章小结

随着社会的发展，人们对医学人才的需求越来越大，同时要求也相应提高。"就医难"不仅体现在患者的期望与就医环境实际情况相差甚远，还体现在医务工作人员举步维艰的工作状态和日益尖锐的医患冲突。提倡医学生培养创新创业思维，并不片面的、盲目的鼓励医学生创业创新，而是，医学生在培养创新创业的思维过程中，认识到创新创业思维的重要性，掌握培养创新创业思维的方法，善于运用医学院校创造的良好的创新创业条件，从而达到能够在未来学习和工作领域中，取得创新成就，改善医疗环境现状，推进未来医学事业朝着更为宽广的道路发展。

本章习题

1. 医学生创新创业思维特征。
2. 医学院校为医学生创新创业提供的支持。
3. 新形势下，对医学生医德教育的创新认识。

【拓展阅读】

不创新，就灭亡——亨利·福特

要么创新，要么死亡——托马斯·彼得斯

没有思想自由，就不可能有学术创新。——周海中

未来世界不会建立在规模经济、权势和金钱的基础上，而是建立在知识、智慧和创新的基础上，任何东西有前瞻性才有意义。今天许多企业争取解决的是今天的问题、昨天的问题，而不是考虑如何解决明天的问题。我希望大家能够站在前瞻性这个角度去思考，假设你在10年前，有什么事让你觉得做了会不一样，那么同样的，如今企业必须去做什么事情，才能在10年以后活很更好。

——马云在"2016年浙商经济形势分析研判会"上提到

第八章　医学生创新创业法律知识

教学目标　1. 创业的法律原则有哪些。
2. 创业中常用的部门法律知识有哪些。
3. 请举例说说创业中应注意的法律问题。

第一节　创业的主要形式及法律原则

按照《国务院关于大力推进大众创业万众创新若干政策措施的意见》（以下简称《意见》）有关精神，我国掀起了一轮"双创"高潮。《意见》第九条明确："支持大学生创业。深入实施大学生创业引领计划，整合发展高校毕业生就业创业基金。引导和鼓励高校统筹资源，抓紧落实大学生创业指导服务机构、人员、场地、经费等。引导和鼓励成功创业者、知名企业家、天使和创业投资人、专家学者等担任兼职创业导师，提供包括创业方案、创业渠道等创业辅导。建立健全弹性学制管理办法，支持大学生保留学籍休学创业。"新修订的《普通高等学校学生管理规定》（以下简称《规定》）也体现了支持大学生创业的内容，其第十七条明确："学生参加创新创业、社会实践等活动以及发表论文、获得专利授权等与专业学习、学业要求相关的经历、成果，可以折算为学分，计入学业成绩。学校应当鼓励、支持和指导学生参加社会实践、创新创业活动，可以建立创新创业档案、设置创新创业学分。"

在"大众创业、万众创新"的热潮下，大学生极可能成为这一轮创业潮的急先锋。与分别发生在20世纪70年代末，90年代初和90年代末的前三次创业高峰相比，本次创业潮的一个显著特点是处于全面依法治国的大背景下。在法制日益健全、法治日益完善的今天，曾经的通过打法律擦边球、钻空子的发家致富方法将逐渐减少消失，取而代之高素质、高水平的知法懂法守法创业者，在遵循法律规范的前提下熟练运用法律解决创业中的各方面问题。有条件的医学生要把握国家提供的创业机会，掌握法律知识，了解筹备创办企业中的法律知识，提高法律风险防范意识，依法创业，合法守业，早日实现创业梦想。

一、创业采取的主要形式

我国是成文法国家，执法和司法均以法律、法规、规章及规范性文件为依据，判例不是法律，没有普遍约束力，但具有越来越大的参考意义，特别是最高人民法院公布的案例。

按照成文法的要求，包括创业在内的相关民事活动都应当遵循已经颁布的各类法律法规。在现代法治国家，能够适应市场经济竞争的主体多为企业，这也是创业者多数采用的方式。企业是指以盈利为目的，运用各种生产要素向市场提供商品或服务，实行自主经营、自负盈亏、独立核算的法人或其他社会经济组织。我国企业立法已经不再延续按企业所有制立法的旧模式，而是按企业组织形式分别立法，根据《民法通则》《公司法》《合伙企业法》《个人独资企业法》等法律的规定，企业的组织形式可以是股份有限公司、有限责任公司、合伙企业、个人独资企业，其中以有限责任公司最为常见。

医学生创业之前,要先选择一个符合客观情况和主观情况的平台,才能有利于创业的成功。企业法律形式不同,投资者承担的责任不同。根据《公司法》的规定,有限责任公司的股东以其认缴的出资额为限对公司承担责任;股份有限公司的股东以其认购的股份为限对公司承担责任;独资企业的企业主对企业债务的承担范围不限于投资者的出资额。根据《合伙企业法》的规定,普通合伙企业由普通合伙人组成,合伙人对合伙企业债务承担无限连带责任。设立企业首先要到工商行政管理部门办理登记手续,领取营业执照,如果从事特定行业的经营活动,还须事先取得相关主管部门的批准文件。

二、创业应遵守民法基本原则

创业者应当掌握我国的基本民事活动原则,在这些原则的基础上进行创业活动,方能守法又用法。从 2017 年 10 月 1 日起施行的《民法总则》,在中国民事立法史上具有里程碑式的意义。该法进一步提升了我国民事立法的科学化和系统化水平,完善了市场经济和社会生活的法律规范,为全面深化改革、全面依法治国、实现"两个一百年"奋斗目标和中华民族伟大复兴中国梦奠定了坚实的制度基础。《民法总则》是民法典中最基础、最通用,同时也是最抽象的部分,它可以普遍适用于各个民商事单行法律。掌握了民法基本原则,能够对遇到的各种民事活动起到提纲挈领的作用。

《民法总则》的第四条到第九条,确定了从事民事活动的六大原则。

1. **平等原则** 民事主体在民事活动中的法律地位一律平等。我国民法调整的是平等主体之间的法律关系。
2. **自愿原则** 民事主体从事民事活动,应当遵循自愿原则,按照自己的意思设立、变更、终止民事法律关系。
3. **公平原则** 民事主体从事民事活动,应当遵循公平原则,合理确定各方的权利和义务。
4. **诚实守信原则** 民事主体从事民事活动,应当遵循诚信原则,秉持诚实,恪守承诺。
5. **公序良俗原则** 民事主体从事民事活动,不得违反法律,不得违背公序良俗。
6. **生态环境保护原则** 民事主体从事民事活动,应当有利于节约资源、保护生态环境。

在创业中从事的所有民事活动,都应当遵从上述原则,在确定创业主体的发展方向时,也应当以上述原则为基础。

三、企业设立和经营中应了解的法律规范

设立企业需要了解《企业登记管理条例》《公司登记管理条例》等工商管理法规、规章,明确其中的禁止性规定。如果是设立特定企业,还应了解有关开发区、高科技园区、软件园区(创业基地)等方面的法规、规章及有关地方规定,有助于选择创业地点,以享受税收等优惠政策。

医学生创业初期,资金方面往往无法完全满足需要,可能会以实物、知识产权等无形资产或股权、债权等出资,而由于我国实行法定注册资本制,对非现金出资要进行评估、作价,对公司法中出资、资产评估等规定进一步了解,有利于在公司登记时更顺利。

企业设立后,要进行税务登记,其中涉及营业税、增值税、所得税等。会计人员要处理财务,作为管理者需要了解财务制度,哪些支出可以进成本,开办费、固定资产如何摊销等。聘

用员工涉及《劳动合同法》，社会保险等问题，重点了解关于劳动合同、试用期、服务期、商业秘密、竞业禁止、工伤、养老金、住房公积金、医疗保险、失业保险等规定。在创业中，要注意知识产权问题，既不能侵犯别人的知识产权，又要建立自己的知识产权保护体系，包括著作权、商标、域名、商号、专利、技术秘密等各自的保护方法。日常业务中，还涉及《合同法》《担保法》《票据法》等基本民商事法律以及行业管理的法律法规。

无论以何种方式创业，医学生一定要注意，要走正确的创业道路，不能为了追求物质上的满足一时糊涂，走上违法犯罪的道路。以一起大学生制毒案为例：福建某大学动物医学专业学生谢某在休学回家后，在寻找工作的过程中，经人介绍认识了庄某，约定一起"干大事"，后由于庄某对制毒过程很熟悉，谢某又具备一定专业知识，两人决定各出资30万元制造毒品。经分工，谢某负责召集技术人员、购买原料、设备并销售成品伪麻黄碱等事务。庄某负责召集工人、提供生产场所等事务。2013年11月初，谢某、庄某伙同吴某等人，先后在南靖县书洋镇两个养猪场、一座铁皮房、一个休闲山庄木屋等处，用购买来的溴代苯丙酮、乙酸乙酯等原材料非法制作伪麻黄碱，并将制作好的伪麻黄碱成品700千克分两次运到龙岩贩卖给他人，从2013年11月初至12月19日，谢某等人生产出伪麻黄碱近2000公斤，案值达数百万元。2014年9月10日，漳州市南靖县检察院以涉嫌非法买卖制毒物品罪，对其提起公诉。

第二节 创业中常用部门法律知识

一、公司法及相关规定

《中华人民共和国公司法》是企业管理和经营中最常用到的部门法之一。公司法规定法定代表人可以由董事长、执行董事或经理担任，如需变更应当办理变更登记。其并未限制同一个自然人担任多家公司的法定代表人，但第五十八条规定："一个自然人只能投资设立一个一人有限责任公司。该一人有限责任公司不能投资设立新的一人有限责任公司。"因此，一个自然人不能以100%持股法人的身份存于多家公司。

就出资方面，无论是有限责任公司还是合伙企业，以及个人合伙，法律上并没有强制性规定出资应当占何种比例。一般来说，现金出资按照资金比例计算。对于均以资金、不动产等出资的公司，可根据公司注册资金总额确定比例。对于以技术、知识产权、研究成果等出资的企业，则要明确股权分配的目的，是以"人合"为必要的。股权分配，根本上讲是要让创始人在分配和讨论的过程中，感到合理、公平，不把主要注意力放在利益所得上，而能够集中精力做公司。复杂、全面的股权分配分析框架和模型显然有助于各方达成共识，但创业成功的前提是获得创业伙伴的信任和认可。

根据公司法的规定及应用实践来看，创业公司进行股权激励一般有三种方式。

1. 股权购买 公司现有股东拿出部分股权出让给被激励者，被激励者需要用货币或知识产权等可以用货币估价并可以依法转让的非货币财产交换获得股权。被激励者购买股权的资金来源主要是被激励者工资、奖金、分红抵扣或直接出资及企业资助等。被激励者获得完整的股权，拥有股权所具有的所有权、表决权、收益权、转让权和继承权，该购买股权的价格可以是买卖双方认可的任何价格。为了稳定优秀的人才，防止竞争对手恶意争夺人才，可以在购买之外另设置一定的条件，如果被激励者没有满足这些条件，那么股东有权回购。这样不致使公司和股东造成很大的伤害。

2. 期股 公司现有股东附条件地一次性或分期给予被激励者一定数额股份的分红权和表决权，被激励者按事先约定的价格用所得红利分若干年购买这部分虚股，将之转化为实股（即"行权"）。被激励者所得分红如果不足以支付购买虚股所需要的资金，则可以另行筹措资金，补足购买虚股的资金，无力购买部分可以放弃行权。款项支付以后，相对应的虚股转化为实股。被激励者对虚股拥有分红权和表决权，没有所有权和处置权；对实股拥有完整所有权。虚股不以被激励者的名义进行股东登记，实股以被激励者名义进行股东登记。

3. 虚拟股权 公司现有股东附条件地授予被激励者一定数额的虚拟的股权，被激励者不需出资，享受公司价值的增长，利益的获得需要公司支付，不需要股权的退出机制，但是被激励者没有虚拟股票的表决权、转让权和继承权，只有分红权。被激励者离开公司将失去继续分享公司价值增长的权利；公司价值下降，被激励者将得不到收益；绩效考评结果不佳将影响到虚拟股份的授予和生效。

如果公司经营中创业者要进行退股，按以下程序进行：首先，公司法规定，公司成立后，股东不得抽逃出资。因此一般情况下可通过股权转让的方式实现退出。《公司法》第七十一条规定："有限责任公司的股东之间可以相互转让其全部或者部分股权。股东向股东以外的人转让股权，应当经其他股东过半数同意。股东应就其股权转让事项书面通知其他股东征求同意，其他股东自接到书面通知之日起满三十日未答复的，视为同意转让。其他股东半数以上不同意转让的，不同意的股东应当购买该转让的股权；不购买的，视为同意转让。经股东同意转让的股权，在同等条件下，其他股东有优先购买权。两个以上股东主张行使优先购买权的，协商确定各自的购买比例；协商不成的，按照转让时各自的出资比例行使优先购买权。公司章程对股权转让另有规定的，从其规定。"

在公司经营中主要涉及的用章主要包括公章、财务专用章、合同专用章、法人私章等，需根据相关规定到工商、公安、开户银行备案或预留印鉴。公司公章，是功能较全面的印章，税务登记，各种行政文书，证明与合同都可用此章用印；财务专用章，用于银行的各种凭据、汇款单、支票等的用印，及财务相关文书材料中；合同专用章，用于合同签订；法人私章（非公司印章），通常用在注册公司、企业基本户开户、支票背书的用印。在效力方面，公司各印章都代表公司意志，但是如果某种专用印章出现在不属于其使用用途中，如合同专用章用于支票用印，则效力会产生瑕疵。

二、劳动法及相关规定

我国用人单位和劳动者之间的法律关系，主要靠《劳动法》《劳动合同法》《工伤保险条例》《社会保险法》《劳动争议调解仲裁法》等相关法律进行调整。创业中法人主体招募劳动者是无法避免的，从法律的角度，无论是公司的管理者还是普通员工，都属于劳动者，法律规定用人单位应与每个劳动者都签订劳动合同，这是强制性规定，没有例外，未订立合同的还会受到一定处罚及支付赔偿金。作为创业管理者，有必要了解哪些情况下用人单位可以单方面解除劳动合同，是否应该支付员工经济补偿，如何计算赔偿额度等。《劳动合同法》第三十九条规定了用人单位可以单方解除劳动合同的六种情形（过失性辞退）：

1. 在试用期间被证明不符合录用条件的；
2. 严重违反用人单位的规章制度的；
3. 严重失职，营私舞弊，给用人单位造成重大损害的；

4. 劳动者同时与其他用人单位建立劳动关系，对完成本单位的工作任务造成严重影响，或者经用人单位提出，拒不改正的；

5. 因本法第二十六条第一款第一项规定的情形致使劳动合同无效的。

6. 被依法追究刑事责任的。

在上述情况下与劳动者解除劳动合同的，无须支付员工经济补偿。

《劳动合同法》第四十条规定了用人单位提前三十日以书面形式通知劳动者本人或者额外支付劳动者一个月工资后，可以解除劳动合同的三种情形（无过失性辞退）：

1. 劳动者患病或者非因工负伤，在规定的医疗期满后不能从事原工作，也不能从事由用人单位另行安排的工作的；

2. 劳动者不能胜任工作，经过培训或者调整工作岗位，仍不能胜任工作的；

3. 劳动合同订立时所依据的客观情况发生重大变化，致使劳动合同无法履行，经用人单位与劳动者协商，未能就变更劳动合同内容达成协议的。

在这种情况下解除合同的，如果不提前30日通知，就要额外支付一个月代通知费。同时在这种情况下与劳动者解除合同的，还需要支付员工经济补偿。

《劳动合同法》第四十一条规定了经济性裁员的内容：需要裁减人员二十人以上或者裁减不足二十人但占企业职工总数百分之十以上的，用人单位提前三十日向工会或者全体职工说明情况，听取工会或者职工的意见后，裁减人员方案经向劳动行政部门报告，可以裁减人员：

1. 依照企业破产法规定进行重整的；

2. 生产经营发生严重困难的；

3. 企业转产、重大技术革新或者经营方式调整，经变更劳动合同后，仍需裁减人员的；

4. 其他因劳动合同订立时所依据的客观经济情况发生重大变化，致使劳动合同无法履行的。

在这种情况下与劳动者解除合同的，需要支付员工经济补偿。

经济补偿的计算方法是统一的，即按劳动者在本单位工作的年限，每满一年支付一个月工资的标准向劳动者支付。六个月以上不满一年的，按一年计算；不满六个月的，向劳动者支付半个月工资的经济补偿。

除上述三种情形外，用人单位不得违法解除合同，否则要按照经济补偿两倍的标准支付赔偿金。

除了避免在劳动合同解除中支付不必要的赔偿外，创业者应注意在劳动合同中约定保守用人单位的商业秘密和与知识产权相关的保密事项。对负有保密义务的劳动者，用人单位还可以在劳动合同或者保密协议中与劳动者约定竞业限制条款，约定竞业限制的范围、地域、期限等。劳动者违反竞业限制约定的，应当按照约定向用人单位支付违约金。

创业中，涉及技术性、保密性的岗位，应注意与劳动者签署保密和竞业禁止条款。且应在订立劳动合同或续签劳动合同时就签署约定，这样才能规范员工离职后的行为，在解除或者终止劳动合同后，用人单位应在竞业限制期限内按月给予劳动者经济补偿。且竞业限制的人员限于用人单位的高级管理人员、高级技术人员和其他负有保密义务的人员。竞业限制期限不得超过两年。

三、知识产权法相关规定

在我国，知识产权主要通过《著作权法》《商标法》《专利法》进行保护。以互联网信息技术创业公司的知识产权保护模式为例：独立开发的计算机软件可以视为我国《著作权法》保护的作品,在平台建设上可以通过注册商标的形式来明确品牌价值,革新技术可以申请为专利。通过这三个方面,创业型公司的大部分核心竞争力可以得到保护。要注意的内容如下。

按照《著作法》规定,由法人或者其他组织主持,代表法人或者其他组织意志创作,并由法人或者其他组织承担责任的作品,法人或者其他组织视为作者。公民为完成法人或者其他组织工作任务所创作的作品是职务作品,除约定著作权由法人享有之外,著作权应由作者享有,但法人或者其他组织有权在其业务范围内优先使用。

专利申请对技术没有种类限制,在中国可以授予专利权的客体包括发明专利、实用新型专利和外观设计专利。由于互联网产品一般涉及计算机程序,与实体产品无关,通常申请发明专利。发明主要针对产品或方法进行改进,这种申请既可以从方法的角度来处理,也可以从非实体产品的角度来处理。专利法规定,不授予专利权的客体包括智力活动的规则方法。在互联网产品中,经常会包含在算法上的改进,如果只是以算法本身去申请专利,往往会因为这个原因被驳回,需要经过处理之后再递交申请。互联网产品在设计方面也可以专利,不过纯粹的 UI 设计很难申请,如果和一些后台功能结合的设计就比较容易申请专利。

享有×××注册商标专用权,并不必然拥有相同的域名的所有权。如果商标不是驰名商标,那对与商标相同的域名没有所有权,仍需申请注册;如果商标是驰名商标,而域名拥有者属恶意注册,可以通过仲裁或诉讼取得该域名。

此外,创业者在创业过程中,存在想借助他人的品牌扩大影响、增强竞争力的想法很正常,但必须要明确,不能突破法律的规定。根据《商标法》规定,他人注册商标不得冒用,否则会受到相应处罚。例如:当事人周某某于 2010 年 3 月 25 日,从青岛海岛啤酒有限公司购进"青岛品牌纯生"啤酒 3392 件,购货款 54 200 元。当事人购回该批啤酒后,以每件 20 元的价格在安岳县境内批发销售了 1000 件,获销货款 20 000 元。该批啤酒实际商标名为"五月风"啤酒,由青岛海岛啤酒有限公司委托山东天意生物工程有限公司加工生产,在包装装潢上未标明生产厂名、厂址,而该青岛海岛啤酒有限公司无生产许可证,营业执照登记资料中无生产啤酒的经营范围。青岛海岛啤酒有限公司在委托加工生产该批啤酒时,使用的酒瓶为青岛啤酒股份有限公司印有"青岛啤酒"注册商标和"TSINGTAO"英文注册商标的专用酒瓶,将"青岛品牌纯生"作为其商品名称,在瓶身标志和外包装箱上不加区别地突出使用,瓶身标志和外包装箱上所使用的标志、图案与青岛啤酒股份有限公司生产的"青岛啤酒纯生"图案及青岛啤酒股份有限公司注册的第 3888383 号注册商标相近似,当事人周某某在销售该啤酒时对外宣称是"青岛品牌纯生啤酒",以此误导公众,使消费者误认为该批啤酒是青岛啤酒股份有限公司生产的"青岛纯生"啤酒。当事人周某某销售啤酒的行为,属《中华人民共和国商标法》第五十七条第二款规定的侵权行为,已侵犯了青岛啤酒股份有限公司注册的"青岛"中文商标以及"TSINGTAO"英文商标专用权。

第三节 创业中应注意的法律问题

一、网络平台创业应避免触犯刑法

《规定》第四十七条规定:"学生应当遵守国家和学校关于网络使用的有关规定,不得登录非法网站和传播非法文字、音频、视频资料等,不得编造或者传播虚假、有害信息;不得攻击、侵入他人计算机和移动通讯网络系统"。

发达的计算机网络，已经成了生活的一部分，现代医学更是要求网络作为基本使用工具。一些在计算机技术方面有特长的医学生，出于兴趣爱好或研究需要，能够掌握一些普通用户不能掌握的技术资源，有进行网络平台创业的可能，但要注意遵守《刑法》及其他相关法律规定，不能在创业过程中触犯刑法，发生网络犯罪行为。

网络犯罪，是指行为人运用计算机技术，借助于网络对其系统或信息进行攻击，破坏或利用网络进行其他犯罪的总称。既包括行为人运用其编程、加密、解码技术或工具在网络上实施的犯罪，也包括行为人利用软件指令、网络系统或产品加密等技术及法律规定上的漏洞在网络内外交互实施的犯罪，还包括行为人借助于其居于网络服务提供者特定地位或其他方法在网络系统实施的犯罪。简言之，网络犯罪是针对和利用网络进行的犯罪，网络犯罪的本质特征是危害网络及其信息的安全与秩序。

网络犯罪行为的主要形式如下。

1. 制造、传播计算机病毒或实施黑客行为，危害计算机信息网络安全 实施危害计算机信息网络安全的犯罪主要有两种形态。一是未经许可非法侵入计算机信息系统，进行破坏，使其功能不能正常运行，这是人们通常所说的黑客行为。二是制造并传播计算机病毒。计算机病毒具有潜伏性、隐蔽性、可激发性，更具传染性。通过网络可以不特定地传播，对计算机信息网络安全危害巨大，轻则造成数据丢失、局部功能损坏，重则造成计算机系统瘫痪，甚至造成局部或区域性信息网络的瘫痪。

2. 利用网络窃取账号、信用卡资料等，侵害公私财产 网络自身存在的缺陷和漏洞，为网络犯罪提供了可乘之机。利用网络窃取他人的上网账号用来自己上网、网上购物等个人消费活动，或者利用网络窃取他人金融系统的账号、信用卡资料、股市的账号及密码等，对账户上的资金进行消费、挪用、转移，对股票低抛低购，而无视给他人造成的经济损失。

3. 利用网络进行诈骗 网络诈骗，是以非法占有为目的，利用互联网采用虚拟事实或者隐瞒事实真相的方法，骗取公私财物的行为。由于网络诈骗违法犯罪行为可以不亲临现场的间接性特点，使这类违法犯罪行为有着形形色色的表现形式。如网络拍卖诈骗、网络传销诈骗、信用卡诈骗及网络休闲诈骗等。

4. 利用计算机网络制作、复制、传播、贩卖色情淫秽物品，破坏市场经济秩序，妨碍社会管理秩序 主要是互联网上建立色情网站或制作色情网页，在网上制作、复制、贩卖、传播色情淫秽电影、表演、动画等视频文件、音频文件以及淫秽图片、电子书刊、文章、短信等。

对于以上犯罪行为，我国《刑法》及《计算机信息系统安全保护条例》等相关法规均做出了规定，除非法侵入计算机系统罪，破坏计算机信息系统功能罪，制作、传播计算机病毒等破坏性计算机程序罪等罪名外，触犯其他分则罪名的，按相关罪名处罚。另外，针对虚假信息泛滥的情形，《刑法》第二百九十一条第二款规定了"编造、故意传播虚假恐怖信息罪"：编造虚假的险情、疫情、灾情、警情，在信息网络或者其他媒体上传播，或者明知是上述虚假信息，故意在信息网络或者其他媒体上传播，严重扰乱社会秩序的，处三年以下有期徒刑、拘役或者管制；造成严重后果的，处三年以上七年以下有期徒刑。

例如，2007年在网络肆虐的"熊猫烧香病毒案"就是由一个学习计算机编程技术的大学生李俊及雷磊通过网络编写并传播的。在该案中，李俊于2006年10月从武汉某软件技术开发培训学校毕业后，便将自己以前在国外某网站下载的计算机病毒源代码调出来进行研究、修改，在对此病毒进行修改的基础上完成了"熊猫烧香"电脑病毒的制作，并采取将该病毒非法挂在别人网站上及赠送给网友等方式在互联网上传播。"熊猫烧香"病毒具有本机感染功能、局域网感染功能及U盘感染功能，并能中止许多反病毒软件和防火墙的运行，中了该病毒的电脑会自动链接访问指定的网站、下载恶意程序等。其后雷磊又与李俊对熊猫烧香病毒进行了修改使其的危害性更大。从2006年12月~2007年2月，通过"熊猫烧香"病毒的传播，李俊获利145 149元。"熊猫烧香"病毒的传播，导致北京、上海、天津、山西、河北、辽宁、广东、湖北等省市众多单位和个人的计算机不能正常运行。

二、网络平台经营应正确使用个人信息

在互联网经济飞速发展的今天，大学生创业离不开互联网。例如创建医疗信息服务机构，互联网平台使用中将涉及许多患者的信息和隐私。要合法使用互联网创业平台，应当严格按照从2017年6月1日开始实施的《中华人民共和国网络安全法》的规定进行。

1. 禁止传播不良信息 第十二条规定：国家保护公民、法人和其他组织依法使用网络的权利，促进网络接入普及，提升网络服务水平，为社会提供安全、便利的网络服务，保障网络信息依法有序自由流动。

任何个人和组织使用网络应当遵守宪法法律，遵守公共秩序，尊重社会公德，不得危害网络安全，不得利用网络从事危害国家安全、荣誉和利益，煽动颠覆国家政权、推翻社会主义制度，煽动分裂国家、破坏国家统一，宣扬恐怖主义、极端主义，宣扬民族仇恨、民族歧视，传播暴力、淫秽色情信息，编造、传播虚假信息扰乱经济秩序和社会秩序，以及侵害他人名誉、隐私、知识产权和其他合法权益等活动。

2. 鼓励创新和推动发展 第十八条规定：国家鼓励开发网络数据安全保护和利用技术，促进公共数据资源开放，推动技术创新和经济社会发展。

国家支持创新网络安全管理方式，运用网络新技术，提升网络安全保护水平。

3. 依法收集使用个人信息 第四十一条规定：网络运营者收集、使用个人信息，应当遵循合法、正当、必要的原则，公开收集、使用规则，明示收集、使用信息的目的、方式和范围，并经被收集者同意。

网络运营者不得收集与其提供的服务无关的个人信息，不得违反法律、行政法规的规定和双方的约定收集、使用个人信息，并应当依照法律、行政法规的规定和与用户的约定，处理其保存的个人信息。

4. 确保个人信息安全 第四十二条规定：网络运营者不得泄露、篡改、毁损其收集的个人信息；未经被收集者同意，不得向他人提供个人信息。但是，经过处理无法识别特定个人且不能复原的除外。

网络运营者应当采取技术措施和其他必要措施，确保其收集的个人信息安全，防止信息泄露、毁损、丢失。在发生或者可能发生个人信息泄露、毁损、丢失的情况时，应当立即采取补救措施，按照规定及时告知用户并向有关主管部门报告。

5. 不得非法出售个人信息 第四十四条规定：任何个人和组织不得窃取或者以其他非法方式获取个人信息，不得非法出售或者非法向他人提供个人信息。

6. 禁止用网络进行犯罪活动 第四十六条规定：任何个人和组织应当对其使用网络的行为负责，不得设立用于实施诈骗，传授犯罪方法，制作或者销售违禁物品、管制物品等违法犯罪活动的网站、通讯群组，不得利用网络发布涉及实施诈骗，制作或者销售违禁物品、管制物品以及其他违法犯罪活动的信息。

例如，某大学机械工程学院学生杨某曾在 2014 年加入了一个 qq 群，群成员大多为支付宝账号、淘宝账号卖家，也有人出售淘宝刷信用度、支付宝验校软件。2015 年 5 月，为了挣点零花钱，杨某从该群里昵称为"三好少女"的用户中以 5808 元的价格购买了 10 万余条真实个人信息，从另一用户手中购买约 10 万个 163 邮箱，再从群主手中购买了三个批量注册软件，共注册了 8 万个支付宝账号，出售给他人刷单使用，从中赚取了大量利益，后被公安机关侦破。临沂兰山法院以非法获取公民个人信息罪判处被告人杨某有期徒刑 6 个月，并处罚金 2 万元。

三、创业中从事商业活动避免违法

创业中不可避免要进行商业活动。医学生创业者应当对商业活动中的相关法律进行了解，依法守法经营，避免不必要的损失。

就出售产品而言，根据我国《侵权行为法》第四十二条的规定，销售者在以下两种情形下有过错，应当承担产品责任：

因销售者的过错使产品存在缺陷，造成他人损害的，销售者应当承担侵权责任。销售者不能指明缺陷产品的生产者也不能指明缺陷产品的供货者的，销售者应当承担侵权责任。

根据《产品质量法》第四十条的规定，售出的产品有下列情形之一的，销售者应当负责修理、更换、退货；给购买产品的消费者造成损失的，销售者应当赔偿损失：不具备产品应当具备的使用性能而事先未作说明的；不符合在产品或者其包装上注明采用的产品标准的；不符合以产品说明、实物样品等方式表明的质量状况的。

因此，医学生在从事商业活动中，涉及销售产品的，应严格区分正规生产商、正规进货渠道，避免销售"三无"产品，造成承担责任的法律后果。对所出售的商品要进行正确、合格的保管或储存。如果所售商品为食品的，还要符合《食品安全法》的相关规定。对于来路不明或价格明显低于市场均价的，应多加注意，不要轻信促销商家的鼓动，不要被利润迷惑，承担不利的法律后果。

消费权益法经营者提供的商品或者服务如果有欺诈行为，应当按照消费者要求增加赔偿，增加赔偿费用为购买商品或者接受服务费用的 3 倍。赔偿金额不足 500 元，按 500 元计。生产不符合食品安全标准或者销售明知是不符合食品安全标准的食品，消费者除要求赔偿损失外，还可以向生产者或经营者要求支付价款 10 倍或者所受损失 3 倍的赔偿金。增加赔偿最低 1000 元，不足按 1000 元算。经营者提供的机动车、计算机、电视机、电冰箱、空调、洗衣机等耐用商品或者装饰装修服务，自接受商品或服务六个月内发现瑕疵，发生争议的，由经营者承担瑕疵举证责任。

四、规范创业中的借贷行为

创业过程中，难免会遇到资金周转不灵的情况，由于银行贷款手续复杂，审核严格，且必须提供相应担保物，初次进行创业的大学生办理起来会比较困难。因此，通过亲友或民间融资，是经常被使用到的解决方案。这就需要对民间借贷相关法律进行了解。

1. 法律对民间借贷利率的规定　《合同法》明确规定："自然人之间的借款合同约定支付利息的，借款的利率不得违反国家有关限制借款利率的规定。"根据《最高人民法院关于审理民间借贷案件适用法律若干问题的规定》，借贷双方约定的利率未超过年利率 24%，出借人请求借款人按照约定的利率支付利息的，人民法院应予支持；借贷双方约定的利率超过年利率36%，超过部分的利息约定无效。借款人请求出借人返还已支付的超过年利率36%部分的利息的，人民法院应予支持。也就是说，凡是年利率超过36%就是高利贷。而"裸贷"事件中，很多出借人采用了周利率、甚至是日利率这样的方式来计息，这对于财务知识缺乏的医学生来说，具有很大的迷惑性。比如周息30%的贷款，在不计算复利的情况下，年利率能达到1564.29%。因此，按照法律规定，年利率超过24%到36%的部分，已经给过的不可以要求追回，没有给的可不再支付。超过36%的部分，可以要求追回或者抵扣本金。

2. 法律对抵押物的规定 根据物权法定原则，物权的设立和变动必须以法律规定为成立要件。也就是说，只有法律规定范围内的物权设立及变更才是有效的。《担保法》明确规定："下列财产可以抵押：（一）抵押人所有的房屋和其他地上定着物；（二）抵押人所有的机器、交通运输工具和其他财产；（三）抵押人依法有权处分的国有的土地使用权、房屋和其他地上定着物；（四）抵押人依法有权处分的国有的机器、交通运输工具和其他财产；（五）抵押人依法承包并经发包方同意抵押的荒山、荒沟、荒丘、荒滩等荒地的土地使用权；（六）依法可以抵押的其他财产。"除以上法定的担保物范围以外，其他充当抵押物的都不在法律规定范围内。例如，2016年一条"借贷宝裸条10G"的文件在网上广为流传，大量隐私及不雅照片被发到网络，让大学生消费借贷的问题以一种非法形式进入公众视野。据大数据统计，裸贷受害人多数出生于1993～1997年，且以师范院校和医科院校受害者居多，也包括卫校。有的出借人在出借款项时，让借款人签下"以裸照作为抵押"的字据，以此威胁借款人还款，否则就有权发布裸照。裸照作为抵押物违背了最基本的公序良俗原则，且完全不在法律明确规定的抵押物范围内。即使借款人明确同意以裸照作抵押，这样的抵押合同也是无效的。

3. 注意借贷中的担保行为 按照《合同法》第一百九十七条规定，借款合同采用书面形式，但自然人之间借款另有约定的除外。借款合同的内容包括借款种类、币种、用途、数额、利率、期限和还款方式等条款。借贷双方发生借款关系时，应当以书面形式将上述内容进行明确。如果借款有人的担保的，还应当签订《担保合同》，以抵押物作为担保方式的，应签订《抵押合同》。借款合同为主合同，担保合同及抵押合同均是主合同的从合同。在签订借款合同时，应注意基于真实的借贷关系订立，而不是以借款方式掩盖其他目的。如在创业中，需要为他人提供担保，应对《担保法》相关内容有所了解。如果以自然人身份为他人提供担保，所承担的是保证责任。根据《担保法》的规定，保证担保的范围包括主债权及利息、违约金、损害赔偿金和实现债权的费用。保证合同另有约定的，按照约定。当事人对保证担保的范围没有约定或者约定不明确的，保证人应当对全部债务承担责任。保证责任的承担方式有两种：一种是一般保证，即当事人在保证合同中约定，债务人不能履行债务时，则保证人承担保证责任；一种是连带责任保证，即当事人在保证合同中约定保证人与债务人对债务承担连带责任，即债权人既可向债务人主张权利，也可单独向保证人主张权利。如在他人的借款合同中签署名字，而不写其他，按照《担保法》第19条的规定，当事人对保证方式没有约定或者约定不明确的，按照连带责任保证承担保证责任。因此，在为他人担保时，一定要注意约定清楚担保方式。

另外，要注意《公司法》对公司对外担保的规定。法律已明确不禁止公司从事对外担保行为。第十六条对其做出了具体规定："公司向其他企业投资或者为他人提供担保，依照公司章程的规定，由董事会或者股东会、股东大会决议；公司章程对投资或者担保的总额及单项投资或者担保的数额有限额规定的，不得超过规定的限额。公司为公司股东或者实际控制人提供担保的，必须经股东会或者股东大会决议。前款规定的股东或者受前款规定的实际控制人支配的股东,不得参加前款规定事项的表决。该项表决由出席会议的其他股东所持表决权的过半数通过。"因此,作为创业公司,对外提供担保应当慎重并经法定程序方可进行。

本章小结

经过本章的学习,大家明确了创业中应当采取的主要形式和应当遵守的民法基本原则,以及在企业的创立和经营中应当了解的法律规范。同时,大家应当掌握在创业中可能涉及的公司法、劳动法以及知识产权法等相关规定,从而避免在单位求职、企业设立、招工用人中出现法律问题,给创业过程带来不必要的损失或麻烦。另外,针对目前较为流行的网络平台创业,大家也应当注意避免触犯刑法、正确使用个人信息、正确进行民间借贷行为等。只有充分运用好法律这个工具,才能使创业过程事半功倍,为创业过程保驾护航,将创业风险降到最低。

本章习题

1. 陈某系某大学在校学生,2013年4月1日,经学校安排推荐到昆明市一家公司参加实习。同年5月的一天,陈某在实习单位上班工作时,左手受伤被送往医院救治。2008年8月5日,陈某经住院治疗后,申请劳动能力鉴定委员会评定伤残等级为七级。同年9月8日,陈某以工伤待遇争议为由,向劳动争议仲裁委员会申请仲裁。

陈某的主张能否得到支持?如不能,他应当如何保护自身权益?

2. 大学生王某,家庭经济并不宽裕,但迷上了网络游戏,并因此欠下用于购买装备、修炼等级等的费用2万元。其通过网络向某某贷借款平台借款,利息为月息5%。对方要求其写下保证书:如借款不能按期归还,则以老家农村的房屋一套(所有权人为其父亲)作抵押担保,借款人可直接处置该房屋,抵偿欠款。

本案中,该借款平台所约定的资金利息是否合法?王某写下的"保证书"能否作为处置老家房屋的依据?

3. 某医学大学毕业生谢某,毕业后未进入医院等单位工作,选择了自主创业。他与几名同学一起,开了一家"医疗信息咨询服务公司",目标在于建立科学化、规范化的个人医疗信息咨询系统,为医疗机构提供比过往更加完善的病患健康和风险因素概况。为了使公司在运营中能够有较大影响,谢某的公司采用了英特尔同类产品的设计和介绍页面,并使用了类似的营销模式和推广方案。其公司软件产品的注册商标也与已有的同类型较大规模公司的基本一致。

思考:在谢某的创业道路上,给自己埋下了怎样的隐患?

【拓展阅读】

1. 法律出版社法规中心《2017最新民法总则相关法律及司法解释汇编》,法律出版社2017.
2. 李立众《刑法一本通:中华人民共和国刑法总成(第十一版)》,法律出版社2015.
3. 程啸《侵权责任法一本通》,法律出版社2016.
4. 法律出版社法规中心编《中华人民共和国劳动合同法》,法律出版社2016.
5. 李方民主编《房屋租赁合同纠纷诉讼指引与实务解答》,法律出版社2017.
6. 杨春宝、程强《公司全程法律风险防控实务操作与案例评析》,中国法制出版社2015.
7. 张学军《企业法律风险评测与控制》,法律出版社2015.

参 考 文 献

2015 年政府工作报告（全文实录）[DB/OL]. [2015-3-5]. http：//www.people.com.cn/n/2015/0305/c347407-26643598.html.
北京市教育委员会、北京市财政局．2015．北京高校大学生就业创业项目管理办法．2015-07．
北京市教育委员会．2015．北京市深化高等学校创新创业教育改革实施方案．2015-11．
蔡松柏．2016．大学生创新创业指导．成都：西南财经大学出版社．
长沙医学院．2015．关于进一步加强大学生创新创业工作的实施意见．2015-12．
陈熹，范雅楠，云乐鑫．2015．创业网络、环境不确定性与创业企业成长关系研究．科学学与科学技术管理，（9）：105-116．
陈向东．2016．做最好的创业团队：打造卓越团队的九大黄金法则．北京：中信出版社．
陈勇奎．2015．大学生创新创业基础教程．北京：经济管理出版社．
川北医学院．2015．川北医学院创新创业教育改革方案．2015-10．
黛木才．2014．培育和践行社会主义核心价值观学习读本．北京：中央党校出版社．
邓基泽．2016．大学生职业生涯规划与就业创业指导教程．北京：中国农业大学出版社．
董晓玲．2012．研究型大学创新创业教育体系研究．武汉：武汉理工大学博士学位论文．
杜喜亮．2015．创业理论及能力训练．济南：山东人民出版社．
杜永红，梁林蒙．2016．大学生创新创业教育——基于互联网+视角．北京：清华大学出版社．
段雪辉．2011．美国高校创业教育模式分析．前沿，（6）：195
法律出版社法规中心．2015．中华人民共和国侵权责任法案例全解．北京：法律出版社．
冯小波．2016．完善四川科技创新创业人才政策体系研究．四川行政学院学报，（04）：31-33．
付明叙．2016．大学生创业筹备创办企业的法律实务分析．法制与社会．07．
盖·兰道尔（Guy Rundle）．2015．创客时代 3D 打印、机器人技术、新材料和新能源的未来．北京：机械工业出版社．
高博．2015．总理提出构建面向人人的"众创空间"．科技日报，2015-01-30（1）．
高扬，付冬娟，邵雨．2015．我国创新创业教育政策历史演变、合理性分析及建议．创新与创业教育（12）18-22．
关学增．2016．中国传统文化概论．洛阳：河南大学出版社．
管白楠，梁蓉．2011．大学生就业指导．长春：吉林大学出版社．
国家卫生计生委，科学技术部，国家食品药品监督管理总局，国家中医药管理局，中央军委后勤保障部卫生局．2016．关于全面推进卫生与健康科技创新的指导意见．2016-09．
国务院．2015．关于大力推进大众万创业万众创新若干政策措施的意见．2015-06．
国务院．2015．关于发展众创空间推进大众创新创业的指导意见．国发〔2015〕9．
国务院办公厅．2015．关于发展众创空间推进大众创新创业的指导意见．2015-03．
国务院办公厅．2015．关于深化高等学校创新创业教育改革的实施意见．2015-05．
国务院办公厅．2015．国务院办公厅关于深化高等学校创新创业教育改革的实施意见（国办发〔2015〕36号）［EB/OL］．（2015-05-13）．http://www.gov.cn/xinwen/2015-05/13/content_2861327.htm
何星舟．2016．大学生创业教育社会支持网构建思考．高等工程教育研究，（4）：90-94．
胡锦涛．2007．高举中国特色社会主义伟大旗帜，为夺取全面建设小康社会新胜利而奋斗——在中国共产党第十七次全国代表大会上的报告[R]．人民日报，2007-10-15．
黄爱珍．2012．美英日创业教育模式的比较及对我国的启示——基于百森商学院、赛德商学院和高知工科大学的例子．江西：江西财经大学硕士学位论文．
黄兆信，赵国靖，唐闻捷．2015．众创时代高校创业教育的转型发展．教育研究，（7）．
季学君．2007．美国高校创业教育的动因及特点探析．外国教育研究，（3）：62-65．
季学君．2007．美国高校创业教育历史演进与经验借鉴．黑龙江高教研究，（2）：40-42．
姜博仁．2016．新合伙制：移动互联网时代的新型企业组织模式．北京：人民邮电出版社．

教育部. 2015. 变革理念，完善机制，落实任务，全面深化高校创新创业教育改革. [EB/OL]. http://www.moe.gov.cn/jyb_xwfb/gzdt_gzdt/moe_1485/201510/t20151021_214742.html. 2015.1021.

教育部. 2017. 普通高等学校学生管理规定. 2017-02.

阚婧. 2011. 我国高校创新创业教育的实践探索——以大连理工大学创新创业教育基地为例. 辽宁：大连理工大学硕士学位论文.

孔彬，周旺东，周涛. 2014.大学生就业与创业指导.西安：西安交通大学出版社.

李莉. 2015. 基于高校与政府协同创新的大学生创业政策与保障机制研究. 中国地址教育，（01）：15-19.

李胜利. 2016. 提升促进大学生创新创业政策针对性研究. 中国大学生就业，（05）：60-64.

李一.2015.大学生创业风险控制机制研究综述.经营与管理，（3）：154-157.

李志永. 2010. 日本高校创业教育. 杭州：浙江教育出版社.

刘军. 2015. 我国大学生创业政策体系研究. 济南：山东大学博士论文.

刘磊. 2015. 大学生创新创业基础. 北京：中国水利水电出版社.

刘立富，季春元. 2016. 医学生职业生涯规划与就业创业教育. 北京：高等教育出版社.

刘伟，邓志超. 2014. 我国大学生创新创业教育的现状调查与政策建议——基于8所大学的抽样分析. 教育科学，（12）：79-84.

罗群，王彦长. 2015. 大学生创业基础. 合肥：安徽大学出版社.

马芳. 2015. 我国大学生创业教育现状与对策探究. 河南：河南大学硕士学位论文.

马克思，恩格斯. 1972. 马克思恩格斯全集（第23卷）. 北京：人民出版社：105.

梅伟惠. 2009. 美国百森商学院的创业教育哲学. 高等农业教育，（2），92.

明照凤. 2015. 职业规划与创新创业. 济南：山东人民出版社.

牛长松. 2009. 英国高校创业教育研究. 上海：学林出版社：11.

齐齐哈尔医学院. 2016. 鼓励和支持大学生创新创业办法实施细则. 2016-01.

曲殿彬，李海红，张树广. 2014.大学生创业基础教程.北京：高等教育出版社.

上海市政府办公厅. 2009. 鼓励创业带动就业三年行动计划（2009—2011年）. 2009-02.

上海市政府办公厅. 2012. 鼓励创业带动就业三年行动计划（2012—2014年）. 2012-04.

上海市政府办公厅. 2015. 鼓励创业带动就业三年行动计划（2015—2017年）. 2015-10.

四川大学党委办公室. 2015. 四川大学四大举措鼓励学生创新创业. 2015-04.

四川省人力资源和社会保障厅. 2016. 关于进一步促进大学生就业创业的意见. 2016-11.

四川省人民政府. 2015. 关于全面推进大众创业、万众创新的意见. 2015-05.

孙陶然. 2015. 创业36条军规 简明国民创业实战教程. 北京：中信出版社.

田玉敏. 2016. 国外高校创新创业教育的理念、模式与路径. 中国国情国力，（04）：66.

汪怿. 2015. 创新创业人才开发研究. 上海：上海社会科学院出版社.

王飞.2016.大学生创业风险管理能力培育研究.教育发展研究，（13）：35-41.

王莲芳.2015.大学生创业团队的构建研究.湖南科技学院学报，（11）：28-30.

王焰新. 2015. 高校创新创业教育的反思与模式构建.中国大学教学，（04）.

魏青. 2006. 关于高校创业教育模式的思考. 教育与职业，（18）：24.

魏娴. 2010. 我国大学生创业政策研究. 河南：郑州大学硕士学位论文.

吴晓波. 2015 腾讯传. 浙江大学出版社. 北京：中信出版社.

西南医科大学. 2015. 深化大学生创新创业教育改革. 2015-10.

谢雯.2015. 医疗纠纷实用法律手册. 北京：中国法制出版社.

新创客时代编写组. 2016 新创客时代. 北京：中信出版集团.

徐德涛. 2013. 大学生创新创业教育研究. 济南：山东大学硕士学位论文.

徐德英，韩伯棠. 2015. 政策供需匹配模型构建及实证研究——以北京市创新创业政策为例. 科学学研究，（12）：1787-1796，1893.

徐俊祥.2014.大学生创业基础知能训练教程.北京：现代教育出版社.

闫佳祺，关晓丽. 2015. 美国、英国和日本高校创新创业体系的多案例研究及启示. 当代教育科学，（12）：48-53.

杨慧，马旭飞. 2015. 互联网时代的新创客. 北京：中信出版社.

叶红. 2015. 大学生创业法律实务. 北京：清华大学出版社.

应一也. 2008. 美国高等学校创业教育研究. 上海：华东师范大学硕士学位论文.

英国创业政策[EB/OL]. http：//cywll. com/guowai/chuangyezhengce/yingguo. html,2011-11-21

游振声. 2011. 美国高等学校创业教育研究. 重庆：西南大学博士学位论文.

张航. 2016. 北大全球大学生创新创业中心揭牌落成. 北京晚报，2016-10-10（1）.

张红军. 2015. 一本书读懂法律常识：解答日常法律难题的十万个为什么. 北京：中华工商联合出版社.

张会亮. 2008. 牛津大学赛德商学院创业教育探析. 外国教育研究，(11)，31.

张健，姜彦福，雷家啸. 2003. 美国创业学术研究及其对我们的启示. 外国经济与管理，(1)，21-25.

张可. 2013. 大学生创业政策实施现状及对策研究. 石家庄：河北师范大学硕士学位论文.

张洋磊，苏永建. 2016. 创新创业教育何以成为国家行动——基于多源流理论的政策议程研究：教育发展研究，(05)：41-47.

张志，乔辉. 2016. 大学生创新创业入门教程. 北京：人民邮电出版社.

中国法制出版社. 2015. 中华人民共和国劳动法配套解读与案例注释. 北京：中国法制出版社.

中国法制出版社. 2016. 刑法及司法解释指导案例全书. 北京：中国法制出版社.

中华人民共和国教育部. 2015. 教育部关于大力推进高等学校创新创业教育和大学生自主创业工作的意见. [EB/OL]. [2010-05-13]. http：//info. jyb. cn/jyzck/201005/t20100514_359988_1. html.

中国政府网. 2015. 国务院支持"双创"系列百科：大学生创业，都能享受哪些优惠政策？［EB/OL］. http：//www.gov.cn/xinwen/2015-11/15/content_2966220.htm.

中华人民共和国国务院. 2015. 国务院关于大力推进大众创业万众创新若干政策实施的意见. 国发[2015]32 号.

中南大学. 2015. 中南大学深化创新创业教育改革实施方案. 2015-10.

周晓波，丁宁宁.2015.大学生创业心理问题分析及创业心理教育途径.辽宁工业大学学报（社会科学版），(6)：75-77.

（美）克里斯·安德森. 2012. 创客：新工业革命. 广州：中信出版社.